OEUVRES COMPLÈTES

DE

ALFRED DE MUSSET

TOME III

Imprimeries réunies, B, rue Mignon, 2.

OEUVRES COMPLÈTES

DE

ALFRED DE MUSSET

ÉDITION ORNÉE DE 28 GRAVURES

D'APRÈS LES DESSINS DE BIDA

D'UN PORTRAIT GRAVÉ PAR FLAMENG D'APRÈS L'ORIGINAL DE LANDELLE

ET ACCOMPAGNÉE D'UNE NOTICE SUR ALFRED DE MUSSET PAR SON FRÈRE

TOME TROISIÈME

COMÉDIES

I

PARIS

ÉDITION CHARPENTIER

L. HÉBERT, LIBRAIRE

7, RUE PERRONET, 7

1888

AVANT-PROPOS

Gœthe dit quelque part, dans son roman de *Wilhelm Meister*, « qu'un ouvrage d'imagination doit être parfait, ou ne doit pas exister ». Si cette maxime sévère était suivie, combien peu d'ouvrages existeraient, à commencer par *Wilhelm Meister* lui-même !

Cependant, en dépit de cet arrêt qu'il avait prononcé, le patriarche allemand fut le premier à donner, dans les arts, l'exemple d'une tolérance vraiment admirable. Non seulement il s'étudiait à inspirer à ses amis un respect profond pour les œuvres des grands hommes, mais il voulait toujours qu'au lieu de se rebuter des défauts d'une production médiocre, on cherchât dans un livre, dans une gravure, dans le plus faible et le plus pâle essai, une étincelle de vie; plus d'une fois des jeunes gens à tête chaude, hardis et tranchants, au moment où ils levaient les épaules de pitié, ont entendu sortir des lèvres du vieux maître en cheveux gris ces paroles accompagnées d'un doux sourire :

OEUVRES COMPLÈTES

DE

ALFRED DE MUSSET

ÉDITION ORNÉE DE 28 GRAVURES

D'APRÈS LES DESSINS DE BIDA

D'UN PORTRAIT GRAVÉ PAR FLAMENG D'APRÈS L'ORIGINAL DE LANDELLE

ET ACCOMPAGNÉE D'UNE NOTICE SUR ALFRED DE MUSSET PAR SON FRÈRE

TOME TROISIÈME

COMÉDIES

I

PARIS
ÉDITION CHARPENTIER
L. HÉBERT, LIBRAIRE
7, RUE PERRONET, 7
1888

AVANT-PROPOS

Gœthe dit quelque part, dans son roman de *Wilhelm Meister*, « qu'un ouvrage d'imagination doit être parfait, ou ne doit pas exister ». Si cette maxime sévère était suivie, combien peu d'ouvrages existeraient, à commencer par *Wilhelm Meister* lui-même !

Cependant, en dépit de cet arrêt qu'il avait prononcé, le patriarche allemand fut le premier à donner, dans les arts, l'exemple d'une tolérance vraiment admirable. Non seulement il s'étudiait à inspirer à ses amis un respect profond pour les œuvres des grands hommes, mais il voulait toujours qu'au lieu de se rebuter des défauts d'une production médiocre, on cherchât dans un livre, dans une gravure, dans le plus faible et le plus pâle essai, une étincelle de vie ; plus d'une fois des jeunes gens à tête chaude, hardis et tranchants, au moment où ils levaient les épaules de pitié, ont entendu sortir des lèvres du vieux maître en cheveux gris ces paroles accompagnées d'un doux sourire :

« Il y a quelque chose de bon dans les plus mauvaises choses. »

Les gens qui connaissent l'Allemagne et qui ont approché, dans leurs voyages, quelques-uns des membres de ce cercle esthétique de Weimar, dont l'auteur de *Werther* était l'âme, savent qu'il a laissé après lui cette consolante et noble maxime.

Bien que, dans notre siècle, les livres ne soient guère que des objets de distraction, de pures superfluités, où l'*agréable*, ce bouffon suranné, oublie innocemment son confrère l'*utile*, il me semble que si je me trouvais chargé, pour une production quelconque, du difficile métier de critique, au moment où je poserais le livre pour prendre la plume, la figure vénérable de Gœthe m'apparaîtrait avec sa dignité homérique et son antique bonhomie. En effet, tout homme qui écrit un livre est mû par trois raisons : premièrement, l'amour-propre, autrement dit, le désir de la gloire ; secondement, le besoin de s'occuper, et, en troisième lieu, l'intérêt pécuniaire. Selon l'âge et les circonstances, ces trois mobiles varient et prennent dans l'esprit de l'auteur la première ou la dernière place ; mais ils n'en subsistent pas moins.

Si le désir de la gloire est le premier mobile d'un artiste, c'est un noble désir, qui ne trouve place que dans une noble organisation. Malgré tous les ridicules qu'on peut trouver à la vanité, et malgré la sentence du *Misanthrope* de Molière, qui fait remarquer

> Comme, dans notre temps,
> Cette soif a gâté de fort honnêtes gens ;

malgré tout ce qu'on peut dire de fin et de caustique sur la nécessité de rimer, et sur le « qui diantre vous pousse à vous faire imprimer », il n'en est pas moins vrai que l'homme, et surtout le jeune homme qui, se sentant battre le cœur au nom de gloire, de publicité, d'immortalité, etc., pris malgré lui par ce je ne sais quoi qui cherche la fumée, et poussé par une main invisible à répandre sa pensée hors de lui-même ; que ce jeune homme, dis-je, qui, pour obéir à son ambition, prend une plume et s'enferme, au lieu de prendre son chapeau et de courir les rues, fait par cela même une preuve de noblesse, je dirai même de probité, en tentant d'arriver à l'estime des hommes et au développement de ses facultés par un chemin solitaire et âpre, au lieu de s'aller mettre, comme une bête de somme, à la queue de ce troupeau servile qui encombre les antichambres, les places publiques et jusqu'aux carrefours. Quelque mépris, quelque disgrâce qu'il puisse encourir, il n'en est pas moins vrai que l'artiste pauvre et ignoré vaut souvent mieux que les conquérants du monde, et qu'il y a de plus nobles cœurs sous les mansardes où l'on ne trouve que trois chaises, un lit, une table et une grisette, que dans les gémonies dorées et les abreuvoirs de l'ambition domestique.

Si le besoin d'argent fait travailler pour vivre, il me semble que le triste spectacle du talent aux prises avec la faim doit tirer des larmes des yeux les plus secs.

Si enfin un artiste obéit au mobile qu'on peut appeler le besoin naturel du travail, peut-être mérite-t-il plus que jamais l'indulgence : il n'obéit alors ni à l'ambition ni à la misère, mais il obéit à son cœur ; on pourrait croire qu'il obéit à Dieu. Qui peut savoir la raison pour laquelle un homme qui n'a ni faux orgueil ni besoin d'argent se décide à écrire? Voltaire a dit, je crois, « qu'un livre était une lettre adressée aux amis inconnus que l'on a sur la terre ». Quant à moi, qui ai eu de tout temps une grande admiration pour Byron, j'avoue qu'aucun panégyrique, aucune ode, aucun écrit sur ce génie extraordinaire ne m'a autant touché qu'un certain mot que j'ai entendu dire à notre meilleur sculpteur*, un jour qu'on parlait de *Childe Harold* et de *Don Juan*. On discutait sur l'orgueil démesuré du poëte, sur ses manies d'affectation, sur ses prétentions au remords, au désenchantement ; on blâmait, on louait. Le sculpteur était assis dans un coin de la chambre, sur un coussin à terre, et tout en remuant dans ses doigts sa cire rouge sur son ardoise, il écoutait la conversation sans y prendre part. Quand on eut tout dit sur Byron, il tourna la tête et prononça tristement ces seuls mots : « Pauvre homme ! » Je ne sais si je me trompe, mais il me semble que cette simple parole de pitié et de sympathie pour le chantre de la douleur en disait à elle seule plus que toutes les phrases d'une encyclopédie.

Bien que j'aie médit de la critique, je suis loin de lui contester ses droits, qu'elle a raison de maintenir, et qu'elle a même solidement établis. Tout le monde sent qu'il y aurait un parfait ridicule à venir dire aux gens : « Voilà un livre que je vous offre ; vous pouvez le lire et non le juger. » La seule chose qu'on puisse raisonnablement demander au public, c'est de juger avec indulgence.

On m'a reproché, par exemple, d'imiter et de m'inspirer de certains hommes et de certaines œuvres. Je réponds franchement qu'au lieu de me le reprocher on aurait dû m'en louer**. Il n'en a pas été de tous les temps comme il

---

* David d'Angers.
** Au moment où l'auteur écrivait ces lignes, il avait déjà publié les *Contes d'Espagne et d'Italie* et la première partie du *Spectacle dans un fauteuil*. Il répond ici aux critiques qui l'accusaient d'avoir imité dans ces deux ouvrages divers poëtes français et étrangers.

en est du nôtre, où le plus obscur écolier jette une main de papier à la tête du lecteur, en ayant soin de l'avertir que c'est tout simplement un chef-d'œuvre. Autrefois il y avait des maîtres dans les arts, et on ne pensait pas se faire tort, quand on avait vingt-deux ans, en imitant et en étudiant les maîtres. Il y avait alors, parmi les jeunes artistes, d'immenses et respectables familles, et des milliers de mains travaillaient sans relâche à suivre les mouvements de la main d'un seul homme. Voler une pensée, un mot, doit être regardé comme un crime en littérature. En dépit de toutes les subtilités du monde et *du bien qu'on prend où on le trouve* un plagiat n'en est pas moins un plagiat, comme un chat est un chat. Mais s'inspirer d'un maître est une action non seulement permise, mais louable, et je ne suis pas de ceux qui font un reproche à notre grand peintre Ingres de penser à Raphaël, comme Raphaël pensait à la Vierge. Oter aux jeunes gens la permission de s'inspirer, c'est refuser au génie la plus belle feuille de sa couronne, l'enthousiasme; c'est ôter à la chanson du pâtre des montagnes le plus doux charme de son refrain, l'écho de la vallée.

L'étranger qui visite le Campo-Santo à Pise s'est-il jamais arrêté sans respect devant ces fresques à demi effacées qui couvrent encore les murailles? Ces fresques ne valent pas grand'chose; si on les donnait pour un ouvrage contemporain, nous ne daignerions pas y prendre garde; mais le voyageur les salue avec un profond respect, quand on lui dit que Raphaël est venu travailler et s'inspirer devant elles. N'y a-t-il pas un orgueil mal placé à vouloir, dans ses premiers essais, voler de ses propres ailes? N'y a-t-il pas une sévérité injuste à blâmer l'écolier qui respecte le maître? Non, non, en dépit de l'orgueil humain, des flatteries et des craintes, les artistes ne cesseront jamais d'être des frères; jamais la voix des élus ne passera sur leurs harpes célestes sans éveiller les soupirs lointains de harpes inconnues; jamais ce ne sera une faute de répondre par un cri de sympathie au cri du génie : malheur aux jeunes gens qui n'ont jamais allumé leur flambeau au soleil! Bossuet le faisait, qui en valait bien d'autres.

Voilà ce que j'avais à dire au public avant de lui donner ce livre, qui est plutôt une étude, ou, si vous voulez, une fantaisie, malgré tout ce que ce dernier mot a de prétentieux. Qu'on ne me juge pas trop sévèrement : j'essaye.

J'ai, du reste, à remercier la critique des encouragements qu'elle m'a donnés, et, quelque ridicule qui s'attache à un auteur qui salue ses juges, c'est du fond du cœur que je le fais. Il m'a toujours semblé qu'il y avait autant de noblesse à encourager un jeune homme, qu'il y a quelquefois de lâcheté et de bassesse à étouffer l'herbe qui pousse, surtout quand les attaques partent de gens à qui la conscience de leur talent devrait, du moins, inspirer quelque dignité et le mépris de la jalousie*.

---

*Cet avant-propos ne se trouve que dans la première édition in-octavo des comédies. L'auteur le retrancha des éditions suivantes, à cause du dernier mot où l'on remarque un sentiment d'amertume qui ne se rencontre plus dans aucun autre passage de ses ouvrages. En maintes occasions, Alfred de Musset eut à se plaindre de l'envie; c'est l'unique fois de sa vie qu'il en ait témoigné quelque chagrin; encore n'eut-il rien de plus pressé que d'en effacer le souvenir. Mais, s'il a pardonné aux envieux, ce n'est point une raison qui nous oblige à priver le public de cet écrit.

AU LECTEUR

A la suite de chaque pièce de théâtre on trouvera les additions et changements exécutés par l'auteur pour la représentation. Des chiffres indiquent les renvois aux variantes. Les passages enfermés entre crochets [ ] sont ceux qu'on ne récite pas à la scène. Le lecteur connaîtra ainsi le texte primitif, que nous avons recherché avec soin, et la version destinée au théâtre. Parmi les passages que l'auteur a cru devoir supprimer, quelques-uns ont été déjà rétablis par les artistes, et pareille chose arrivera encore, sans aucun doute; mais si, avec le temps, la seconde version subit de nouvelles modifications, ce ne sera que pour se rapprocher de la première, qui est désormais invariable.

Dans une pièce de théâtre imprimée, l'usage est de changer le numéro de la scène chaque fois qu'un personnage entre ou sort, et de répéter au commencement de chaque scène les noms des personnages qui doivent y figurer. L'auteur du *Spectacle dans un fauteuil* s'est dispensé de suivre cette règle, qui avait, selon lui, l'inconvénient de ralentir la lecture et d'interrompre trop souvent le dialogue. Il a préféré ne changer le numéro de la scène que lorsqu'il y avait changement de lieu, et n'a pas voulu que l'entrée de chaque personnage fût annoncée d'avance. Cette méthode est celle de Shakespeare et de beaucoup d'écrivains étrangers; quoiqu'elle ne soit point usitée en France, nous avons dû nous conformer aux intentions de l'auteur.

LA
NUIT VÉNITIENNE

COMÉDIE EN UN ACTE

1830

> Perfide comme l'onde.
> SHAKESPEARE.

PERSONNAGES.	ACTEURS QUI ONT CRÉÉ LES ROLES.
LE PRINCE D'EYSENACH.	MM. LOCKROY.
LE MARQUIS DELLA RONDA	VIZENTINI.
RAZETTA	DELAFOSSE.
LE SECRÉTAIRE INTIME GRIMM.	DELAISTRE.
LAURETTE.	Mme BÉRANGER.
DEUX JEUNES VÉNITIENS.	MM. AUGUSTE. TOURNON.
DEUX JEUNES FEMMES.	MM^{es} LAINÉ. SAULAY.

MADAME BALBI, suivante de Laurette, personnage muet.

La scène est à Venise.

LA NUIT VÉNITIENNE

ou

LES NOCES DE LAURETTE

SCÈNE PREMIÈRE

Une rue. — Au fond, un canal. — Il est nuit.

RAZETTA, descendant d'une gondole, LAURETTE, paraissant à un balcon.

RAZETTA.

Partez-vous, Laurette ? Est-il vrai que vous partiez ?

LAURETE.

Je n'ai pu faire autrement.

RAZETTA.

Vous quittez Venise !

LAURETTE.

Demain matin.

RAZETTA.

Ainsi cette funeste nouvelle qui courait la ville aujourd'hui n'est que trop vraie : on vous vend au prince d'Eysenach. Quelle fête ! votre orgueilleux tuteur n'en mourra-t-il pas de joie ? Lâche et vil courtisan !

LAURETTE.

Je vous en supplie, Razetta, n'élevez pas la voix; ma gouvernante est dans la salle voisine; on m'attend, je ne puis que vous dire adieu.

RAZETTA.

Adieu pour toujours?

LAURETE.

Pour toujours !

RAZETTA.

Je suis assez riche pour vous suivre en Allemagne.

LAURETTE.

Vous ne devez pas le faire. Ne nous opposons pas, mon ami, à la volonté du ciel.

RAZETTA.

La volonté du ciel écoutera celle de l'homme. Bien que j'aie perdu au jeu la moitié de mon bien, je vous répète que j'en ai assez pour vous suivre, et que j'y suis déterminé.

LAURETTE.

Vous nous perdrez tous deux par cette action.

RAZETTA.

La générosité n'est plus de mode sur cette terre.

LAURETTE.

Je le vois; vous êtes au désespoir.

RAZETTA.

Oui; et l'on a agi prudemment en ne m'invitant pas à votre noce.

LAURETTE.

Écoutez, Razetta; vous savez que je vous ai beaucoup aimé. Si mon tuteur y avait consenti, je serais à vous depuis longtemps. Une fille ne dépend pas d'elle ici-bas. Voyez dans quelles mains est ma destinée; vous-même ne pouvez-vous pas me perdre par le moindre éclat? Je me suis soumise à mon sort. Je sais qu'il peut vous paraître brillant, heureux... Adieu! adieu! je ne puis en dire davantage... Tenez! voici ma croix d'or que je vous prie de garder.

RAZETTA.

Jette-la dans la mer; j'irai la rejoindre.

LAURETTE.

Mon Dieu! revenez à vous!

RAZETTA.

Pour qui, depuis tant de jours et tant de nuits, ai-je rôdé comme un assassin autour de ces murailles? Pour qui ai-je tout quitté? Je ne parle pas de mes devoirs, je les méprise; je ne parle pas de mon pays, de ma famille, de mes amis; avec de l'or, on en trouve partout. Mais l'héritage de mon père, où est-il? J'ai perdu mes épaulettes; il n'y a donc que vous au monde à qui je tienne. Non, non, celui qui a mis sa vie entière sur un coup de dé ne doit pas si vite abandonner la chance.

LAURETTE.

Mais que voulez-vous de moi?

RAZETTA.

Je veux que vous veniez avec moi à Gênes.

LAURETTE.

Comment le pourrais-je? Ignorez-vous que celle à qui vous parlez ne s'appartient plus? Hélas! Razetta, je suis princesse d'Eysenach.

RAZETTA.

Ah! rusée Vénitienne, ce mot n'a pu passer sur tes lèvres sans leur arracher un sourire.

LAURETTE.

Il faut que je me retire... Adieu, adieu, mon ami.

RAZETTA.

Tu me quittes? — Prends-y garde; je n'ai pas été jusqu'à présent de ceux que la colère rend faibles. J'irai te demander à ton second père l'épée à la main.

LAURETTE.

Je l'avais prévu que cette nuit nous serait fatale. Ah! pourquoi ai-je consenti à vous voir encore une fois!

RAZETTA.

Es-tu donc une Française? Le soleil du jour de ta naissance était-il donc si pâle que le sang soit glacé dans tes veines?... ou ne m'aimes-tu pas? Quelques bénédictions d'un prêtre, quelques paroles d'un roi ont-elles changé en un instant ce que deux mois de supplice,... ou mon rival peut-être...

SCÈNE PREMIÈRE.

LAURETTE.

Je ne l'ai pas vu.

RAZETTA.

Comment? Tu es cependant princesse d'Eysenach?

LAURETTE.

Vous ne connaissez pas l'usage de ces cours. Un envoyé du prince, le baron Grimm, son secrétaire intime, est arrivé ce matin.

RAZETTA.

Je comprends. On a placé ta froide main dans la main du vassal insolent, décoré des pouvoirs du maître; la royale procuration, sanctionnée par l'officieux chapelain de Son Excellence, a réuni aux yeux du monde deux êtres inconnus l'un à l'autre. Je suis au fait de ces cérémonies. Et toi, ton cœur, ta tête, ta vie, marchandés par entremetteurs, tout a été vendu au plus offrant; une couronne de reine t'a faite esclave pour jamais; et cependant ton fiancé, enseveli dans les délices d'une cour, attend nonchalamment que sa nouvelle épouse...

LAURETTE.

Il arrive ce soir à Venise.

RAZETTA.

Ce soir? Ah vraiment! voilà encore une imprudence de m'en avertir.

LAURETTE.

Non, Razetta; je ne puis croire que tu veuilles ma perte; je sais qui tu es et quelle réputation tu t'es faite par des actions qui auraient dû m'éloigner de toi. Comment j'en suis venue à t'aimer, à te permettre de m'aimer moi-même, c'est ce dont je ne suis pas capable de rendre compte. Que de fois j'ai redouté ton caractère violent, excité par une vie de désordres qui seule aurait dû m'avertir de mon danger ! — Mais ton cœur est bon.

RAZETTA.

Tu te trompes ; je ne suis pas un lâche, et voilà tout. Je ne fais pas le mal pour le bien ; mais, par le ciel ! je sais rendre le mal pour le mal. Quoique bien jeune, Laurette, j'ai trop connu ce qu'on est convenu d'appeler la vie pour n'avoir pas trouvé au fond de cette mer le mépris de ce qu'on aperçoit à sa surface. Sois bien convaincue que rien ne peut m'arrêter.

LAURETTE.

Que feras-tu ?

RAZETTA.

Ce n'est pas, du moins, mon talent de spadassin qui doit t'effrayer ici. J'ai affaire à un ennemi dont le sang n'est pas fait pour mon épée.

LAURETTE.

Eh bien donc ?...

RAZETTA.

Que t'importe ? c'est à moi de m'occuper de moi. Je vois des flambeaux traverser la galerie ; on t'attend.

LAURETTE.

Je ne quitterai pas ce balcon que tu ne m'aies promis de ne rien tenter contre toi, ni contre...

SCÈNE PREMIÈRE.

RAZETTA.

Ni contre lui?

LAURETTE.

Contre cette Laurette que tu dis avoir aimée, et dont tu veux la perte. Ah! Razetta, ne m'accablez pas; votre colère me fait frémir. Je vous supplie de me donner votre parole de ne rien tenter.

RAZETTA.

Je vous promets qu'il n'y aura pas de sang.

LAURETTE.

Que vous ne ferez rien ; que vous attendrez,... que vous tâcherez de m'oublier, de...

RAZETTA.

Je fais un échange; permettez-moi de vous suivre.

LAURETTE.

De me suivre, ô mon Dieu!

RAZETTA.

A ce prix, je consens à tout.

LAURETTE.

On vient... Il faut que je me retire... Au nom du ciel... Me jurez-vous?...

RAZETTA.

Ai-je aussi votre parole? alors vous avez la mienne.

LAURETTE.

Razetta, je m'en fie à votre cœur; l'amour d'une femme a pu y trouver place, le respect de cette femme l'y trouvera. Adieu! adieu! Ne voulez-vous donc point de cette croix?

RAZETTA.

Oh! ma vie!

Il reçoit la croix; elle se retire.

RAZETTA, seul.

Ainsi je l'ai perdue. — Razetta, il fut un temps où cette gondole, éclairée d'un falot de mille couleurs, ne portait sur cette mer indolente que le plus insouciant de ses fils. Les plaisirs des jeunes gens, la passion furieuse du jeu t'absorbaient; tu étais gai, libre, heureux; on le disait, du moins; l'inconstance, cette sœur de la folie, était maîtresse de tes actions; quitter une femme te coûtait quelques larmes; en être quitté te coûtait un sourire. Où en es-tu arrivé?

Mer profonde, heureusement il t'est facile d'éteindre une étincelle. Pauvre petite croix, qui avais sans doute été placée dans une fête, ou pour un jour de naissance, sur le sein tranquille d'un enfant; qu'un vieux père avait accompagnée de sa bénédiction; qui, au chevet d'un lit, avais veillé dans le silence des nuits sur l'innocence; sur qui, peut-être, une bouche adorée se posa plus d'une fois pendant la prière du soir; tu ne resteras pas longtemps entre mes mains.

La belle part de ta destinée est accomplie; je t'emporte, et les pêcheurs de cette rive te trouveront rouillée sur mon cœur.

Lauretté! Laurette! Ah! je me sens plus lâche qu'une femme. Mon désespoir me tue; il faut que je pleure.

On entend le son d'une symphonie sur l'eau. Une gondole chargée de femmes et de musiciens passe.

SCÈNE PREMIÈRE.

UNE VOIX DE FEMME.

Gageons que c'est Razetta.

UNE AUTRE.

C'est lui, sous les fenêtres de la belle Laurette.

UN JEUNE HOMME.

Toujours à la même place! Hé! holà! Razetta! le premier mauvais sujet de la ville refusera-t-il une partie de fous? Je te somme de prendre un rôle dans notre mascarade, et de venir nous égayer.

RAZETTA.

Laissez-moi seul; je ne puis aller ce soir avec vous; je vous prie de m'excuser.

UNE DES FEMMES.

Razetta, vous viendrez; nous serons de retour dans une heure. Qu'on ne dise pas que nous ne pouvons rien sur vous, et que Laurette vous a fait oublier vos amis.

RAZETTA.

C'est aujourd'hui la noce; ne le savez-vous pas? J'y suis prié, et ne puis manquer de m'y rendre. Adieu, je vous souhaite beaucoup de plaisir : prêtez-moi seulement un masque.

LA VOIX DE FEMME.

Adieu, converti.

Elle lui jette un masque.

LE JEUNE HOMME.

Adieu, loup devenu berger. Si tu es encore là, nous te prendrons en revenant.

Musique. La gondole s'éloigne.

RAZETTA.

J'ai changé subitement de pensée. Ce masque va m'être utile. Comment l'homme est-il assez insensé pour quitter cette vie tant qu'il n'a pas épuisé toutes ses chances de bonheur? Celui qui perd sa fortune au jeu quitte-t-il le tapis tant qu'il lui reste une pièce d'or? Une seule pièce peut lui rendre tout. Comme un minerai fertile, elle peut ouvrir une large veine. Il en est de même des espérances. Oui, je suis résolu d'aller jusqu'au bout.

D'ailleurs la mort est toujours là; n'est-elle pas partout sous les pieds de l'homme, qui la rencontre à chaque pas dans cette vie? L'eau, le feu, la terre, tout la lui offre sans cesse; il la voit partout dès qu'il la cherche, il la porte à son côté.

Essayons donc. Qu'ai-je dans le cœur?

Une haine et un amour. — Une haine, c'est un meurtre. — Un amour, c'est un rapt. Voici ce que le commun des hommes doit voir dans ma position.

Mais il me faut trouver quelque chose de nouveau ici, car d'abord j'ai affaire à une couronne. Oui, tout moyen usé d'ailleurs me répugne. Voyons, puisque je suis déterminé à risquer ma tête, je veux la mettre au plus haut prix possible. Que ferai-je dire demain à Venise? Dira-t-on : « Razetta s'est noyé de désespoir pour Laurette, qui l'a quitté? » Ou : « Razetta a tué le prince d'Eysenach, et enlevé sa maîtresse? » Tout cela est commun. « Il a été quitté par Laurette, et il l'a oubliée un quart d'heure après? » Ceci vaudrait mieux; mais comment? En aurai-je le courage?

Si l'on disait : « Razetta, au moyen d'un déguisement, s'est d'abord introduit chez son infidèle; » ensuite : « Au moyen d'un billet qu'il lui a fait remettre, et par lequel il l'avertissait qu'à telle heure... » Il me faudrait ici... de l'opium... Non! point de ces poisons douteux ou timides, qui donnent au hasard le sommeil ou la mort. Le fer est plus sûr. Mais une main si faible?... Qu'importe? Le courage est tout. La fable qui courra la ville demain matin sera étrange et nouvelle.

Des lumières traversent une seconde fois la maison.

Réjouis-toi, famille détestée; j'arrive; et celui qui ne craint rien peut être à craindre.

Il met son masque et entre.

UNE VOIX dans la coulisse.

Où allez-vous?

RAZETTA, de même.

Je suis engagé à souper chez le marquis.

SCÈNE II

Une salle donnant sur un jardin. — Plusieurs masques se promènent.

LE MARQUIS, LE SECRÉTAIRE.

LE MARQUIS.

Combien je me trouve honoré, monsieur le secrétaire intime, en vous voyant prendre quelque plaisir à cette fête qui est la plus médiocre du monde!

LE SECRÉTAIRE.

Tout est pour le mieux, et votre jardin est charmant. Il n'y a qu'en Italie qu'on en trouve d'aussi délicieux.

LE MARQUIS.

Oui, c'est un jardin anglais. Vous ne désireriez pas de vous reposer ou de prendre quelques rafraîchissements?

LE SECRÉTAIRE.

Nullement.

LE MARQUIS.

Que dites-vous de mes musiciens?

LE SECRÉTAIRE.

Ils sont parfaits; il faut avouer que là-dessus, monsieur le marquis, votre pays mérite bien sa réputation.

LE MARQUIS.

Oui, oui, ce sont des Allemands. Ils arrivèrent hier de Leipsick, et personne ne les a encore possédés dans cette ville. Combien je serais ravi si vous aviez trouvé quelque intérêt dans le divertissement du ballet!

LE SECRÉTAIRE.

A merveille, et l'on danse très bien à Venise.

LE MARQUIS.

Ce sont des Français. Chaque bayadère me coûte deux cents florins. Pousseriez-vous jusqu'à cette terrasse?

LE SECRÉTAIRE.

Je serai enchanté de la voir.

LE MARQUIS.

Je ne puis vous exprimer ma reconnaissance. A quelle

heure pensez-vous qu'arrive le prince notre maître? Car la nouvelle dignité qu'il m'a...

LE SECRÉTAIRE.

Vers dix ou onze heures.

> Ils s'éloignent en causant. — Laurette entre; madame Balbi se lève et va à sa rencontre. Toutes deux demeurent appuyées sur une balustrade dans le fond de la scène, et paraissent s'entretenir. En ce moment, Razetta, masqué, s'avance vers l'avant-scène.

RAZETTA.

Il me semble que j'aperçois Laurette. Oui, c'est elle qui vient d'entrer. Mais comment parviendrai-je à lui parler sans être remarqué? — Depuis que j'ai mis le pied dans ces jardins, tous mes projets se sont évanouis pour faire place à ma colère. Un seul dessein m'est resté; mais il faut qu'il s'exécute ou que je meure.

> Il s'approche d'une table et écrit quelques mots au crayon.

LE SECRÉTAIRE, rentrant, au marquis.

Ah! voilà un des galants de votre bal qui écrit un billet doux! Est-ce l'usage à Venise?

LE MARQUIS.

C'est un usage auquel vous devez comprendre, monsieur, que les jeunes filles restent étrangères. Voudriez-vous faire une partie de cartes?

LE SECRÉTAIRE.

Volontiers; c'est un moyen de passer le temps fort agréablement.

LE MARQUIS.

Asseyons-nous donc, s'il vous plaît. Monsieur le secrétaire intime, j'ai l'honneur de vous saluer. Le prince, m'avez-vous dit, doit arriver à dix ou onze heures. Ce sera donc dans un quart d'heure ou dans une heure un quart, car il est précisément neuf heures trois quarts. C'est à vous de jouer.

LE SECRÉTAIRE.

Jouons-nous cinquante florins?

LE MARQUIS.

Avec plaisir. C'est un récit bien intéressant pour nous, monsieur, que celui que vous avez bien voulu déjà me laisser deviner et entrevoir, de la manière dont Son Excellence était devenue éprise de la chère princesse ma nièce. J'ai l'honneur de vous demander du pique.

LE SECRÉTAIRE.

C'est, comme je vous disais, en voyant son portrait; cela ressemble un peu à un conte de fée.

LE MARQUIS.

Sans doute! ah! ah!... délicieux! sur un portrait!... Je n'en ai plus, j'ai perdu... Vous disiez donc?...

LE SECRÉTAIRE.

Ce portrait, qui était, il est vrai, d'une ressemblance frappante, et par conséquent d'une beauté parfaite...

LE MARQUIS.

Vous êtes mille fois trop bon.

LE SECRÉTAIRE.

Voulez-vous votre revanche?

LE MARQUIS.

Avec plaisir. « D'une beauté parfaite... »

SCÈNE II.

LE SECRÉTAIRE.

Resta longtemps sur la table où il a l'habitude d'écrire. Le prince, à vous dire le vrai..., (j'ai du rouge) est un véritable original.

LE MARQUIS.

Réellement ?... C'est unique ! je ne me sens pas de joie en pensant que d'ici à une heure... Voici encore du rouge.

LE SECRÉTAIRE.

Il abhorrait les femmes, du moins il le disait. C'est le caractère le plus fantasque ! Il n'aime ni le jeu, ni la chasse, ni les arts. Vous avez encore perdu.

LE MARQUIS.

Ah ! ah ! c'est du dernier plaisant !... Comment ! il n'aime rien de tout cela ? Ah ! ah ! Vous avez parfaitement raison, j'ai perdu. C'est délicieux.

LE SECRÉTAIRE.

Il a beaucoup voyagé, en Europe surtout. Jamais nous n'avons été instruits de ses intentions que le matin même du jour où il partait pour une de ces excursions souvent fort longues. « Qu'on mette les chevaux, disait-il à son lever, nous irons à Paris. »

LE MARQUIS.

J'ai entendu dire la même chose de l'empereur Bonaparte. Singulier rapprochement !

LE SECRÉTAIRE.

Son mariage fut aussi extraordinaire que ses voyages : il m'en donna l'ordre comme s'il s'agissait de l'action la plus indifférente de sa vie; car c'est la paresse personnifiée, que le prince. « Quoi! monseigneur, lui disje, sans l'avoir vue! — Raison de plus, » me dit-il; ce fut toute sa réponse. Je laissai en partant toute la cour bouleversée et dans une rumeur épouvantable.

LE MARQUIS.

Cela se conçoit... Eh! eh! — Du reste, monseigneur n'aurait pu se fournir d'un procureur plus parfaitement convenable que vous-même, monsieur le secrétaire intime. J'espère que vous voudrez bien m'en croire persuadé. J'ai encore perdu.

LE SECRÉTAIRE.

Vous jouez d'un singulier malheur.

LE MARQUIS.

Oui, n'est-il pas vrai? Cela est fort remarquable. Un de mes amis, homme d'un esprit enjoué, me disait plaisamment avant-hier, à la table de jeu d'un des principaux sénateurs de cette ville, que je n'aurais qu'un moyen de gagner, ce serait de parier contre moi.

LE SECRÉTAIRE.

Ah! ah! c'est juste!

LE MARQUIS.

Ce serait, lui répondis-je, ce qu'on pourrait appeler un bonheur malheureux. Eh! eh!

Il rit.

LE SECRÉTAIRE.

Absolument.

SCÈNE II.

LE MARQUIS.

Ce sont deux mots qui, je crois, ne se trouvent pas souvent rapprochés... Eh! eh! — Mais permettez-moi, de grâce, une seule question : Son Excellence aime-t-elle la musique?

LE SECRÉTAIRE.

Beaucoup. C'est son seul délassement.

LE MARQUIS.

Combien je me trouve heureux d'avoir, depuis l'âge de onze ans, fait apprendre à ma nièce la harpo-lyre et le forte-piano! Seriez-vous, par hasard, bien aise de l'entendre chanter?

LE SECRÉTAIRE.

Certainement.

LE MARQUIS, à un valet.

Veuillez avertir la princesse que je désire lui parler.

A Laurette, qui entre.

Laure, je vous prie de nous faire entendre votre voix. Monsieur le secrétaire intime veut bien vous engager à nous donner ce plaisir.

LAURETTE.

Volontiers, mon cher oncle; quel air préférez-vous?

LE MARQUIS.

Di piacer, di piacer, di piacer. Ma nièce ne s'est jamais fait prier.

LAURETTE.

Aidez-moi à ouvrir le piano.

RAZETTA, toujours masqué, s'avance et ouvre le piano. A voix basse.

Lisez ceci quand vous serez seule.

Elle reçoit son billet.

LE SECRÉTAIRE.

La princesse pâlit.

LE MARQUIS.

Ma chère fille, qu'avez-vous donc?

LAURETTE.

Rien, rien, je suis remise.

LE MARQUIS, bas au secrétaire.

Vous concevez qu'une jeune fille...

Laurette frappe les premiers accords.

UN VALET, entrant, bas au marquis.

Son Excellence vient d'entrer dans le jardin.

LE MARQUIS.

Son Excell...! Allons à sa rencontre.

Il se lève.

LE SECRÉTAIRE.

Au contraire. — Permettez-moi de vous dire deux mots.

Pendant ce temps, Laurette joue la ritournelle pianissimo.

Vous voyez que le prince ne fait avertir que vous seul de son arrivée. Que le reste de vos conviés s'éloigne. Je connais les usages, et je sais que dans toutes les cours il y a une présentation; mais rien de ce qui est fait pour tout le monde ne saurait plaire à notre jeune souverain. Veuillez m'accompagner seul auprès du prince. La jeune mariée restera, s'il vous plaît.

SCÈNE II.

LE MARQUIS.

Eh quoi! seule ici?

LE SECRÉTAIRE.

J'agis d'après les ordres du prince.

LE MARQUIS.

Monsieur, je vais donner les miens en conséquence; me conformer en tout aux moindres volontés de Son Excellence est pour moi le premier, le plus sacré des devoirs. Ne dois-je pas pourtant avertir ma nièce?

LE SECRÉTAIRE.

Certainement.

LE MARQUIS.

Laurette!

Il lui parle à l'oreille. Un moment après, les masques se dispersent dans les jardins et laissent le théâtre libre. Le marquis et le secrétaire sortent ensemble.

LAURETTE, *restée seule, tire le billet de Razetta de son sein, et lit.*

« Les serments que j'ai pu te faire ne peuvent me
« retenir loin de toi. Mon stylet est caché sous le pied
« de ton clavecin. Prends-le, et frappe mon rival, si tu
« ne peux réussir avant onze heures sonnantes à t'échap-
« per et à venir me retrouver au pied de ton balcon,
« où je t'attends. Crois que, si tu me refuses, j'enten-
« drai sonner l'heure, et que ma mort est certaine.

« RAZETTA. »

Elle regarde autour d'elle.

Seule ici!...

Elle va prendre le stylet.

Tout est perdu : car je le connais, il est capable de

tout. O Dieu! il me semble que j'entends monter à la terrasse. Est-ce déjà le prince? — Non, tout est tranquille.

« A onze heures; si tu ne peux réussir à t'échapper. Crois que, si tu me refuses, ma mort est certaine!... »

O Razetta, Razetta! insensé, il m'en coûte cher de t'avoir aimé!

Fuirai-je?... La princesse d'Eysenach fuira-t-elle?... avec qui?... avec un joueur déjà presque ruiné? avec un homme plus redoutable seul que tous les malheurs... Si j'avertissais le prince? — O ciel! on vient.

Mais Razetta! il se tuera sans doute sous mes fenêtres...

Le prince ne peut tarder; je vois des pages avec des flambeaux traverser l'orangerie. La nuit est obscure; le vent agite ces lumières; écoutons... Quelle singulière frayeur me saisit!... Quel est l'homme qui va se présenter à moi?... Inconnus l'un à l'autre,... que va-t-il me dire?... Oserai-je lever les yeux sur lui?... Oh! je sens battre mon cœur... L'heure va si vite! onze heures seront bientôt arrivées!...

UNE VOIX, en dehors.

Son Excellence veut-elle monter cet escalier?

LAURETTE.

C'est lui! il vient.

Elle écoute.

Je ne me sens pas la force de me lever; cachons ce stylet.

Elle le met dans son sein.

Eysenach, c'est donc à la mort que tu marches?...
Ah! la mienne aussi est certaine...

> Elle se penche à la fenêtre.

Razetta se promène lentement sur le rivage!... Il ne peut me manquer... Allons!... Prenons cependant assez de force pour cacher ce que j'éprouve... Il le faut... Voici l'instant.

> Se regardant.

Dieu, que je suis pâle! mes cheveux en désordre...

> Le prince entre par le fond ; il a à la main un portrait ; il s'avance lentement, en considérant tantôt l'original, tantôt la copie.

LE PRINCE.

Parfait.

> Laurette se retourne et demeure interdite.

Et cependant comme en tout l'art est constamment au-dessous de la nature, surtout lorsqu'il cherche à l'embellir! La blancheur de cette peau pourrait s'appeler de la pâleur ; ici je trouve que les roses étouffent les lis. — Ces yeux sont plus vifs, — ces cheveux plus noirs. — Le plus parfait des tableaux n'est qu'une ombre : tout y est à la surface ; l'immobilité glace ; l'âme y manque totalement ; c'est une beauté qui ne passe pas l'épiderme. D'ailleurs ce trait même à gauche...

> Laurette fait quelques pas. Le prince ne cesse pas de la regarder.

Il n'importe : je suis content de Grimm ; je vois qu'il ne m'a pas trompé.

> Il s'assoit.

Ce petit palais est très gentil : on m'avait dit que

cette pauvre fille n'avait rien. Comment donc! mais c'est un élégant que mon oncle, monsieur le... le...

A Laurette.

Votre oncle est marquis, je crois?

LAURETTE.

Oui,... monseigneur...

LE PRINCE.

Je me sens la tentation de quitter cette vieille prude d'Allemagne, et de venir m'établir ici. Ah! diable, je fais une réflexion, on est obligé d'aller à pied. — Est-ce que toutes les femmes sont aussi jolies que vous dans cette ville?

LAURETTE.

Monseigneur...

LE PRINCE.

Vous rougissez... De qui donc avez-vous peur? nous sommes seuls.

LAURETTE.

Oui,... mais...

LE PRINCE, se levant.

Est-ce que par hasard mon grand guindé de secrétaire se serait mal acquitté de sa représentation? Les compliments d'usage ont-ils été faits? Aurait-il négligé quelque chose? En ce cas, excusez-moi : je pensais que les quatre premiers actes de la comédie étaient joués, et que j'arrivais seulement pour le cinquième.

LAURETTE.

Mon tuteur...

SCÈNE II.

LE PRINCE.

Vous tremblez?

Il lui prend la main.

Reposez-vous sur ce sofa. Je vous supplie de répondre à ma question.

LAURETTE.

Votre Excellence me pardonnera : je ne chercherai pas à lui cacher que je souffre... un peu ;... elle voudra bien ne pas s'étonner...

LE PRINCE.

Voici du vinaigre excellent.

Il lui donne sa cassolette.

Vous êtes bien jeune, madame ; et moi aussi. Cependant, comme les romans ne me sont pas défendus, non plus que les comédies, les tragédies, les nouvelles, les histoires et les mémoires, je puis vous apprendre ce qu'ils m'ont appris. Dans tout morceau d'ensemble, il y a une introduction, un thème, deux ou trois variations, un andante et un presto. A l'introduction, vous voyez les musiciens encore mal se répondre, chercher à s'unir, se consulter, s'essayer, se mesurer ; le thème les met d'accord ; tous se taisent ou murmurent faiblement, tandis qu'une voix harmonieuse les domine ; je ne crois pas nécessaire de faire l'application de cette parabole. Les variations sont plus ou moins longues, selon ce que la pensée éprouve : mollesse ou fatigue. Ici, sans contredit, commence le chef-d'œuvre ; l'andante, les yeux humides de pleurs, s'avance lentement, les mains s'u-

nissent; c'est le romanesque, les grands serments, les petites promesses, les attendrissements, la mélancolie.
— Peu à peu, tout s'arrange ; l'amant ne doute plus du cœur de sa maîtresse; la joie renaît, le bonheur par conséquent : la bénédiction apostolique et romaine doit trouver ici sa place ; car, sans cela, le presto survenant... Vous souriez ?

LAURETTE.

Je souris d'une pensée...

LE PRINCE.

Je la devine. Mon procureur a sauté l'adagio.

LAURETTE.

Faussé, je crois.

LE PRINCE.

Ce sera à moi de réparer ses maladresses. Cependant ce n'était pas mon plan. Ce que vous me dites me fait réfléchir.

LAURETTE.

Sur quoi ?

LE PRINCE.

Sur une théorie du professeur Mayer, à Francfort-sur-l'Oder.

LAURETTE.

Ah!

LE PRINCE.

Oui, il s'est trompé, si vous êtes née à Venise.

LAURETTE.

Dans cette maison même.

SCÈNE II.

LE PRINCE.

Diable! pourtant il prétendait que ce que vos compatriotes estimaient le moins... était précisément ce qui manque...

LAURETTE.

Au secrétaire intime?...

LE PRINCE.

Et de plus, qu'on juge d'un caractère sur un portrait. Vous pourriez, je le vois, soutenir la controverse.

Il lui baise la main.

Vous tremblez encore.

LAURETTE.

Je ne sais,... je,... non...

LE PRINCE.

Heureusement que je suis entre la fenêtre et la pendule.

LAURETTE, effrayée.

Que dit Votre Excellence?

LE PRINCE.

Que ces deux points partagent singulièrement votre attention. Je crois que vous avez peur de moi.

LAURETE.

Pourquoi?... nullement,... je,... je ne puis vous dissimuler...

LE PRINCE.

Voici une main qui dit le contraire. Aimez-vous les bijoux?

Il lui met un bracelet.

LAURETTE.

Quels magnifiques diamants!

LE PRINCE.

Ce n'est plus la mode. Mais que vois-je? L'anneau a été oublié.

LAURETTE.

Le secrétaire...

LE PRINCE.

En voici un : j'ai toujours des joujoux de poupée dans mes poches. Décidément vous voulez savoir l'heure.

LAURETTE.

Non;... je cherche...

LE PRINCE.

J'avais entendu dire qu'un Français était quelquefois embarrassé devant une Italienne. Vous vous levez!

LAURETTE.

Je suis souffrante.

LE PRINCE.

Vous voulez vous mettre à la fenêtre?

LAURETTE, à la fenêtre.

Ah!

LE PRINCE.

De grâce, qu'avez-vous? Serais-je réellement assez malheureux pour vous inspirer de l'effroi?

Il la ramène au sofa.

En ce cas, je serais le plus malheureux des hommes; car je vous aime, et ne pourrai vivre sans vous.

LAURETTE.

Encore une raillerie? Prince, celle-ci n'est pas charitable.

LE PRINCE.

De l'orgueil? — Veuillez m'écouter.

Je me suis figuré qu'une femme devait faire plus de cas de son âme que de son corps, contre l'usage général qui veut qu'elle permette qu'on l'aime avant d'avouer qu'elle aime, et qu'elle abandonne ainsi le trésor de son cœur avant de consentir à la plus légère prise sur celui de sa beauté. J'ai voulu, oui, voulu absolument tenter de renverser cette marche uniforme; la nouveauté est ma rage. Ma fantaisie et ma paresse, les seuls dieux dont j'aie jamais encensé les autels, m'ont vainement laissé parcourir le monde, poursuivi par ce bizarre dessein; rien ne s'offrait à moi. Peut-être je m'explique mal. J'ai eu la singulière idée d'être l'époux d'une femme avant d'être son amant. J'ai voulu voir si réellement il existait une âme assez orgueilleuse pour demeurer fermée lorsque les bras sont ouverts, et livrer la bouche à des baisers muets; vous concevez que je ne craignais que de trouver cette force à la froideur. Dans toutes les contrées qu'aime le soleil, j'ai cherché les traits les plus capables de révéler qu'une âme ardente y était enfermée : j'ai cherché la beauté dans tout son éclat, cet amour qu'un regard fait naître; j'ai désiré un visage assez beau pour me faire oublier qu'il était moins beau que l'être invisible qui l'anime; insensible à tout, j'ai résisté à tout,... excepté à une femme, — à vous, Laurette, qui m'apprenez que je me suis un peu mépris dans mes idées orgueilleuses ; à vous, devant qui je ne voulais soulever le masque qui couvre ici-bas les hommes qu'après être devenu votre époux. — Vous me l'avez arraché, je vous supplie de me pardonner, si j'ai pu vous offenser.

LAURETTE.

Prince, vos discours me confondent... Faut-il que je croie ?...

LE PRINCE.

Il faut que la princesse d'Eysenach me pardonne ; il faut qu'elle permette à son époux de redevenir l'amant le plus soumis ; il faut qu'elle oublie toutes ses folies...

LAURETTE.

Et toute sa finesse ?

LE PRINCE.

Elle pâlit devant la vôtre. La beauté et l'esprit...

LAURETTE.

Ne sont rien. Voyez comme nous nous ressemblons peu.

LE PRINCE.

Si vous en faites si peu de cas, je vais revenir à mon rêve.

LAURETTE.

Comment ?

LE PRINCE.

En commençant par la première.

SCÈNE II.

LAURETTE.

Et en oubliant le second?

LE PRINCE.

Prenez garde à un homme qui demande un pardon; il peut avoir si aisément la tentation d'en mériter deux!

LAURETTE.

Ceci est une théorie.

LE PRINCE.

Non pas.

Il l'embrasse.

Cependant, je vous vois encore agitée. Gageons que, toute jeune que vous êtes, vous avez déjà fait un calcul.

LAURETTE.

Lequel? il y en a tant à faire! et un jour comme celui-ci en voit tant!

LE PRINCE.

Je ne parle que de celui des qualités d'époux. Peut-être ne trouvez-vous rien en moi qui les annonce. Dites-moi, est-ce bien sérieusement que vous avez pu jamais réfléchir à cet important et grave sujet? De quelle pâte débonnaire, de quels faciles éléments aviez-vous pétri d'avance cet être dont l'apparition change tant de douces nuits en insomnies? Peut-être sortez-vous du couvent?

LAURETTE.

Non.

LE PRINCE.

Il faut songer, chère princesse, que si votre gouvernante vous gênait, si votre tuteur vous contrariait, si vous étiez surveillée, tancée quelquefois, vous allez entrer demain (n'est-ce pas demain?) dans une atmosphère de despotisme et de tyrannie ; vous allez respirer l'air délicieux de la plus aristocratique bonbonnière ; c'est de ma petite cour que je parle, ou plutôt de la vôtre, car je suis le premier de vos sujets. Une grave duègne vous suivra, c'est l'usage ; mais je la payerai pour qu'elle ne dise rien à votre mari. Aimez-vous les chevaux, la chasse, les fêtes, les spectacles, les dragées, les amants, les petits vers, les diamants, les soupers, le galop, les masques, les petits chiens, les folies ? — Tout pleuvra autour de vous. Enseveli au fond de la plus reculée des ailes de votre château, le prince ne saura et ne verra que ce que vous voudrez. Avez-vous envie de lui pour une partie de plaisir ? un ordre expédié de la part de la reine avertira le roi de prendre son habit de chasse, de bal ou d'enterrement. Voulez-vous être seul ? Quand toutes les sérénades de la terre retentiraient sous vos fenêtres, le prince, au fond de son donjon gothique, n'entendra rien au monde ; une seule loi régnera dans votre cour : la volonté de la souveraine. Ressembleriez-vous par hasard à l'une de ces femmes pour qui l'ambition, les honneurs, le pouvoir, eurent tant de charmes ? Cela m'étonnerait, et mon vieux docteur aussi ; mais n'importe. Les hochets que je mettrais alors entre vos mains, pour amuser vos loisirs, seraient d'autre nature : ils se composeraient d'abord de quelques-unes de ces marionnettes qu'on nomme des ministres, des conseillers, des secrétaires : pareil à des châteaux de cartes, tout l'édifice politique de leur sagesse dépendrait d'un souffle de votre bouche; autour de vous s'agiterait en tous sens la foule de ces roseaux, que plie et relève le vent des cours; vous serez un despote, si vous ne voulez être une reine. Ne faites pas surtout un rêve sans le réaliser; qu'un caprice, qu'un faible désir n'échappe pas à ceux qui vous entourent, et dont l'existence entière est consacrée à vous obéir. Vous choisirez entre vos fantaisies, ce sera tout votre travail, madame; et si le pays que je vous décris...

LAURETTE.

C'est le paradis des femmes.

LE PRINCE.

Vous en serez la déesse.

LAURETTE.

Mais le rêve sera-t-il éternel? Ne cassez-vous jamais le pot au lait?

LE PRINCE.

Jamais.

LAURETTE.

Ah! qui m'en assure?

LE PRINCE.

Un seul garant, — mon indicible, ma délicieuse paresse. Voilà bientôt vingt-cinq ans que j'essaye de vivre, Laurette. J'en suis las; mon existence me fatigue; je rattache à la vôtre ce fil qui s'allait briser; vous vivrez pour moi, j'abdique : vous chargez-vous de cette tâche?

Je vous remets le soin de mes jours, de mes pensées, de mes actions; et pour mon cœur...

LAURETTE.

Est-il compris dans le dépôt?

LE PRINCE.

Il n'y sera que le jour où vous l'en aurez jugé digne; jusque-là, j'ai votre portrait. — Je l'aime, je lui dois tout; je lui ai tout promis, pour tout vous tenir. — Autrefois même je m'en serais contenté; mais j'ai voulu le voir sourire,... rien de plus.

LAURETTE.

Ceci est encore une théorie.

LE PRINCE.

Un rêve, comme tout au monde.

Il l'embrasse.

Qu'avez-vous donc là? c'est un bijou vénitien : si nous sommes en paix, il est inutile : si nous sommes en guerre, je désarme l'ennemi.

Il lui ôte son stylet.

Quant à ce petit papier parfumé qui se cache sous cette gaze, le mari le respectera. Mais la princesse d'Eysenach rougit.

LAURETTE.

Prince!

LE PRINCE.

Êtes-vous étonnée de me voir sourire?—J'ai retenu un mot de Shakespeare sur les femmes de cette ville.

LAURETTE.

Un mot?

LE PRINCE.

Perfide comme l'onde. Est-il défendu d'aimer à avoir des rivaux?

LAURETTE.

Vous pensez?...

LE PRINCE.

A moins que ce ne soient des rivaux heureux, et celui-ci ne l'est pas.

LAURETTE.

Pourquoi?

LE PRINCE.

Parce qu'il écrit.

LAURETTE.

C'est à mon tour de sourire, quoiqu'il y ait ici un grain de mépris.

LE PRINCE.

Mépris pour les femmes? Il n'y a que les sots qui le croient possible.

LAURETTE.

Qu'en aimez-vous donc?

LE PRINCE.

Tout, et surtout leurs défauts.

LAURETTE.

Ainsi, le mot de Shakespeare...

LE PRINCE.

Je le voudrais pour réponse au billet.

LAURETTE.

Et que dirait-on ?

LE PRINCE.

Ceci est une pensée française, et ce n'est pas de vous que j'en attendais.

LAURETTE.

Insultez-vous la France? Vous parliez de beauté et d'esprit. Le premier des biens...

LE PRINCE.

C'est le cœur. L'esprit et la beauté n'en sont que les voiles.

LAURETTE.

Ah! qui sait ce que voit celui qui les soulève? C'est une audace!

LE PRINCE.

Il n'y en a plus après la noce... Vous tremblez encore?

LAURETTE.

J'ai cru entendre du bruit.

LE PRINCE.

Au fait, nous sommes presque dans un jardin; si vous ne teniez pas à ce sofa...

LAURETTE.

Non...

Ils se lèvent; le prince veut l'entraîner.

SCÈNE II.

LE PRINCE.

Est-ce de l'époux ou de l'amant que vous avez peur?

LAURETTE.

C'est de la nuit.

LE PRINCE.

Elle est perfide aussi, mais elle est discrète. Qu'oserez-vous lui confier?... La réponse au billet?

LAURETTE.

Qu'en dirait-elle?

LE PRINCE.

Elle n'en laissera rien voir à l'époux.

Elle lui donne le billet; il le déchire.

Ne la craignez pas, Laurette. *Le secret* d'une jeune fiancée est fait pour la nuit; elle seule renferme les deux grands secrets du bonheur : le plaisir et l'oubli.

LAURETTE.

Mais le chagrin?

LE PRINCE.

C'est la réflexion ; et il est si facile de la perdre !

LAURETTE.

Est-ce aussi un secret?

Ils s'éloignent. Onze heures sonnent.

SCÈNE III.

La même décoration qu'à la première scène. On entend l'heure sonner dans l'éloignement.

RAZETTA.

Je ne puis me défendre d'une certaine crainte. Serait-il possible que Laurette m'eût manqué de parole! Malheur à elle, s'il était vrai! Non pas que je doive porter la main sur elle,... mais mon rival!... Il me semble que deux horloges ont déjà sonné onze heures... Est-ce le temps d'agir? Il faut que j'entre dans ces jardins. — J'aperçois une grille fermée. — O rage! me serait-il impossible de pénétrer? Au risque de ma vie, je suis déterminé à ne pas abandonner mon dessein.

L'heure est passée... Rien ne doit me retenir... Mais par où entrer? — Appellerai-je? Tenterai-je de gravir cette muraille élevée? — Suis-je trahi? réellement trahi? Laurette... Si j'apercevais un valet, peut-être avec de l'or... — Je ne vois aucune lumière... Le repos semble régner dans cette maison. — Désespoir! Ne pourrai-je même jouer ma vie? ne pourrai-je tenter même le plus désespéré de tous les partis?

On entend une symphonie; une gondole chargée de musiciens passe.

UNE VOIX DE FEMME.

Voilà encore Razetta.

UNE AUTRE.

Je l'avais parié!

UN JEUNE HOMME.

Eh bien! la noce était-elle jolie? As-tu fait valser la mariée? Quand ta garde sera-t-elle relevée? Tu mets sûrement le mot d'ordre en musique?

RAZETTA.

Allez-vous-en à vos plaisirs, et laissez-moi.

UNE VOIX DE FEMME.

Non; cette fois j'ai gagé que je t'emmènerais; allons, viens, mauvaise tête, et ne trouble le plaisir de personne. Chacun son tour; c'était hier le tien, aujourd'hui tu es passé de mode; celui qui ne sait pas se conformer à son sort est aussi fou qu'un vieillard qui fait le jeune homme.

UNE AUTRE.

Venez, Razetta, nous sommes vos véritables amis, et nous ne désespérons pas de vous faire oublier la belle Laurette. Nous n'aurons pour cela qu'à vous rappeler ce que vous disiez vous-même il y a quelques jours, ce que vous nous avez appris. — Ne perdez pas ce nom glorieux que vous portiez du premier mauvais sujet de la ville.

LE JEUNE HOMME.

De l'Italie! Viens, nous allons souper chez Camilla; tu y retrouveras ta jeunesse tout entière, tes anciens amis, tes anciens défauts, ta gaieté. — Veux-tu tuer ton rival, ou te noyer? Laisse ces idées communes au vulgaire des amants; souviens-toi de toi-même, et ne donne pas le mauvais exemple. Demain matin les femmes seront inabordables, si on apprend cette nuit que Razetta s'est noyé. Encore une fois, viens souper avec nous.

RAZETTA.

C'est dit. Puissent toutes les folies des amants finir aussi joyeusement que la mienne !

Il monte dans la barque, qui disparaît au bruit des instruments.

FIN DE LA NUIT VÉNITIENNE.

Cette comédie, écrite pour la scène, fut représentée au théâtre de l'Odéon, le mercredi, 1er décembre 1830, au milieu d'un tumulte qui couvrit incessamment la voix des acteurs. C'était au plus fort de la guerre entre les classiques et les romantiques. L'auteur avait vingt ans. On ne connaissait encore de lui que les *Contes d'Espagne et d'Italie.* Le public de l'Odéon, qui avait pris au sérieux la fameuse ballade à la lune, condamna la *Nuit vénitienne* sans vouloir l'entendre. Alfred de Musset, blessé d'un procédé si injuste, conçut contre le public des spectacles des préventions dont il ne revint qu'au bout de dix-sept ans.

ANDRÉ DEL SARTO

DRAME EN TROIS ACTES

PUBLIÉ EN 1833, REPRÉSENTÉ EN 1849

PERSONNAGES.	ACTEURS QUI ONT CRÉÉ LES ROLES.
ANDRÉ.	MM. GEFFROY.
CORDIANI, \	(MAILLART.
LIONEL, } peintres, élèves d'André.	} MAUBANT.
DAMIEN, /	(FONTA.
GRÉMIO, concierge.	CHÉRY.
MONTJOIE, gentilhomme français.	ROBERT.
MATHURIN, \ domestiques.	MATHIEN.
[JEAN,] /	
PAOLO.	ALEXANDRE.
CÉSARIO, élève d'André.	Mmes FAVART.
LUCRETIA DEL FEDE, femme d'André.	RIMBLOT.
SPINETTE, suivante.	MIRECOURT.
PEINTRES, VALETS, etc.	
UN MÉDECIN.	

La scène est à Florence.

Dessin de Bida — Gravé par Levasseur

ANDRÉ DEL SARTO

CHARPENTIER ÉDITEUR

Imp. Ch. Chardon aîné — Paris

ANDRÉ DEL SARTO

ACTE PREMIER

SCÈNE PREMIÈRE

La maison d'André. — Une cour, un jardin au fond.

GRÉMIO, *sortant de la maison du concierge.*

Il me semble, en vérité, que j'entends marcher dans la cour : à quatre heures du matin, c'est singulier. Hum! hum! que veut dire cela?

Il avance; un homme enveloppé d'un manteau descend d'une fenêtre du rez-de-chaussée.

GRÉMIO.

De la fenêtre de madame Lucrèce? Arrête, qui que sois.

L'HOMME.

Laisse-moi passer, ou je te tue!

Il le frappe et s'enfuit dans le jardin.

GRÉMIO, seul.

Au meurtre! au voleur! Jean, au secours!

DAMIEN, sortant en robe de chambre.

Qu'est-ce? qu'as-tu à crier, Grémio?

GRÉMIO.

Il y a un voleur dans le jardin.

DAMIEN.

Vieux fou! tu te seras grisé.

GRÉMIO.

De la fenêtre de madame Lucrèce, de sa propre fenêtre, je l'ai vu descendre. Ah! je suis blessé! il m'a frappé au bras de son stylet.

DAMIEN.

Tu veux rire! ton manteau est à peine déchiré. Quel conte viens-tu faire, Grémio? Qui diable veux-tu avoir vu descendre de la fenêtre de Lucrèce, à cette heure-ci? Sais-tu, sot que tu es, qu'il ne ferait pas bon l'aller redire à son mari?

GRÉMIO.

Je l'ai vu comme je vous vois.

DAMIEN.

Tu as bu, Grémio; tu vois double.

GRÉMIO.

Double! je n'en ai vu qu'un.

DAMIEN.

Pourquoi réveilles-tu une maison entière avant le lever du soleil? et une maison comme celle-ci, pleine de jeunes gens, de valets! T'a-t-on payé pour imaginer

ce mauvais roman sur le compte de la femme de mon
meilleur ami? Tu cries au voleur, et tu prétends qu'on
a sauté par sa fenêtre? Es-tu fou ou es-tu payé? Dis,
réponds; que je t'entende.

GRÉMIO.

Mon Dieu! mon Seigneur Jésus! je l'ai vu; en vérité
de Dieu, je l'ai vu. Que vous ai-je fait? je l'ai vu.

DAMIEN.

Écoute, Grémio. Prends cette bourse, elle peut être
moins lourde que celle qu'on t'a donnée pour inventer
cette histoire-là. Va-t'en boire à ma santé. Tu sais que
je suis l'ami de ton maître, n'est-ce pas? je ne suis pas
un voleur, moi; je ne suis pas de moitié dans le vol qu'on
lui ferait. Tu me connais depuis dix ans comme je
connais André. Eh bien! Grémio, pas un mot là-dessus.
Bois à ma santé; pas un mot, entends-tu? ou je te fais
chasser de la maison. Va, Grémio, rentre chez toi, mon
vieux camarade. Que tout cela soit oublié.

GRÉMIO.

Je l'ai vu, mon Dieu! sur ma tête, sur celle de mon
père, je l'ai vu, vu, bien vu.

Il rentre.

DAMIEN, s'avançant seul vers le jardin et appelant.

Cordiani! Cordiani!

Cordiani paraît.

DAMIEN.

Insensé! en es-tu venu là? André, ton ami, le mien,
le bon, le pauvre André!

CORDIANI.

Elle m'aime, ô Damien, elle m'aime! Que vas-tu me dire? Je suis heureux. Regarde-moi, elle m'aime. Je cours dans ce jardin depuis hier; je me suis jeté dans les herbes humides; j'ai frappé les statues et les arbres, et j'ai couvert de baisers terribles les gazons qu'elle avait foulés.

DAMIEN.

Et cet homme qui te surprend! A quoi penses-tu? Et André! André, Cordiani!

CORDIANI.

Que sais-je? je puis être coupable, tu peux avoir raison; nous en parlerons demain, un jour, plus tard; laisse-moi être heureux. [Je me trompe peut-être, elle ne m'aime peut-être pas; un caprice, oui, un caprice seulement, et rien de plus; mais laisse-moi être heureux.

DAMIEN.

Rien de plus? et] tu brises comme une paille un lien de vingt-cinq années? [et tu sors de cette chambre?] Tu peux être coupable? et les rideaux qui se sont refermés sur toi sont encore agités autour d'elle? et l'homme qui te voit sortir crie au meurtre?

CORDIANI.

Ah! mon ami, que cette femme est belle!

DAMIEN.

Insensé! insensé!

CORDIANI.

Si tu savais quelle région j'habite! comme le son

de sa voix seulement fait bouillonner en moi une vie nouvelle! [comme les larmes lui viennent aux yeux au-devant de tout ce qui est beau, tendre et pur comme elle! O mon Dieu! c'est un autel sublime que le bonheur. Puisse la joie de mon âme monter à toi comme un doux encens!] Damien, les poëtes se sont trompés : est-ce l'esprit du mal qui est l'ange déchu? C'est celui de l'amour, qui, après le grand œuvre, ne voulut pas quitter la terre, et, tandis que ses frères remontaient au ciel, laissa tomber ses ailes d'or en poudre aux pieds de la beauté qu'il avait créée.

DAMIEN.

Je te parlerai dans un autre moment. Le soleil se lève; dans une heure, quelqu'un viendra s'asseoir aussi sur ce banc; il posera comme toi ses mains sur son visage, et ce ne sont pas des larmes de joie qu'il cachera. ° A quoi penses-tu?

CORDIANI.

Je pense au coin obscur d'une certaine taverne où je me suis assis tant de fois, regrettant ma journée. Je pense à Florence qui s'éveille, aux promenades, aux passants qui se croisent, au monde où j'ai erré vingt ans comme un spectre sans sépulture, à ces rues désertes où je me plongeais au sein des nuits, poussé par quelque dessein sinistre; je pense à mes travaux, à mes jours de découragement; j'ouvre les bras, et je vois passer les fantômes des femmes que j'ai possédées, mes plaisirs, mes peines, mes espérances! Ah! mon ami, comme tout est foudroyé, comme tout ce qui fermentait en moi s'est réuni en une seule pensée : l'aimer! C'est ainsi que mille insectes épars dans la poussière viennent se réunir dans un rayon de soleil.

DAMIEN.

Que veux-tu que je te dise, et de quoi servent les paroles après l'action? Un amour comme le tien n'a pas d'ami.

CORDIANI.

Qu'ai-je eu dans le cœur jusqu'à présent? Dieu merci, je n'ai pas cherché la science; je n'ai voulu d'aucun état, je n'ai jamais donné un centre aux cercles gigantesques de la pensée; je n'y ai laissé entrer que l'amour des arts, qui est l'encens de l'autel, mais qui n'en est pas le dieu. J'ai vécu de mon pinceau, de mon travail; mais mon travail n'a nourri que mon corps; mon âme a gardé sa faim céleste. [J'ai posé sur le seuil de mon cœur le fouet dont Jésus-Christ flagella les vendeurs du temple.] Dieu merci, je n'ai jamais aimé; mon cœur n'était à rien jusqu'à ce qu'il fût à elle.

DAMIEN.

Comment exprimer tout ce qui se passe dans mon âme? Je te vois heureux. Ne m'es-tu pas aussi cher que lui?

CORDIANI.

Et maintenant qu'elle est à moi, maintenant qu'assis à ma table, je laisse couler comme de douces larmes les vers insensés qui lui parlent de mon amour, et que je crois sentir derrière moi son fantôme charmant s'incliner sur mon épaule pour les lire; maintenant que j'ai un nom sur les lèvres, ô mon ami! quel est l'homme ici-bas qui n'a pas vu apparaître cent fois, mille fois, dans ses rêves, un être adoré, fait pour lui, devant vivre pour lui? Eh bien! quand un seul jour au monde on devrait rencontrer cet être, le serrer dans ses bras et mourir!

DAMIEN.

Tout ce que je puis te répondre, Cordiani, c'est que ton bonheur m'épouvante. Qu'André l'ignore, voilà l'important!

CORDIANI.

Que veut dire cela? Crois-tu que je l'aie séduite? qu'elle ait réfléchi et que j'aie réfléchi? Depuis un an que je la vois tous les jours, je lui parle, et elle me répond; je fais un geste, et elle me comprend. Elle se met au clavecin, elle chante, et moi, les lèvres entr'ouvertes, je regarde une longue larme tomber en silence sur ses bras nus. Et de quel droit ne serait-elle pas à moi?

DAMIEN.

De quel droit?

CORDIANI.

Silence! j'aime et je suis aimé. Je ne veux rien analyser, rien savoir; il n'y a d'heureux que les enfants qui cueillent un fruit et le portent à leurs lèvres sans penser à autre chose, sinon qu'ils l'aiment et qu'il est à portée de leurs mains.

DAMIEN.[3]

[Ah! si tu étais là, à cette place où je suis, et si tu te jugeais toi-même! Que dira demain l'homme à l'enfant?]

CORDIANI.

Non! non! [Est-ce d'une orgie que je sors, pour que l'air du matin me frappe au visage? L'ivresse de l'amour est-elle une débauche, pour s'évanouir avec la nuit?] Toi, que voilà, Damien, depuis combien de temps m'as-tu vu l'aimer? Qu'as-tu à dire à présent, toi qui es resté muet, toi qui as vu pendant une année chaque battement de mon cœur, chaque minute de ma vie se détacher de moi pour s'unir à elle? Et je suis coupable aujourd'hui? Alors pourquoi suis-je heureux? Et que me diras-tu d'ailleurs que je ne me sois dit cent fois à moi-même? Suis-je un libertin sans cœur? suis-je un athée? Ai-je jamais parlé avec mépris de tous ces mots sacrés, qui, depuis que le monde existe, errent vainement sur les lèvres des hommes? Tous les reproches imaginables, je me les suis adressés, et cependant je suis heureux. Le remords, la vengeance hideuse, la triste et muette douleur, tous ces spectres terribles sont venus se présenter au seuil de ma porte; aucun n'a pu rester debout devant l'amour de Lucrèce. Silence! on ouvre les portes; viens avec moi dans mon atelier. Là, dans une chambre fermée à tous les yeux, j'ai taillé dans le marbre le plus pur l'image adorée de ma maîtresse. Je veux te répondre devant elle ; viens, sortons ; la cour s'emplit de monde, et l'académie va s'ouvrir.

<small>Ils sortent. — Les peintres traversent la cour en tous sens. — Lionel et Césario s'avancent.</small>

LIONEL.

Le maître est-il levé ?

CÉSARIO, chantant.

Il se levait de bon matin,
Pour se mettre à l'ouvrage ;
Tin taine, tin tin.
Le bon gros père Célestin,
Il se levait de bon matin,
Comme un coq de village[1].

LIONEL.

Que d'écoliers autrefois dans cette académie ! comme on se disputait pour l'un, pour l'autre ! quel événement que l'apparition d'un nouveau tableau ! Sous Michel-Ange, les écoles étaient de vrais champs de bataille ; aujourd'hui elles se remplissent à peine, lentement, de jeunes gens silencieux. On travaille pour vivre, et les arts deviennent des métiers.

CÉSARIO.

C'est ainsi que tout passe sous le soleil. Moi, Michel-Ange m'ennuyait ; je suis bien aise qu'il soit mort.

LIONEL.

Quel génie que le sien !

CÉSARIO.

Eh bien ! oui, c'est un homme de génie; qu'il nous laisse tranquilles. As-tu vu le tableau de Pontormo ?

LIONEL.

Et j'y ai vu le siècle tout entier : un homme incertain entre mille chemins divers, la caricature des grands maîtres ; se noyant dans son propre enthousiasme, capable de se retenir, pour s'en tirer, au manteau gothique d'Albert Dürer.

CÉSARIO.

Vive le gothique ! Si les arts se meurent, l'antiquité ne rajeunira rien. *Tra deri da!* Il nous faut du nouveau.

ANDRÉ DEL SARTO, entrant et parlant à un valet.

Dites à Grémio de seller deux chevaux, un pour lui et un pour moi. Nous allons à la ferme.

CÉSARIO, continuant.

Du nouveau à tout prix, du nouveau ! Eh bien ! maître, quoi de nouveau ce matin ?

ANDRÉ.

Toujours gai, Césario ? Tout est nouveau aujourd'hui, mon enfant ; la verdure, le soleil et les fleurs, tout sera encore nouveau demain. Il n'y a que l'homme qui se fasse plus vieux, tout se fait plus jeune autour de lui chaque jour. Bonjour, Lionel ; levé de si bonne heure, mon vieil ami ?

CÉSARIO.

Alors les jeunes peintres ont donc raison de demander du neuf, puisque la nature elle-même en veut pour elle et en donne à tous.

LIONEL.

Songes-tu à qui tu parles ?

ANDRÉ.

Ah! ah! déjà en train de discuter? La discussion, mes bons amis, est une terre stérile, croyez-moi ; c'est elle qui tue tout. Moins de préfaces et plus de livres. Vous êtes peintres, mes enfants ; que votre bouche soit muette, et que votre main droite parle pour vous. Écoute-moi cependant, Césario. La nature veut toujours être nouvelle, c'est vrai ; mais elle reste toujours la même. Es-tu de ceux qui souhaiteraient qu'elle changeât la couleur de sa robe, et que les bois se colorassent en bleu ou en rouge ? Ce n'est pas ainsi qu'elle l'entend ; à côté d'une fleur fanée naît une fleur toute semblable, et des milliers de familles se reconnaissent sous la rosée aux premiers rayons du soleil. Chaque matin, l'ange de la vie et de la mort apporte à la mère commune une nouvelle parure, mais toutes ses parures se ressemblent. Que les arts tâchent de faire comme elle, puisqu'ils ne sont rien qu'en l'imitant. Que chaque siècle voie de nouvelles mœurs, de nouveaux costumes, de nouvelles pensées ; mais que le génie soit invariable comme la beauté. Que de jeunes mains, pleines de force et de vie, reçoivent avec respect le flambeau sacré des mains tremblantes des vieillards ; qu'ils la protègent du souffle des vents, cette flamme divine qui traversera les siècles futurs, comme elle a fait des siècles passés. Retiendras-tu cela, Césario ? Et maintenant, va travailler ; à l'ouvrage ! à l'ouvrage ! la vie est si courte !

Il le pousse dans l'atelier. — A Lionel.

Nous vieillissons, mon pauvre ami. La jeunesse ne veut plus guère de nous. Je ne sais si c'est que le siècle est un nouveau-né, ou un vieillard tombé en enfance.

LIONEL.

Mort de Dieu ! il ne faut pas que vos nouveaux venus m'échauffent par trop les oreilles ! je finirai par garder mon épée pour travailler.

ANDRÉ.

Te voilà bien, avec tes coups de rapière, brave Lionel ! On ne tue aujourd'hui que les moribonds ; le temps des épées est passé en Italie. Allons, allons, mon vieux, laisse dire les bavards, et tâchons d'être de notre temps jusqu'à ce qu'on nous enterre.

Damien entre.

Eh bien ! mon cher Damien, Cordiani vient-il aujourd'hui ?

DAMIEN.

Je ne crois pas qu'il vienne, il est malade.

ANDRÉ.

Malade, lui ! Je l'ai vu hier soir, il ne l'était point. Sérieusement malade ? Allons chez lui, Damien. Que peut-il avoir ?

DAMIEN.

N'allez pas chez lui, il ne saurait vous recevoir. Il s'est enfermé pour la journée.

ANDRÉ.

Oh! non pas pour moi. Allons, Damien.

DAMIEN.

Sérieusement, il veut être seul.

ANDRÉ.

Seul! et malade! tu m'effrayes. Lui est-il arrivé quelque chose? une dispute? un duel? violent comme il est! Ah! mon Dieu! mais qu'est-ce donc? il ne m'a rien fait dire; il est blessé, n'est-ce pas? Pardonnez-moi, mes amis;...

Aux peintres qui sont restés et qui l'attendent.

mais vous le savez, c'est mon ami d'enfance, c'est mon meilleur, mon plus fidèle compagnon.

DAMIEN.

Rassurez-vous; il ne lui est rien arrivé. Une fièvre légère; demain, vous le verrez bien portant.

ANDRÉ.

Dieu le veuille! Dieu le veuille! Ah! que de prières j'ai adressées au ciel pour la conservation d'une vie aussi chère! Vous le dirai-je, ô mes amis! dans ces temps de décadence où la mort de Michel-Ange nous a laissés, c'est en lui que j'ai mis mon espoir; c'est un cœur chaud, et un bon cœur. La Providence ne laisse pas s'égarer de telles facultés! Que de fois, assis derrière lui, tandis qu'il parcourait du haut en bas son échelle, une palette à la main, j'ai senti se gonfler ma poitrine, j'ai étendu les bras, prêt à le serrer sur mon cœur, à baiser ce front si jeune et si ouvert, d'où le génie rayonnait de toutes parts ! Quelle facilité ! quel enthousiasme ! mais quel sévère et cordial amour de la vérité ! Que de fois j'ai pensé avec délices qu'il était plus jeune que moi ! Je regardais tristement mes pauvres ouvrages, et je m'adressais en moi-même aux siècles futurs : voilà tout ce que j'ai pu faire, leur disais-je, mais je vous lègue mon ami.

LIONEL.[5]

Maître, un homme est là qui vous appelle.

ANDRÉ.

Qu'est-ce ? qu'y a-t-il ?

UN DOMESTIQUE.

Les chevaux sont sellés ; Grémio est prêt, Monseigneur.

ANDRÉ.

Allons, je vous dis adieu ; je serai à l'atelier dans deux heures.

A Damien.

Mais il n'a rien ? rien de grave, n'est-ce pas ? Et nous le verrons demain ? Viens donc souper avec nous ; et si tu vois Lucrèce, dis-lui que je vais à la ferme, et que je reviens.

Il sort.

SCÈNE II

[Un petit bois. André dans l'éloignement.]

GRÉMIO [, assis sur l'herbe].

Hum! hum! je l'ai bien vu pourtant. Quel intérêt pouvait-il avoir à me dire le contraire? Il faut cependant qu'il en ait un, puisqu'il m'a donné...

Il compte dans sa main.

quatre, cinq, six...; diable! il y a quelque chose là-dessous. Non, certainement, pour un voleur, ce n'en était pas un. J'avais bien eu une autre idée : mais,... oh! mais c'est là qu'il faut s'arrêter. Tais-toi, me suis-je dit, Grémio; holà! mon vieux, point de ceci. Cela serait drôle à penser! penser n'est rien : qu'est-ce qu'on en voit? on pense ce qu'on veut.

[Il chante.

> Le berger dit au ruisseau :
> Tu vas bien vite au moulin.
> As-tu vu, as-tu vu la meunière
> Se mirer dans tes eaux?

ANDRÉ, revenant.

Grémio, va remettre les brides à ces pauvres bêtes; il faut reprendre notre voyage; le soleil commence à baisser, nous aurons moins chaud pour revenir.]

Grémio sort.

ANDRÉ seul, s'asseyant.

Point d'argent chez ce juif! des supplications sans fin,

et point d'argent! Que dirai-je quand les envoyés du roi de France... Ah! André, pauvre André, comment peux-tu prononcer ce mot-là? Des monceaux d'or entre tes mains; la plus belle mission qu'un roi ait jamais confiée à un homme; cent chefs-d'œuvre à rapporter, cent artistes pauvres et souffrants à guérir, à enrichir! le rôle d'un bon ange à jouer! les bénédictions de la patrie à recevoir, et, après tout cela, avoir peuplé un palais d'ouvrages magnifiques, et rallumé le feu sacré des arts, prêt à s'éteindre à Florence! André! comme tu te serais mis à genoux de bon cœur au chevet de ton lit le jour où tu aurais rendu fidèlement tes comptes! Et c'est François Ier qui te les demande! lui, le chevalier sans reproche, l'honnête homme, aussi bien que l'homme généreux! lui, le protecteur des arts! le père d'un siècle aussi beau que l'antiquité! Il s'est fié à toi, et tu l'as trompé! Tu l'as volé, André! car cela s'appelle ainsi, ne t'abuse pas là-dessus. Où est passé cet argent? Des bijoux pour ta femme, des fêtes, des plaisirs plus tristes que l'ennui!

Il se lève.

Songes-tu à cela, André? tu es déshonoré! Aujourd'hui te voilà respecté, chéri de tes élèves, aimé d'un ange. O Lucrèce! Lucrèce! Demain la fable de Florence; car enfin il faut bien que tôt ou tard ces comptes terribles... Enfer! et ma femme elle-même n'en sait rien! Ah! voilà ce que c'est que de manquer de caractère! Que faisait-elle de mal en me demandant ce qui lui plaisait?

Et moi je le lui donnais, parce qu'elle le demandait, rien de plus : faiblesse maudite! pas une réflexion. A quoi tient donc l'honneur? et Cordiani? pourquoi ne l'ai-je pas consulté? lui, mon meilleur, mon unique ami, que dira-t-il? L'honneur?... ne suis-je pas un honnête homme? j'ai fait un vol cependant. Ah! s'il s'agissait d'entrer la nuit chez un grand seigneur, de briser un coffre-fort et de s'enfuir; cela est horrible à penser, impossible. Mais quand l'argent est là, entre vos mains, qu'on n'a qu'à y puiser, que la pauvreté vous talonne, non pas pour vous, mais pour Lucrèce! mon seul bien ici-bas, ma seule joie, un amour de dix ans! et quand on se dit qu'après tout, avec un peu de travail, on pourra remplacer... Oui, remplacer! le portique de l'Annonciade m'a valu un sac de blé!

GRÉMIO, revenant.

Voilà qui est fait. Nous partirons quand vous voudrez.

ANDRÉ.

Qu'as-tu donc, Grémio? je te regardais arranger ces brides; tu te sers aujourd'hui de ta main gauche.

GRÉMIO.

De ma main?... Ah! ah! je sais ce que c'est. Plaise à Votre Excellence, j'ai le bras droit un peu blessé. Oh! pas grand'chose; mais je me fais vieux, et dame! dans mon temps,... j'aurais dit...

ANDRÉ.

Tu es blessé, dis-tu? Qui t'a blessé?

GRÉMIO.

Ah! voilà le difficile. Qui? personne; et cependant je suis blessé. Oh! ce n'est pas à dire qu'on puisse se plaindre, en conscience...

ANDRÉ.

Personne? toi-même, apparemment!

GRÉMIO.

Non pas, non pas; où serait le fin sans cela? Personne, et moi moins que tout autre.

ANDRÉ.

Si tu veux rire, tu prends mal ton temps. Remontons à cheval et partons.

GRÉMIO.

Ainsi soit-il. Ce que j'en disais n'était point pour vous fâcher, encore moins pour rire. Aussi bien riait-il fort peu ce matin, quand il me l'a donné en courant.

ANDRÉ.

Qui? que veut dire cela? qui te l'a donné? Tu as un air de mystère singulier, Grémio.

GRÉMIO.

Ma foi, au fait, écoutez. Vous êtes mon maître; on aura beau dire, cela doit se savoir; et qui le saurait, si ce n'est vous? Voilà l'histoire : j'avais entendu marcher ce matin dans la cour vers quatre heures; je me suis levé; et j'ai vu descendre tout doucement de la fenêtre un homme en manteau.

ANDRÉ.

De quelle fenêtre?

GRÉMIO.

Un homme en manteau, à qui j'ai crié d'arrêter; j'ai cru naturellement que c'était un voleur; et donc, au lieu de s'arrêter, vous voyez à mon bras; c'est son stylet qui m'a effleuré.

ANDRÉ.

De quelle fenêtre, Grémio?

GRÉMIO.

Ah! voilà encore : dame! écoutez, puisque j'ai commencé; c'était de la fenêtre de madame Lucrèce.

ANDRÉ.

De Lucrèce?

GRÉMIO.

Oui, monsieur.

ANDRÉ.

Cela est singulier.

GRÉMIO.

Bref, il s'est enfui dans le parc. J'ai bien appelé et crié au voleur! mais là-dessus voilà le fin : M. Damien est arrivé, qui m'a dit que je me trompais, que lui le savait mieux que moi; enfin il m'a donné une bourse pour me taire.

ANDRÉ.

Damien?

GRÉMIO.

Oui, monsieur, la voilà. A telle enseigne...

ANDRÉ.

De la fenêtre de Lucrèce? Damien l'avait donc vu, cet homme?

GRÉMIO.

Non, monsieur; il est sorti comme j'appelais.

ANDRÉ.

Comment était-il?

GRÉMIO.

Qui? M. Damien?

ANDRÉ.

Non, l'autre.

GRÉMIO.

Oh! ma foi, je ne l'ai guère vu.

ANDRÉ.

Grand, ou petit?

GRÉMIO.

Ni l'un ni l'autre. Et puis, le matin, ma foi!...

ANDRÉ.

Cela est étrange. Et Damien t'a défendu d'en parler?

GRÉMIO.

Sous peine d'être chassé par vous.

ANDRÉ.[6]

Par moi? Écoute, Grémio : [ce soir, à l'heure où je me retire,] tu te mettras sous cette fenêtre; mais caché, tu entends? Prends ton épée, et si par hasard quelqu'un essayait,... tu me comprends? Appelle à haute voix, ne te laisse pas intimider, je serai là.

ACTE I, SCÈNE II.

GRÉMIO.

Oui, monsieur.

ANDRÉ.

J'en chargerais bien un autre que toi ; mais vois-tu, Grémio, je crois savoir ce que c'est : c'est de peu d'importance, vois-tu ; une bagatelle, quelque plaisanterie de jeune homme. As-tu vu la couleur du manteau ?

GRÉMIO.

Noir, noir ; oui, je crois, du moins.

ANDRÉ.

J'en parlerai à Cordiani. Ainsi donc, c'est convenu ; [ce soir vers onze heures, minuit :] n'aie aucune peur ; je te le dis, c'est une pure plaisanterie. Tu as très bien fait de me le dire, et je ne voudrais pas qu'un autre que toi le sût ; c'est pour cela que je te charge... — Et tu n'as pas vu son visage ?

GRÉMIO.

Si ; mais il s'est sauvé si vite ! et puis le coup de stylet...

[ANDRÉ.

Il n'a pas parlé ?

GRÉMIO.

Quelques mots, quelques mots.]

ANDRÉ.

Tu ne connais pas la voix ?

GRÉMIO.

Peut-être ; je ne sais pas. Tout cela a été l'affaire d'un instant.

ANDRÉ.

C'est incroyable! Allons, viens [; partons vite. Vers onze heures]. Il faudra que j'en parle à Cordiani. Tu es sûr de la fenêtre?

GRÉMIO.

Oh! très sûr. [7]

[ANDRÉ.

Partons! Partons!]
Ils sortent.

SCÈNE III

LUCRÈCE, SPINETTE.

LUCRÈCE.

[As-tu entr'ouvert la porte, Spinette? as-tu posé la lampe dans l'escalier?

SPINETTE.

J'ai fait tout ce que vous m'aviez ordonné.

LUCRÈCE.

Tu mettras sur cette chaise mes vêtements de nuit, et tu me laisseras seule, ma chère enfant.

SPINETTE.

Oui, madame.

LUCRÈCE, à son prie-Dieu.

Pourquoi m'as-tu chargée du bonheur d'un autre, ô mon Dieu! S'il ne s'était agi que du mien, je ne l'aurais pas défendu, je ne t'aurais pas disputé ma vie. Pourquoi m'as-tu confié la sienne?

SPINETTE.

Ne cesserez-vous pas, ma chère maîtresse, de prier et de pleurer ainsi? Vos yeux sont gonflés de larmes, et depuis deux jours vous n'avez pas pris un moment de repos.

LUCRÈCE, priant.

L'ai-je accomplie, ta fatale mission? ai-je sauvé son âme en me perdant pour lui? Si tes bras sanglants n'étaient pas cloués sur ce crucifix, ô Christ, me les ouvrirais-tu?

SPINETTE.

Je ne puis me retirer. Comment vous laisser seule dans l'état où je vous vois?

LUCRÈCE.

Le puniras-tu de ma faute?] Ce n'est pas lui qui est coupable; il n'a prononcé aucun serment sur la terre; il n'a pas trahi son épouse; il n'a point de devoirs, point de famille; il n'a rien fait qu'aimer et qu'être aimé.

[SPINETTE.

Onze heures vont sonner.

LUCRÈCE.

Ah! Spinette, ne m'abandonne pas! Mes larmes t'affligent, mon enfant? Il faut pourtant bien qu'elles coulent.] Crois-tu qu'on perde sans souffrir tout son repos et son bonheur? Toi qui lis dans mon cœur comme dans le tien, toi pour qui ma vie est un livre ouvert dont tu connais toutes les pages, crois-tu qu'on puisse voir s'envoler sans regret dix ans d'innocence et de tranquillité?

SPINETTE.

Que je vous plains!

LUCRÈCE.

[Détache ma robe; onze heures sonnent. De l'eau, que je m'essuie les yeux;] il va venir, Spinette! Mes cheveux sont-ils en désordre? ne suis-je point pâle? Insensée que je suis d'avoir pleuré! [Ma guitare! place devant moi cette romance; elle est de lui.] Il vient, il vient, ma chère! Suis-je belle, ce soir? lui plairai-je ainsi?

[UNE SERVANTE, entrant.

Monseigneur André vient de passer dans l'appartement; il demande si l'on peut entrer chez vous.]

ANDRÉ, entrant.

⁸ Bonsoir, Lucrèce, vous ne m'attendiez pas à cette heure, n'est-il pas vrai? Que je ne vous importune pas, c'est tout ce que je désire. De grâce, dites-moi, alliez-vous renvoyer vos femmes? j'attendrai, pour vous voir, le moment du souper.

LUCRÈCE.

Non, pas encore, non, en vérité!

ANDRÉ.

Les moments que nous passons ensemble sont si rares! et ils me sont si chers! Vous seule au monde, Lucrèce, me consolez de tous les chagrins qui m'obsèdent. Ah! si je vous perdais! Tout mon courage, toute ma philosophie est dans vos yeux.

(Il s'approche de la fenêtre et soulève le rideau. — A part.

Grémio est en bas, je l'aperçois.]

LUCRÈCE.

Avez-vous quelque sujet de tristesse, mon ami? Vous étiez gai à dîner, il m'a semblé.

ANDRÉ.

La gaieté est quelquefois triste, et la mélancolie a le sourire sur les lèvres.

LUCRÈCE.

Vous êtes allé à la ferme? A propos, il y a une lettre pour vous; les envoyés du roi de France doivent venir demain.

ANDRÉ.

Demain? Ils viennent demain?

LUCRÈCE.

L'apprenez-vous comme une fâcheuse nouvelle? Alors on pourrait vous dire éloigné de Florence, malade; en tout cas, ils ne vous verraient pas.

ANDRÉ.

Pourquoi? je les recevrai avec plaisir; ne suis-je pas prêt à rendre mes comptes? [Dites-moi, Lucrèce, cette maison vous plaît-elle? Êtes-vous invitée? L'hiver vous paraît-il agréable cette année? Que ferons-nous? Vos nouvelles parures vont-elles bien?]

On entend un cri étouffé dans le jardin et des pas précipités.

Que veut dire ce bruit? qu'y a-t-il?

<small>Cordiani, dans le plus grand désordre, entre dans la chambre.</small>

Qu'as-tu, Cordiani? qui t'amène? Que signifie ce désordre? que t'est-il arrivé? tu es pâle comme la mort!

LUCRÈCE.

Ah! je suis morte!

ANDRÉ.

Réponds-moi, qui t'amène à cette heure? As-tu une querelle? faut-il te servir de second? [As-tu perdu au jeu? veux-tu ma bourse?]

<small>Il lui prend la main.</small>

Au nom du ciel, parle! tu es comme une statue.

CORDIANI.

Non,... non;... je venais te parler,... te dire,... en vérité, je venais,... je ne sais...

ANDRÉ.

Qu'as-tu donc fait de ton épée? Par le ciel, il se passe en toi quelque chose d'étrange. Veux-tu que nous allions dans ce salon? ne peux-tu parler devant ces femmes? A quoi puis-je t'être bon? réponds, il n'y a rien que je ne fasse. Mon ami, mon cher ami, doutes-tu de moi?

CORDIANI.

Tu l'as deviné, j'ai une querelle. Je ne puis parler ici. Je te cherchais; je suis entré sans savoir pourquoi. On m'a dit que,... que tu étais ici, et je venais... Je ne puis parler ici.

LIONEL, <small>entrant.</small>

Maître, Grémio est assassiné!

ANDRÉ.

Qui dit cela?

Plusieurs domestiques entrent dans la chambre.

UN DOMESTIQUE.

Maître, on vient de tuer Grémio; le meurtrier est dans la maison. On l'a vu entrer par la poterne.

Cordiani se retire dans la foule.

ANDRÉ.

Des armes! des armes! [prenez ces flambeaux,] parcourez toutes les chambres; qu'on ferme la porte en dedans.

LIONEL.

Il ne peut être loin. Le coup vient d'être fait à l'instant même.

ANDRÉ.

Il est mort? mort? Où donc est mon épée? Ah! en voilà une à cette muraille.

Il va prendre une épée. Regardant sa main.

Tiens! c'est singulier; ma main est pleine de sang. D'où me vient ce sang?

LIONEL.

Viens avec nous, maître; je te réponds de le trouver.

ANDRÉ.

D'où me vient ce sang? ma main en est couverte. Qui donc ai-je touché? je n'ai pourtant touché que,... tout à l'heure... Éloignez-vous! sortez d'ici!

LIONEL.

Qu'as-tu, maître? pourquoi nous éloigner?

ANDRÉ.

Sortez! sortez! laissez-moi seul. C'est bon; qu'on ne fasse aucune recherche, aucune, cela est inutile; je le défends. Sortez d'ici, tous! tous! obéissez quand je vous parle!

Tous se retirent en silence.

ANDRÉ, regardant sa main.

Pleine de sang! je n'ai touché que la main de Cordiani!

FIN DE L'ACTE PREMIER.

ACTE DEUXIÈME

SCÈNE PREMIÈRE

Le jardin. — Il est nuit. — Clair de lune.

CORDIANI, UN VALET.

CORDIANI.

Il veut me parler?

LE VALET.

Oui, monsieur, sans témoin [; cet endroit est celui qu'il m'a désigné].

CORDIANI.

Dis-lui donc que je l'attends.

Le valet sort; Cordiani s'assoit sur une pierre.

DAMIEN, dans la coulisse.

Cordiani! où est Cordiani?

CORDIANI.

Eh bien! que me veux-tu?

DAMIEN.

Je quitte André, il ne sait rien, ou du moins rien qui te regarde. Il connaît parfaitement, dit-il, le motif de la mort de Grémio, et n'en accuse personne, toi moins que tout autre.

CORDIANI.

Est-ce là ce que tu as à me dire?

DAMIEN.

Oui; c'est à toi de te régler là-dessus.

CORDIANI.

En ce cas, laisse-moi seul.

Il va se rasseoir. — Lionel et Césario passent.

LIONEL.

Conçoit-on rien à cela? Nous renvoyer, ne rien vouloir entendre, laisser sans vengeance un coup pareil! Ce pauvre vieillard qui le sert depuis son enfance, que j'ai vu le bercer sur ses genoux! Ah! mort Dieu! si c'était moi, il y aurait eu d'autre sang de versé que celui-là.

DAMIEN.

Ce n'est pourtant pas un homme comme André qu'on peut accuser de lâcheté.

LIONEL.

Lâcheté ou faiblesse, qu'importe le nom? Quand j'étais jeune, cela ne se passait pas ainsi. Il n'était, certes, pas bien difficile de trouver l'assassin; et, si l'on ne veut pas se compromettre soi-même, par mon patron! on a des amis.

CÉSARIO.

Quant à moi, je quitte la maison; je suis venu ce matin à l'académie pour la dernière fois; y viendra qui voudra, je vais chez Pontormo.

LIONEL.

Mauvais cœur que tu es! pour tout l'or du monde, je ne voudrais pas changer de maître.

CÉSARIO.

Bah! je ne suis pas le seul; l'atelier est d'une tristesse! Julietta n'y veut plus poser. Et comme on rit chez Pontormo! toute la journée on fait des armes, on boit, on danse. Adieu, Lionel, au revoir.

DAMIEN.

Dans quel temps vivons-nous! [Ah! monsieur, notre pauvre ami est bien à plaindre. Soupez-vous avec nous?

Ils sortent.

CORDIANI, seul.

N'est-ce pas André que j'aperçois là-bas entre ces arbres? il cherche; le voilà qui approche. Holà, André! par ici!

ANDRÉ, entrant.

Sommes-nous seuls?

CORDIANI.

Seuls.]

ANDRÉ.

Vois-tu ce stylet, Cordiani? Si maintenant je t'étendais à terre d'un revers de ma main, et si je t'enterrais au pied de cet arbre, là, dans ce sable où voilà ton ombre, le monde n'aurait rien à me dire; j'en ai le droit, et ta vie m'appartient.

CORDIANI.

Tu peux le faire, ami, tu peux le faire.

ANDRÉ.

Crois-tu que ma main tremblerait? Pas plus que la tienne, il y a une heure, sur la poitrine de mon vieux Grémio. Tu le vois, je le sais, tu me l'as tué. A quoi t'attends-tu à présent? Penses-tu que je sois un lâche, et que je ne sache pas tenir une épée? Es-tu prêt à te battre? n'est-ce pas là ton devoir et le mien?

CORDIANI.

Je ferai ce que tu voudras.

ANDRÉ.

Assieds-toi, et écoute. Je suis né pauvre. Le luxe qui m'environne vient de mauvaise source : c'est un dépôt dont j'ai abusé. Seul, parmi tant de peintres illustres, je survis jeune encore au siècle de Michel-Ange, et je vois de jour en jour tout s'écrouler autour de moi. Rome et Venise sont encore florissantes. Notre patrie n'est plus rien. Je lutte en vain contre les ténèbres, le flambeau sacré s'éteint dans ma main. Crois-tu que ce soit peu de chose pour un homme qui a vécu de son art vingt ans, que de le voir tomber? Mes ateliers sont déserts, ma réputation est perdue. Je n'ai point d'enfants, point d'espérance qui me rattache à la vie. Ma santé est faible, et le vent de la peste qui souffle de l'Orient me fait trembler comme une feuille. Dis-moi, que me reste-t-il au monde? Suppose qu'il m'arrive dans mes nuits d'insomnie de me poser un stylet sur le cœur. Dis-moi, qui a pu me retenir jusqu'à ce jour?

CORDIANI.

N'achève pas, André.

ANDRÉ.

Je l'aimais d'un amour indéfinissable. Pour elle, j'aurais lutté contre une armée; j'aurais bêché la terre et traîné la charrue pour ajouter une perle à ses cheveux. Ce vol que j'ai commis, ce dépôt du roi de France qu'on vient me redemander demain, et que je n'ai plus, c'est pour elle, c'est pour lui donner une année de richesse et de bonheur, pour la voir, une fois dans ma vie, entourée de plaisirs et de fêtes, que j'ai tout dissipé. La vie m'était moins chère que l'honneur, et l'honneur que l'amour de Lucrèce; que dis-je? qu'un sourire de ses lèvres, qu'un rayon de joie dans ses yeux. Ce que tu vois là, Cordiani, cet être souffrant et misérable qui est devant toi, que tu as vu depuis dix ans errer dans ces sombres portiques, ce n'est pas là André del Sarto; c'est un être insensé, exposé au mépris, aux soucis dévorants. Aux pieds de ma belle Lucrèce était un autre André, jeune et heureux, insouciant comme le vent, libre et joyeux comme un oiseau du ciel, l'ange d'André, l'âme de ce corps sans vie qui s'agite au milieu des hommes. Sais-tu maintenant ce que tu as fait?

CORDIANI.

Oui, maintenant.

ANDRÉ.

Celui-là, Cordiani, tu l'as tué; celui-là ira demain

au cimetière avec la dépouille du vieux Grémio ; l'autre reste, et c'est lui qui te parle ici.

CORDIANI, pleurant.

André! André!

ANDRÉ.

Est-ce sur moi ou sur toi que tu pleures? J'ai une faveur à te demander. Grâce à Dieu, il n'y a point eu d'éclat [cette nuit]. Grâce à Dieu, j'ai vu la foudre tomber sur mon édifice de vingt ans, sans proférer une plainte et sans pousser un cri. Si le déshonneur était public, ou je t'aurais tué, ou nous irions nous battre demain. Pour prix du bonheur, le monde accorde la vengeance, et le droit de se servir de cela doit tout

Jetant son stylet.

remplacer pour celui qui a tout perdu. Voilà la justice des hommes; encore n'est-il pas sûr, si tu mourais de ma main, que ce ne fût pas toi que l'on plaindrait.

CORDIANI.

Que veux-tu de moi?

ANDRÉ.

Si tu as compris ma pensée, tu sens que je n'ai vu ici ni un crime odieux, ni une sainte amitié foulée aux pieds; je n'y ai vu qu'un coup de ciseau donné au seul lien qui m'unisse à la vie. Je ne veux pas songer à la main dont il est venu. L'homme à qui je parle n'a pas de nom pour moi. Je parle au meurtrier de mon honneur, de mon amour et de mon repos. La blessure qu'il m'a faite peut-elle être guérie? Une séparation éternelle, un silence de mort (car il doit songer que sa mort a dépendu de moi), de nouveaux efforts de ma part, une nouvelle tentative enfin de ressaisir la vie, peuvent-ils encore me réussir? En un mot, qu'il parte, qu'il soit rayé pour moi du livre de vie; qu'une liaison coupable, et qui n'a pu exister sans remords, soit rompue à jamais; que le souvenir s'en efface lentement, dans un an, dans deux, peut-être, et qu'alors moi, André, je revienne, comme un laboureur ruiné par le tonnerre, rebâtir ma cabane de chaume sur mon champ dévasté.

CORDIANI.

O mon Dieu!

ANDRÉ.

Je suis fait à la patience. Pour me faire aimer de cette femme, j'ai suivi durant deux années son ombre sur la terre. La poussière où elle marche est habituée à la sueur de mon front. Arrivé au terme de la carrière, je recommencerai mon ouvrage. Qui sait ce qui peut advenir de la fragilité des femmes? Qui sait jusqu'où peut aller l'inconstance de ce sable mouvant, et si vingt autres années d'amour et de dévouement sans bornes n'en pourront pas faire autant qu'une nuit de débauche? [Car c'est d'aujourd'hui que Lucrèce est coupable, puisque c'est aujourd'hui, pour la première fois depuis que tu es à Florence, que j'ai trouvé ta porte fermée.

CORDIANI.

C'est vrai.

ANDRÉ.]

Cela t'étonne, n'est-ce pas, que j'aie un tel courage ? Cela étonnerait aussi le monde, si le monde l'apprenait un jour. Je suis de son avis. Un coup d'épée est plus tôt donné. Mais [j'ai un grand malheur, moi : je ne crois pas à l'autre vie ; et je te donne ma parole que si je ne réussis pas,] le jour où j'aurai l'entière certitude que mon bonheur est à jamais détruit, je mourrai n'importe comment. Jusque-là, j'accomplirai ma tâche.

CORDIANI.

Quand dois-je partir ?

ANDRÉ.

Un cheval est à la grille. Je te donne une heure. Adieu.

CORDIANI.

Ta main, André, ta main !

ANDRÉ, revenant sur ses pas.

Ma main ? A qui ma main ? T'ai-je dit une injure ? T'ai-je appelé faux ami, traître aux serments les plus sacrés ? T'ai-je dit que toi qui me tues, je t'aurais choisi pour me défendre, si ce que tu as fait tout autre l'avait fait ? T'ai-je dit que cette nuit j'eusse perdu autre chose que l'amour de Lucrèce ? T'ai-je parlé de quelque autre chagrin ? Tu le vois bien, ce n'est pas à Cordiani que j'ai parlé. A qui veux-tu donc que je donne ma main ?

CORDIANI.

Ta main, André ! Un éternel adieu, mais un adieu !

ANDRÉ.

Je ne le puis. Il y a du sang après la tienne.

Il sort.

CORDIANI, seul [, frappe à la porte].

Holà, Mathurin !

MATHURIN.

Plaît-il, Excellence ?

CORDIANI.

Prends mon manteau ; rassemble tout ce que tu trouveras sur ma table et dans mes armoires. Tu en feras un paquet à la hâte, et tu le porteras à la grille du jardin.

Il s'assoit.

MATHURIN.

Vous partez, monsieur ?

CORDIANI.

Fais ce que je te dis.

DAMIEN, entrant.

André, que je rencontre, m'apprend que tu pars, Cordiani. Combien je m'applaudis d'une pareille détermination ! Est-ce pour quelque temps ?

CORDIANI.

Je ne sais. [Tiens, Damien, rends-moi le service d'aider Mathurin à choisir ce que je dois emporter.

MATHURIN, sur le seuil de la porte.

Oh ! ce ne sera pas long.

DAMIEN.

Il suffit de prendre le plus pressant. On t'enverra

le reste à l'endroit où tu comptes t'arrêter. A propos, où vas-tu ?

CORDIANI.

Je ne sais.] Dépêche-toi, Mathurin, dépêche-toi.

MATHURIN.

Cela est fait dans l'instant.

Il emporte un paquet.

DAMIEN.

Maintenant, mon ami, adieu.

CORDIANI.

Adieu ! adieu ! Si tu vois ce soir... — Je veux dire, — si demain, ou un autre jour...

DAMIEN.

Qui ? que veux-tu ?

CORDIANI.

Rien, rien. Adieu, Damien, au revoir.

DAMIEN.

Un bon voyage !

[Il l'embrasse et sort.]

MATHURIN.

Monsieur, tout est prêt.

CORDIANI.

Merci, mon brave. Tiens, voilà pour tes bons services durant mon séjour dans cette maison.

MATHURIN.

Oh ! Excellence !

CORDIANI, toujours assis.

Tout est prêt, n'est-ce pas ?

MATHURIN.

Oui, monsieur. Vous accompagnerai-je ?

CORDIANI.

Certainement. — Mathurin !

MATHURIN.

Excellence !

CORDIANI.

Je ne puis partir, Mathurin.

MATHURIN.

Vous ne partez pas?

CORDIANI.

Non. C'est impossible, vois-tu.

[MATHURIN.

Avez-vous besoin d'autre chose?

CORDIANI.

Non, je n'ai besoin de rien.]

Un silence.

CORDIANI, se levant.

Pâles statues, promenades chéries, sombres allées, comment voulez-vous que je parte? Ne sais-tu pas, toi, nuit profonde, que je ne puis partir? O murs que j'ai franchis ! terre que j'ai ensanglantée ! 9

Il retombe sur le banc.

[MATHURIN.

Au nom du ciel, hélas ! il se meurt. Au secours ! au secours !

CORDIANI, se levant précipitamment.

N'appelle pas ! viens avec moi.

MATHURIN.

Ce n'est pas là notre chemin.

CORDIANI.

Silence! viens avec moi, te dis-je! Tu es mort si tu n'obéis pas.

Il l'entraîne du côté de la maison.

MATHURIN.

Où allez-vous, monsieur?]

CORDIANI.

Ne t'effraye pas; je suis en délire. Cela n'est rien; écoute; je ne veux qu'une chose bien simple. N'est-ce pas à présent l'heure du souper? Maintenant ton maître est assis à sa table, entouré de ses amis, et en face de lui... En un mot, mon ami, je ne veux pas entrer; je veux seulement poser mon front sur la fenêtre, les voir un moment. Une seule minute, et nous partons.

Ils sortent.

SCÈNE II

[Une chambre. —] Une table dressée.

ANDRÉ, LUCRÈCE, assise.

ANDRÉ.

Nos amis viennent bien tard. Vous êtes pâle, Lucrèce. Cette scène vous a effrayée.

LUCRÈCE.

Lionel et Damien sont cependant ici. Je ne sais qui peut les retenir.

ANDRÉ.

Vous ne portez plus de bagues? Les vôtres vous déplaisent? Ah! je me trompe, en voici une que je ne connaissais pas encore.

LUCRÈCE.

Cette scène, en vérité, m'a effrayée. Je ne puis vous cacher que je suis souffrante.

ANDRÉ.

Montrez-moi cette bague, Lucrèce; est-ce un cadeau? est-il permis de l'admirer?

LUCRÈCE, donnant la bague.

C'est un cadeau de Marguerite, mon amie d'enfance.

ANDRÉ.

C'est singulier, ce n'est pas son chiffre! pourquoi donc? C'est un bijou charmant, mais bien fragile. Ah! mon Dieu, qu'allez-vous dire? je l'ai brisé en le prenant.

LUCRÈCE.

Il est brisé? mon anneau brisé?

ANDRÉ.

Que je m'en veux de cette maladresse! Mais, en vérité, le mal est sans ressource.

LUCRÈCE.

N'importe! rendez-le-moi tel qu'il est.

ANDRÉ.

Qu'en voudriez-vous faire? L'orfèvre le plus habile n'y pourrait trouver remède.

Il le jette à terre et l'écrase.

LUCRÈCE.

Ne l'écrasez pas! j'y tenais beaucoup.

ANDRÉ.

Bon, Marguerite vient ici tous les jours. Vous lui direz que je l'ai brisé, et elle vous en donnera un autre. Avons-nous beaucoup de monde ce soir? notre souper sera-t-il joyeux?

LUCRÈCE.

Je tenais beaucoup à cet anneau.

ANDRÉ.

Et moi aussi j'ai perdu cette nuit un joyau précieux; j'y tenais beaucoup aussi... Vous ne répondez pas à ma demande?

LUCRÈCE.

Mais nous aurons notre compagnie habituelle, je suppose : Lionel, Damien et Cordiani.

ANDRÉ.

Cordiani aussi!... Je suis désolé de la mort de Grémio.

LUCRÈCE.

C'était votre père nourricier.

ANDRÉ.

Qu'importe? qu'importe? Tous les jours on perd un ami. N'est-ce pas chose ordinaire que d'entendre dire : Celui-là est mort, celui-là est ruiné? On danse, on boit par là-dessus. Tout n'est qu'heur et malheur.

LUCRÈCE.

Voici nos convives, je pense.

Lionel et Damien entrent.

ANDRÉ.

Allons, mes bons amis, à table! Avez-vous quelque souci, quelque peine de cœur? il s'agit de tout oublier. Hélas! oui, vous en avez sans doute : tout homme en a sous le soleil.

Ils s'assoient.

LUCRÈCE.

Pourquoi reste-t-il une place vide?

ANDRÉ.

Cordiani est parti pour l'Allemagne.

LUCRÈCE.

Parti! Cordiani?

ANDRÉ.

Oui, pour l'Allemagne. Que Dieu le conduise! Allons, mon vieux Lionel, notre jeunesse est là-dedans.

Montrant les flacons.

LIONEL.

Parlez pour moi seul, maître. Puisse la vôtre durer longtemps encore, pour vos amis et pour le pays!

ANDRÉ.

Jeune ou vieux, que veut dire ce mot? les cheveux blancs ne font pas la vieillesse, et le cœur de l'homme n'a pas d'âge.

LUCRÈCE, à voix basse.

Est-ce vrai, Damien, qu'il est parti?

DAMIEN, de même.

Très vrai.

LIONEL.

Le ciel est à l'orage; il fait mauvais temps pour voyager.

ANDRÉ.

Décidément, mes bons amis, je quitte cette maison : la vie de Florence plaît moins de jour en jour à ma chère Lucrèce, et quant à moi, je ne l'ai jamais aimée. Dès le mois prochain, je compte avoir sur les bords de l'Arno une maison de campagne, un pampre vert et quelques pieds de jardin. C'est là que je veux achever ma vie, comme je l'ai commencée. Mes élèves ne m'y suivront pas. Qu'ai-je à leur apprendre qu'ils ne puissent oublier ? Moi-même j'oublie chaque jour, et moins encore que je ne le voudrais. J'ai besoin cependant de vivre du passé; qu'en dites-vous, Lucrèce?

LIONEL.

Renoncez-vous à vos espérances?

ANDRÉ.

Ce sont elles, je crois, qui renoncent à moi. O mon vieil ami, l'espérance est semblable à la fanfare guerrière : elle mène au combat et divinise le danger. Tout est si beau, si facile, tant qu'elle retentit au fond du cœur! mais le jour où sa voix expire, le soldat s'arrête et brise son épée.

DAMIEN.

Qu'avez-vous, madame? vous paraissez souffrir.

LIONEL.

Mais, en effet, quelle pâleur! nous devrions nous retirer.

LUCRÈCE.

Spinette! entre dans ma chambre, ma chère, et prends mon flacon sur ma toilette. Tu me l'apporteras.

Spinette sort.

ANDRÉ.

Qu'avez-vous donc, Lucrèce? O ciel! seriez-vous réellement malade?

[DAMIEN.

Ouvrez cette fenêtre, le grand air vous fera du bien.]

Spinette rentre épouvantée.

SPINETTE.

Monseigneur! monseigneur! un homme est là caché.

ANDRÉ.

Où?

SPINETTE.

Là, dans l'appartement de ma maîtresse.

LIONEL.

Mort et furie! voilà la suite de votre faiblesse, maître; c'est le meurtrier de Grémio. Laissez-moi lui parler.

SPINETTE.

J'étais entrée sans lumière. Il m'a saisi la main comme je passais entre les deux portes.

ANDRÉ.

Lionel, n'entre pas, c'est moi que cela regarde.

LIONEL.

Quand vous devriez me bannir de chez vous, pour cette fois je ne vous quitte pas. Entrons, Damien.

Il entre.

ANDRÉ, courant à sa femme.

Est-ce lui, malheureuse? est-ce lui?

LUCRÈCE.

O mon Dieu, prends pitié de moi !

Elle s'évanouit.

DAMIEN.

Suivez Lionel, André, empêchez-le de voir Cordiani.

ANDRÉ.

Cordiani! Cordiani! Mon déshonneur est-il si public, si bien connu de tout ce qui m'entoure, que je n'aie qu'un mot à dire pour qu'on me réponde par celui-ci : Cordiani! Cordiani!

Criant.

Sors donc, misérable, puisque voilà Damien qui t'appelle!

Lionel rentre avec Cordiani.

ANDRÉ, à tout le monde.

Je vous ai fait sortir tantôt. A présent je vous prie de rester. Emportez cette femme, messieurs. Cet homme est l'assassin de Grémio.

On emporte Lucrèce.

C'est pour entrer chez ma femme qu'il l'a tué. Un cheval!... Dans quelque état qu'elle se trouve, vous, Damien, vous la conduirez à sa mère,... ce soir, à l'instant même. Maintenant, Lionel, tu vas me servir de témoin. Cordiani prendra celui qu'il voudra; car tu vois ce qui se passe, mon ami? [10]

LIONEL.

[Mes épées sont dans ma chambre. Nous allons les prendre en passant.]

ANDRÉ, à Cordiani.

Ah! vous voulez que le déshonneur soit public! Il le sera, monsieur, il le sera. Mais la réparation va l'être de même, et malheur à celui qui la rend nécessaire!
[Ils sortent.]

SCÈNE III

[Une plate-forme, à l'extrémité du jardin. — Un réverbère est allumé.]

[MATHURIN, seul, puis JEAN.

Où peut être allé ce jeune homme? Il me dit de l'attendre, et voilà bientôt une demi-heure qu'il m'a quitté. Comme il tremblait en approchant de la maison! Ah! s'il fallait croire ce qu'on en dit!

JEAN, passant.

Eh bien! Mathurin, que fais-tu là à cette heure?

MATHURIN.

J'attends le seigneur Cordiani.

JEAN.

Tu ne viens pas à l'enterrement de ce pauvre Grémio? On va partir tout à l'heure.

MATHURIN.

Vraiment! j'en suis fâché; mais je ne puis quitter la place.

JEAN.

J'y vais, moi, de ce pas.

MATHURIN.

Jean, ne vois-tu pas des hommes qui arrivent du côté de la maison? On dirait que c'est notre maître et ses amis.

JEAN.

Oui, ma foi, ce sont eux. Que diable cherchent-ils? Ils viennent droit à nous.

MATHURIN.

N'ont-ils pas leurs épées à la main?

JEAN.

Non pas, je crois. Si fait, tu as raison. Cela ressemble à une querelle.

MATHURIN.

Tenons-nous à l'écart, et si je ne m'entends pas appeler, j'irai avec toi.

Ils se retirent. — Lionel et Cordiani entrent.

LIONEL.

Cette lumière vous suffira.] Placez-vous ici, monsieur; n'aurez-vous pas de second?

CORDIANI.

Non, monsieur.

LIONEL.

Ce n'est pas l'usage, et je vous avoue que pour moi j'en suis fâché. Du temps de ma jeunesse, il n'y avait guère d'affaires de cette sorte sans quatre épées tirées.

ACTE II, SCÈNE III.

CORDIANI.

Ceci n'est pas un duel, monsieur; André n'aura rien à parer, et le combat ne sera pas long.

LIONEL.

Qu'entends-je? voulez-vous faire de lui un assassin?

CORDIANI.

Je m'étonne qu'il n'arrive pas.

ANDRÉ, entrant.

Me voilà.

LIONEL.

Otez vos manteaux; je vais marquer les lignes. Messieurs, c'est jusqu'ici que vous pouvez rompre.

ANDRÉ.

En garde!

DAMIEN, entrant.

Je n'ai pu remplir la mission dont tu m'avais chargé. Lucrèce refuse mon escorte : elle est partie seule, à pied, accompagnée de sa suivante.

ANDRÉ.

Dieu du ciel! quel orage se prépare!

Il tonne.

DAMIEN.

Lionel, je me présente ici comme second de Cordiani. André ne verra dans cette démarche qu'un devoir qui m'est sacré; je ne tirerai l'épée que si la nécessité m'y oblige.

CORDIANI.

Merci, Damien, merci.

LIONEL.

Êtes-vous prêts?

ANDRÉ.

Je le suis.

CORDIANI.

Je le suis.

Ils se battent. Cordiani est blessé.

DAMIEN.

Cordiani est blessé!

ANDRÉ, *se jetant sur lui.*

Tu es blessé, mon ami?

LIONEL, *le retenant.*

Retirez-vous, nous nous chargeons du reste.

CORDIANI.

Ma blessure est légère. Je puis encore tenir mon épée.

LIONEL.

Non, monsieur; vous allez souffrir beaucoup plus dans un instant; l'épée a pénétré. Si vous pouvez marcher, venez avec nous.

CORDIANI.

Vous avez raison. Viens-tu, Damien? Donne-moi ton bras, je me sens bien faible. Vous me laisserez chez Manfredi.

ANDRÉ, *bas à Lionel.*

La crois-tu mortelle?

LIONEL.

Je ne réponds de rien.

Ils sortent.

ANDRÉ, seul.

Pourquoi me laissent-ils? Il faut que j'aille avec eux. Où veulent-ils que j'aille?

Il fait quelques pas vers la maison.

Ah! cette maison déserte! Non, par le ciel, je n'y retournerai pas ce soir! Si ces deux chambres-là doivent être vides cette nuit, la mienne le sera aussi. Il ne s'est pas défendu. Je n'ai pas senti son épée. Il a reçu le coup, cela est clair. Il va mourir chez Manfredi.

C'est singulier. Je me suis pourtant déjà battu. Lucrèce partie, seule, par cette horrible nuit! Est-ce que je n'entends pas marcher là-dedans?

Il va du côté des arbres.

Non, personne. Il va mourir. [Lucrèce seule, avec une femme!] Eh bien! quoi? je suis trompé par cette femme. Je me bats avec son amant. Je le blesse. Me voilà vengé. Tout est dit. Qu'ai-je à faire à présent?

Ah! cette maison déserte! cela est affreux. Quand je pense à ce qu'elle était hier au soir! à ce que j'avais, à ce que j'ai perdu! Qu'est-ce donc pour moi que la vengeance? Quoi! voilà tout? Et rester seul ainsi? A qui cela rend-il la vie, de faire mourir un meurtrier? Quoi? répondez? Qu'avais-je affaire de chasser ma femme, d'égorger cet homme? Il n'y a point d'offensé, il n'y a qu'un malheureux. Je me soucie bien de vos lois d'honneur! Cela me console bien que vous ayez inventé cela pour ceux qui se trouvent dans ma position; que vous l'ayez réglé comme une cérémonie! Où sont mes vingt années de bonheur, ma femme, mon ami, le soleil de mes jours, le repos de mes nuits! Voilà ce qui me reste.

Il regarde son épée.

Que me veux-tu, toi? On t'appelle l'amie des offensés. Il n'y a point ici d'homme offensé. Que la rosée essuie ton sang!

Il la jette.

Ah! cette affreuse maison! Mon Dieu! mon Dieu!

Il pleure à chaudes larmes. — L'enterrement passe.

ANDRÉ.

Qui enterrez-vous là?

LES PORTEURS.

Nicolas Grémio.

ANDRÉ.

Et toi aussi, mon pauvre vieux, et toi aussi, tu m'abandonnes!

FIN DE L'ACTE DEUXIÈME.

ACTE TROISIÈME

SCÈNE PREMIÈRE

[Une rue. — Il est toujours nuit.]

LIONEL, DAMIEN ET CORDIANI, entrant.

CORDIANI.

Je ne puis marcher; le sang m'étouffe. Arrêtez-moi sur ce banc.

Ils le posent sur un banc.

LIONEL.

Que sentez-vous ?

CORDIANI.

Je me meurs, je me meurs ! Au nom du ciel, un verre d'eau !

DAMIEN.

Restez ici, Lionel. Un médecin de ma connaissance demeure au bout de cette rue. Je cours le chercher.

Il sort.

CORDIANI.

Il est trop tard, Damien.

LIONEL.

Prenez patience. Je vais frapper à cette maison.

Il frappe.

Peut-être pourrons-nous y trouver quelque secours, en attendant l'arrivée du médecin. Personne!

Il frappe de nouveau.

UNE VOIX, en dedans.

Qui est là?

LIONEL.

Ouvrez! ouvrez, qui que vous soyez vous-même. Au nom de l'hospitalité, ouvrez!

LE PORTIER, ouvrant.

Que voulez-vous?

LIONEL.

Voilà un gentilhomme blessé à mort. Apportez-nous un verre d'eau et de quoi panser la plaie.

Le portier sort.

CORDIANI.

Laissez-moi, Lionel. Allez retrouver André. C'est lui qui est blessé et non pas moi. C'est lui que toute la science humaine ne guérira pas cette nuit. Pauvre André! pauvre André!

LE PORTIER, rentrant.

Buvez cela, mon cher seigneur, et puisse le ciel venir à votre aide!

LIONEL.

A qui appartient cette maison?

ACTE III, SCÈNE I.

LE PORTIER.

A Monna Flora del Fede.

CORDIANI.

La mère de Lucrèce! O Lionel, Lionel, sortons d'ici!

Il se soulève.

Je ne puis bouger; mes forces m'abandonnent.

LIONEL.

Sa fille Lucrèce n'est-elle pas venue ce soir ici?

LE PORTIER.

Non, monsieur.

LIONEL.

Non? pas encore! cela est singulier!

LE PORTIER.

Pourquoi viendrait-elle à cette heure?

Lucrèce et Spinette arrivent.

LUCRÈCE.

Frappe à la porte, Spinette, je ne m'en sens pas le courage.

SPINETTE.

Qui est là sur ce banc, couvert de sang et prêt à mourir?

CORDIANI.

Ah! malheureux!

LUCRÈCE.

Tu demandes qui? C'est Cordiani!

Elle se jette sur le banc.

Est-ce toi? est-ce toi? Qui t'a amené ici? qui t'a abandonné sur cette pierre? Où est André, Lionel? Ah!

il se meurt! Comment, Paolo, tu ne l'as pas fait porter chez ma mère?

LE PORTIER.

Ma maîtresse n'est pas à Florence, madame.

LUCRÈCE.

Où est-elle donc? N'y a-t-il pas un médecin à Florence? Allons, monsieur, aidez-moi, et portons-le dans la maison.

SPINETTE.

Songez à cela, madame.

LUCRÈCE.

Songer à quoi? es-tu folle? et que m'importe? Ne vois-tu pas qu'il est mourant? Ce ne serait pas lui que je le ferais.

Damien et un médecin arrivent.

DAMIEN.

Par ici, monsieur. Dieu veuille qu'il soit temps encore!

LUCRÈCE, au médecin.

Venez, monsieur, aidez-nous. Ouvre-nous les portes, Paolo. Ce n'est pas mortel, n'est-ce pas?

DAMIEN.

Ne vaudrait-il pas mieux tâcher de le transporter jusque chez Manfredi?

LUCRÈCE.

Qui est-ce, Manfredi? Me voilà, moi, qui suis sa maîtresse. Voilà ma maison. C'est pour moi qu'il meurt, n'est-il pas vrai? Eh bien donc! qu'avez-vous

ACTE III, SCÈNE I.

à dire? Oui, cela est certain, je suis la femme d'André del Sarto. Et que m'importe ce qu'on en dira? ne suis-je pas chassée par mon mari? ne serai-je pas la fable de la ville dans deux heures d'ici? Manfredi? Et que dira-t-on? On dira que Lucretia del Fede a trouvé Cordiani mourant à sa porte, et qu'elle l'a fait porter chez elle. Entrez! entrez!

Ils entrent dans la maison emportant Cordiani.

LIONEL, *resté seul.*

Mon devoir est rempli; maintenant, à André! il doit être bien triste, le pauvre homme!

André entre pensif et se dirige vers la maison.

LIONEL.

Qui êtes-vous?] où allez-vous?

André ne répond pas.

[C'est vous, André! Que venez-vous faire ici?

ANDRÉ.

Je vais voir la mère de ma femme.

LIONEL.

Elle n'est pas à Florence.

ANDRÉ.

Ah! Où est donc Lucrèce, en ce cas?

LIONEL.

Je ne sais; mais ce dont je suis certain, c'est que Monna Flora est absente [: retournez chez-vous, mon ami].

ANDRÉ.

Comment le savez-vous, et par quel hasard êtes-vous là?

LIONEL.

Je revenais de chez Manfredi, où j'ai laissé Cordiani, et en passant, j'ai voulu savoir...

ANDRÉ.

Cordiani se meurt, n'est-il pas vrai?

LIONEL.

Non; ses amis espèrent qu'on le sauvera.

[ANDRÉ.

Tu te trompes, il y a du monde dans la maison; vois donc ces lumières qui vont et qui viennent.

Il va regarder à la fenêtre.

Ah!

LIONEL.

Que voyez-vous?

ANDRÉ.

Suis-je fou, Lionel? J'ai cru voir passer dans la chambre basse Cordiani, tout couvert de sang, appuyé sur le bras de Lucrèce!

LIONEL.

Vous avez vu Cordiani appuyé sur le bras de Lucrèce?

ANDRÉ.

Tout couvert de son sang.

LIONEL.

Retournons chez vous, mon ami.

ANDRÉ.

Silence! Il faut que je frappe à la porte.

LIONEL.

Pour quoi faire? Je vous dis que Monna Flora est absente. Je viens d'y frapper moi-même.

ANDRÉ.

Je l'ai vu!] Laisse-moi.

LIONEL.

Qu'allez-vous faire, mon ami? êtes-vous un homme? Si votre femme se respecte assez peu pour recevoir chez sa mère l'auteur d'un crime que vous avez puni, est-ce à vous d'oublier qu'il meurt de votre main, et de troubler peut-être ses derniers instants?

ANDRÉ.

Que veux-tu que je fasse? oui, oui, je les tuerais tous deux! Ah! ma raison est égarée. Je vois ce qui n'est pas. [Cette nuit tout entière, j'ai couru dans ces rues désertes au milieu de spectres affreux. Tiens, vois, j'ai acheté du poison.

LIONEL.

Prenez mon bras et sortons.

ANDRÉ, retournant à la fenêtre.

Plus rien! Ils sont là, n'est-ce pas?]

LIONEL.

Au nom du ciel, soyez maître de vous. [Que voulez-vous faire? Il est impossible que vous assistiez à un tel spectacle, et] toute violence en cette occasion serait de la cruauté. Votre ennemi expire, que voulez-vous de plus?

[ANDRÉ.

Mon ennemi! lui, mon ennemi! le plus cher, le meilleur de mes amis! Qu'a-t-il donc fait? il l'a aimée. Sortons, Lionel, je les tuerais tous deux de ma main.

LIONEL.

Nous verrons demain ce qui vous reste à faire. Confiez-vous à moi; votre honneur m'est aussi sacré que le mien, et mes cheveux gris vous en répondent.

ANDRÉ.

Ce qui me reste à faire? Et que veux-tu que je devienne? Il faut que je parle à Lucrèce.

Il s'avance vers la porte.

LIONEL.

André, André, je vous en supplie, n'approchez pas de cette porte. Avez-vous perdu toute espèce de courage? La position où vous êtes est affreuse, personne n'y compatit plus vivement, plus sincèrement que moi. J'ai une femme aussi, j'ai des enfants; mais la fermeté d'un homme ne doit-elle pas lui servir de bouclier? Demain, vous pourrez entendre des conseils qu'il m'est impossible de vous adresser en ce moment.

ANDRÉ.

C'est vrai, c'est vrai! qu'il meure en paix! dans ses bras, Lionel! Elle veille et pleure sur lui! A travers les ombres de la mort, il voit errer autour de lui cette tête adorée; elle lui sourit et l'encourage! Elle lui présente la coupe salutaire; elle est pour lui l'image de la vie. Ah! tout cela m'appartenait; c'était ainsi que je voulais mourir. Viens, partons, Lionel.

<small>Il frappe à la porte.</small>

Holà! Paolo! Paolo!

<small>LIONEL.</small>

Que faites-vous, malheureux?

<small>ANDRÉ.</small>

Je n'entrerai pas.

<small>Paolo paraît.</small>

Pose ta lumière sur ce banc;] il faut que j'écrive à Lucrèce.

<small>LIONEL.</small>

Et que voulez-vous lui dire?[12]

<small>ANDRÉ.</small>

Tiens, tu lui remettras ce billet; [tu lui diras que j'attends sa réponse chez moi; oui, chez moi : je ne saurais rester ici. Viens, Lionel. Chez moi, entends-tu?

<small>Ils sortent.]</small>

SCÈNE II

<small>La maison d'André. — Il est jour.</small>

[JEAN, MONTJOIE.

<small>JEAN.</small>

Je crois qu'on frappe à la grille.

<small>Il ouvre.</small>

Que demandez-vous, Excellence?

<small>Entrent Montjoie et sa suite.</small>

MONTJOIE.

Le peintre André del Sarto.

JEAN.

Il n'est pas au logis, monseigneur.

MONTJOIE.

Si sa porte est fermée, dis-lui que c'est l'envoyé du roi de France qui le fait demander.

JEAN.

Si Votre Excellence veut entrer dans l'académie, mon maître peut revenir d'un instant à l'autre.

MONTJOIE.

Entrons, messieurs. Je ne suis pas fâché de visiter les ateliers et de voir ses élèves.

JEAN.

Hélas! monseigneur, l'académie est déserte aujourd'hui. Mon maître a reçu très peu d'écoliers cette année, et à compter de ce jour personne ne vient plus ici.

MONTJOIE.

Vraiment? on m'avait dit tout le contraire. Est-ce que ton maître n'est plus professeur à l'école?

JEAN.

Le voilà lui-même, accompagné d'un de ses amis.

MONTJOIE.

Qui? cet homme qui détourne la rue? Le vieux ou le jeune?

JEAN.

Le plus jeune des deux.

MONTJOIE.

Quel visage pâle et abattu! quelle tristesse profonde sur tous ses traits! et ces vêtements en désordre! Est-ce là le peintre André del Sarto?

André et Lionel entrent.

LIONEL.

Seigneur, je vous salue. Qui êtes-vous?

MONTJOIE.

C'est à André del Sarto que nous avons affaire. Je suis le comte de Montjoie, envoyé du roi de France.

ANDRÉ.

Du roi de France? J'ai volé votre maître, monsieur. L'argent qu'il m'a confié est dissipé, et je n'ai pas acheté un seul tableau pour lui.

A un valet.

Paolo est-il venu?

MONTJOIE.

Parlez-vous sérieusement?

LIONEL.

Ne le croyez pas, messieurs. Mon ami André est aujourd'hui,... pour certaines raisons,... une affaire malheureuse,... hors d'état de vous répondre et d'avoir l'honneur de vous recevoir.

MONTJOIE.

S'il en est ainsi, nous reviendrons un autre jour.

ANDRÉ.

Pourquoi? Je vous dis que je l'ai volé. Cela est très

sérieux. Tu ne sais pas que je l'ai volé, Lionel? Vous reviendriez cent fois que ce serait de même.

MONTJOIE.

Cela est incroyable.

ANDRÉ.

Pas du tout; cela est tout simple. J'avais une femme... Non, non! Je veux dire seulement que j'ai usé de l'argent du roi de France comme s'il m'appartenait.

MONTJOIE.

Est-ce ainsi que vous exécutez vos promesses? Où sont les tableaux que François Ier vous avait chargé d'acheter pour lui?

ANDRÉ.

Les miens sont là-dedans; prenez-les, si vous voulez; ils ne valent rien. J'ai eu du génie autrefois, ou quelque chose qui ressemblait à du génie; mais j'ai toujours fait mes tableaux trop vite, pour avoir de l'argent comptant. Prenez-les cependant. Jean, apporte les tableaux que tu trouveras sur le chevalet. Ma femme aimait le plaisir, messieurs. Vous direz au roi de France qu'il obtienne l'extradition, et il me fera juger par ses tribunaux. Ah! le Corrége! voilà un peintre! Il était plus pauvre que moi; mais jamais un tableau n'est sorti de son atelier un quart d'heure trop tôt. L'honnêteté! l'honnêteté! voilà la grande parole. Le cœur des femmes est un abîme.

MONTJOIE, à Lionel.

Ses paroles annoncent le délire. Qu'en devons-nous

penser? Est-ce là l'homme qui vivait en prince à la cour de France? dont tout le monde écoutait les conseils comme un oracle en fait d'architecture et de beaux-arts?

LIONEL.

Je ne puis vous dire le motif de l'état où vous le voyez. Si vous en êtes touché, ménagez-le.

On apporte les deux tableaux.

ANDRÉ.

Ah! les voilà. Tenez, messieurs, faites-les emporter. Non pas que je leur donne aucun prix. Une somme si forte, d'ailleurs! de quoi payer des Raphaëls! Ah! Raphaël! il est mort heureux, dans les bras de sa maîtresse.

MONTJOIE, regardant.

C'est une magnifique peinture.

ANDRÉ.

Trop vite! trop vite! Emportez-les; que tout soit fini. Ah! un instant!

Il arrête les porteurs.

Tu me regardes, toi, pauvre fille!

A la figure de la Charité que représente le tableau.

Tu veux me dire adieu! C'était la Charité, messieurs. C'était la plus belle, la plus douce des vertus humaines. Tu n'avais pas eu de modèle, toi! Tu m'étais apparue en songe, par une triste nuit! pâle comme te voilà, entourée de tes chers enfants qui pressent ta mamelle. Celui-là vient de glisser à terre, et regarde sa belle nourrice en cueillant quelques fleurs des champs. Donnez cela à votre maître, messieurs. Mon nom est au bas. Cela vaut quelque argent. Paolo n'est pas venu me demander?

UN VALET.

Non, monsieur.

ANDRÉ.

Que fait-il donc? ma vie est dans ses mains.

LIONEL, à Montjoie.

Au nom du ciel! messieurs, retirez-vous. Je vous le mènerai demain, si je puis. Vous le voyez vous-mêmes, un malheur imprévu lui a troublé l'esprit.

MONTJOIE.

Nous obéissons, monsieur; excusez-nous et tenez votre promesse.

Ils sortent.

ANDRÉ.

J'étais né pour vivre tranquille, vois-tu! je ne sais point être malheureux. Qui peut retenir Paolo?]

LIONEL.

Et que demandez-vous donc dans cette fatale lettre, [dont vous attendez si impatiemment la réponse?

ANDRÉ.

Tu as raison; allons-y nous-mêmes. Il vaut toujours mieux s'expliquer de vive voix.

LIONEL.

Ne vous éloignez pas dans ce moment, puisque Paolo doit vous retrouver ici : ce ne serait que du temps perdu.

ANDRÉ.

Elle ne répondra pas.] O comble de misère! Je supplie, Lionel, lorsque je devrais punir! Ne me juge pas, mon ami, comme tu pourrais faire un autre homme. Je suis un homme sans caractère, vois-tu! j'étais né pour vivre tranquille.

LIONEL.

Sa douleur me confond malgré moi.

ANDRÉ.

O honte! ô humiliation! elle ne répondra pas. Comment en suis-je venu là? Sais-tu ce que je lui demande? Ah! la lâcheté elle-même en rougirait, Lionel; je lui demande de revenir à moi.

LIONEL.

Est-ce possible?

ANDRÉ.

Oui, oui, je sais tout cela. J'ai fait un éclat : eh bien! dis-moi, qu'y ai-je gagné? Je me suis conduit comme tu l'as voulu : eh bien! je suis le plus malheureux des hommes. Apprends-le donc, je l'aime, je l'aime plus que jamais!

LIONEL.

Insensé!

ANDRÉ.

[Crois-tu qu'elle y consente? Il faut me pardonner d'être un lâche. Mon père était un pauvre ouvrier. Ce Paolo ne viendra pas. Je ne suis point un gentilhomme;

le sang qui coule dans mes veines n'est pas un noble sang.

LIONEL.

Plus noble que tu ne crois.

ANDRÉ.

Mon père était un pauvre ouvrier... Penses-tu que Cordiani en meure? Le peu de talent qu'on remarqua en moi fit croire au pauvre homme que j'étais protégé par une fée. Et moi, je regardais dans mes promenades les bois et les ruisseaux, espérant toujours voir ma divine protectrice sortir d'un antre mystérieux. C'est ainsi que la toute-puissante nature m'attirait à elle. Je me fis peintre, et, lambeau par lambeau, le voile des illusions tomba en poussière à mes pieds.

LIONEL.

Pauvre André!

ANDRÉ.

Elle seule! oui, quand elle parut, je crus que mon rêve se réalisait, et que ma Galatée s'animait sous mes mains. Insensé! mon génie mourut dans mon amour; tout fut perdu pour moi... Cordiani se meurt, et Lucrèce voudra le suivre... Oh! massacre et furie! cet homme ne vient point.

LIONEL.

Envoie quelqu'un chez Monna Flora.

ANDRÉ.

C'est vrai. Mathurin, va chez Monna Flora. Écoute.

A part.

Observe tout; tâche de rôder dans la maison; demande la réponse à ma lettre; va, et sois revenu tout à l'heure... Mais pourquoi pas nous-mêmes, Lionel?] O solitude! solitude! que ferai-je de ces mains-là?

LIONEL.

Calmez-vous, de grâce.

ANDRÉ.

[Je la tenais embrassée durant les longues nuits d'été sur mon balcon gothique. Je voyais tomber en silence les étoiles des mondes détruits. Qu'est-ce que la gloire? m'écriais-je; qu'est-ce que l'ambition? Hélas! l'homme tend à la nature une coupe aussi large et aussi vide qu'elle. Elle n'y laisse tomber qu'une goutte de sa rosée; mais cette goutte est l'amour, c'est une larme de ses yeux, la seule qu'elle ait versée sur cette terre pour la consoler d'être sortie de ses mains. Lionel, Lionel, mon heure est venue!

LIONEL.

Prends courage.]

ANDRÉ.

C'est singulier, je n'ai jamais éprouvé cela. Il m'a semblé qu'un coup me frappait. Tout se détache de moi. Il m'a semblé que Lucrèce partait.

LIONEL.

Que Lucrèce partait!

ANDRÉ.

Oui, je suis sûr que Lucrèce part sans me répondre.

LIONEL.

Comment cela?

ANDRÉ.

J'en suis sûr; je viens de la voir.

LIONEL.

De la voir! Où? comment?

ANDRÉ.

J'en suis sûr; elle est partie.

LIONEL.

Cela est étrange!

ANDRÉ.

Tiens voilà Mathurin.[13]

[MATHURIN, entrant.

Mon maître est-il ici?

ANDRÉ.

Oui, me voilà.

MATHURIN.

J'ai tout appris.

ANDRÉ.

Eh bien?

MATHURIN, le tirant à part.

Dois-je vous dire tout, maître?

ANDRÉ.

Oui, oui.

MATHURIN.

J'ai rôdé autour de la maison, comme vous me l'aviez ordonné.]

ANDRÉ.

Eh bien?

[MATHURIN.

J'ai fait parler le vieux concierge, et je sais tout au mieux.

ANDRÉ.

Parle donc!

MATHURIN.

Cordiani est guéri; la blessure était peu de chose. Au premier coup de lancette il s'est trouvé soulagé.]

ANDRÉ.

Et Lucrèce!

MATHURIN.

Partie avec lui.

ANDRÉ.

Qui, lui?

MATHURIN.

Cordiani.

ANDRÉ.

[Tu es fou. Un homme que j'ai vu prêt à rendre l'âme, il y a,... c'est cette nuit même.

MATHURIN.

Il a voulu partir dès qu'il s'est senti la force de marcher. Il disait qu'un soldat en ferait autant à sa place, et qu'il fallait être mort ou vivant.

ANDRÉ.

Cela est incroyable; où vont-ils?

MATHURIN.

Ils ont pris la route du Piémont.

ANDRÉ.

Tous deux à cheval?

MATHURIN.

Oui, monsieur.

ANDRÉ.

Cela n'est pas possible; il ne pouvait marcher cette nuit.

MATHURIN.

Cela est vrai, pourtant; c'est Paolo, le concierge, qui m'a tout avoué.]

ANDRÉ.

Lionel? entends-tu, Lionel? Ils partent ensemble [pour le Piémont.

LIONEL.

Que dis-tu, André?

ANDRÉ.

Rien! rien! Qu'on me selle un cheval! allons, vite, il faut que je parte à l'instant. Aussi bien j'y vais moi-même. Par quelle porte sont-ils sortis?

MATHURIN.

Du côté du fleuve.

ANDRÉ.

Bien, bien! mon manteau! Adieu, Lionel.]

LIONEL.

Où vas-tu?

ANDRÉ.

Je ne sais, je ne sais. Ah! des armes! du sang!

LIONEL.

Où vas-tu? réponds.

ANDRÉ.

Quant au roi de France, je l'ai volé. J'irais demain les voir que ce serait toujours la même chose. Ainsi...

Il va sortir et rencontre Damien.

DAMIEN.

Où vas-tu, André?

ANDRÉ.

Ah! tu as raison. La terre se dérobe. O Damien! Damien!

Il tombe évanoui.

LIONEL.

Cette nuit l'a tué. Il n'a pu supporter son malheur.

DAMIEN.

Laissez-moi lui mouiller les tempes.

Il trempe son mouchoir dans une fontaine.

Pauvre ami! comme une nuit l'a changé! Le voilà qui rouvre les yeux.

ANDRÉ.

Ils sont partis, Damien?

DAMIEN, à part.

Que lui dirais-je? Il a donc tout appris?

ANDRÉ.

Ne me mens pas! je ne les poursuivrai point. Mes forces m'ont abandonné. Qu'ai-je voulu faire? J'ai voulu avoir du courage, et je n'en ai point. Maintenant, vous le voyez, je ne puis partir. Laissez-moi parler à cet homme.

MATHURIN, s'approchant d'André.

Plaît-il, maître?

ANDRÉ.

Aussi bien ne suis-je pas déshonoré? Qu'ai-je à faire en ce monde? O lumière du ciel! ô belle nature! Ils s'aiment, ils sont heureux. Comme ils courent joyeux dans la plaine! Leurs chevaux s'animent, et le vent qui passe emporte leurs baisers. La patrie? la patrie? ils n'en ont point ceux qui partent ensemble.

DAMIEN.

Sa main est froide comme le marbre.

ANDRÉ, bas à Mathurin.

Écoute-moi, Mathurin, écoute-moi, et rappelle-toi mes paroles : tu vas prendre un cheval ; tu vas aller chez Monna Flora t'informer au juste de la route. Tu lanceras ton cheval au galop. Retiens ce que je te dis. Ne me le fais pas répéter deux fois, je ne le pourrais pas. Tu les rejoindras dans la plaine ; tu les aborderas, Mathurin, et tu leur diras : Pourquoi fuyez-vous si vite? La veuve d'André del Sarto peut épouser Cordiani.

MATHURIN.

Faut-il dire cela, monseigneur?

ANDRÉ.

Va, va, ne me fais pas répéter.

Mathurin sort.

LIONEL.

Qn'as-tu dit à cet homme ?[14]

ANDRÉ.

Ne l'arrête pas; il va chez la mère de ma femme. Maintenant, qu'on m'apporte ma coupe pleine d'un vin généreux.

LIONEL.

A peine peut-il se soulever.

ANDRÉ.

Menez-moi jusqu'à cette porte, mes amis.

<small>Prenant la coupe.</small>

C'était celle des joyeux repas.

DAMIEN.

Que cherches-tu sur ta poitrine ?

ANDRÉ.

Rien! rien! je croyais l'avoir perdu.

<small>Il boit.</small>

A la mort des arts en Italie!

LIONEL.

Arrête! quel est ce flacon dont tu t'es versé quelques gouttes, et qui s'échappe de ta main?

ANDRÉ.

C'est un cordial puissant. Approche-le de tes lèvres, et tu seras guéri, quel que soit le mal dont tu souffres. [15]

<small>Il meurt.</small>

SCÈNE III

Bois et montagnes.

[LUCRÈCE ET CORDIANI, sur une colline.
Les chevaux dans le fond.

CORDIANI.

Allons ! le soleil baisse ; il est temps de remonter.

LUCRÈCE.

Comme mon cheval s'est cabré en quittant la ville ! En vérité, tous ces pressentiments funestes sont singuliers.

CORDIANI.

Je ne veux avoir ni le temps de penser, ni le temps de souffrir. Je porte un double appareil sur ma double plaie. Marchons, marchons ! n'attendons pas la nuit.

LUCRÈCE.

Quel est ce cavalier qui accourt à toute bride? depuis longtemps je le vois derrière nous.

CORDIANI.

Montons à cheval, Lucrèce, et ne tournons pas la tête.

LUCRÈCE.

Il approche ! il descend à moi.

ACTE III, SCÈNE III.

CORDIANI.

Partons! lève-toi et ne l'écoute pas.

Ils se dirigent vers leurs chevaux.

MATHURIN, descendant de cheval.

Pourquoi fuyez-vous si vite? La veuve d'André del Sarto peut épouser Cordiani.]

FIN D'ANDRÉ DEL SARTO.

ADDITIONS ET VARIANTES

EXÉCUTÉES PAR L'AUTEUR

POUR LA REPRÉSENTATION*

---

1. — PAGE 51.

GRÉMIO, seul, un trousseau de clefs à la main.

Je crois que j'ai dormi cette nuit un peu plus longtemps que de coutume... Non : l'aurore commence à peine à paraître. Tout repose dans cette maison ; il n'est pas encore temps d'ouvrir les portes. Était-ce un rêve que je faisais ? Il m'a semblé, en vérité, que j'entendais *marcher dans la cour,* etc.

CORDIANI, sur le balcon, s'adressant à une personne qu'on ne voit pas.

Dans une heure ! par la porte du jardin.

Descendant.

Dans une heure et à toujours !

GRÉMIO.

Qu'ai-je entendu ? *arrête...* etc.

2. — PAGE 55.

CORDIANI.

Dans une heure, je n'y serai plus.

---

* Les mots en italique sont ceux qu'il a fallu nécessairement répéter pour l'intelligence des variantes et leur liaison avec le texte primitif.

DAMIEN.

Que veux-tu dire?

CORDIANI.

Rien, rien, tu le sauras bientôt.

DAMIEN.

Explique-toi; tu parles comme en délire! que veux-tu faire? *à quoi penses-tu?*

3. — PAGE 58.

DAMIEN.

Sophisme! sophisme d'un cœur qui s'aveugle.

4. — PAGE 59.

CÉSARIO, chantant.

DEUXIÈME COUPLET.

Lorsque, pour chanter au lutrin,
   Nous manquions de courage,
Le bon gros père Célestin,
   Tintaine, tintin.
Il buvait pour nous mettre en train,
   C'était là son usage.

TROISIÈME COUPLET.

Quand il mourra, le verre en main,
   Un jour, dans son grand âge,
Le bon gros père Célestin,
   Tintaine, tintin,
Quand il mourra, le verre en main,
   Ce sera grand dommage.

LIONEL.

Le maître est-il levé?

CÉSARIO.

Comme le pape à l'église, toujours le dernier qui arrive, et le premier quand il y est.

LIONEL.

Que d'écoliers autrefois dans cette académie! etc.

5. — PAGE 64.

MATHURIN.

Monseigneur, un homme est là qui vous demande. — C'est un homme en longue robe avec des cheveux gris; vous l'avez, dit-il, fait appeler hier.

ANDRÉ.

J'y vais.

A Damien.

Mais il n'a rien de grave.

GRÉMIO, entrant.

Les chevaux sont prêts, monseigneur.

ANDRÉ.

Dans un instant; attends-moi, Grémio.

A Damien.

Et nous le verrons demain, etc.

6. — PAGE 70.

ANDRÉ.

Chassé par moi!... Il s'est enfui, dis-tu, dans le jardin? Etait-il seul cet homme?

GRÉMIO.

Seul? Oui, dans le jardin, mais pas à la fenêtre.

ANDRÉ.

Comment? Achève de t'expliquer.

GRÉMIO.

Mais, monseigneur...

ANDRÉ.

Je te l'ordonne.

GRÉMIO.

Eh bien! monseigneur, quand l'homme est sorti, quelqu'un était avec lui sur le balcon et j'ai entendu quelques mots.

ANDRÉ.

Qu'as-tu entendu?

GRÉMIO.

L'homme a fait un signe d'adieu, et il a dit : « Dans une heure et à toujours. »

ANDRÉ.

Dans une heure!

A part.

On savait ici que je devais aller à la ferme ; — c'est donc de mon absence qu'on voulait profiter.

Haut.

Tu n'en as pas entendu davantage?

GRÉMIO.

J'oubliais!... on a ajouté : « Venez par la porte du jardin, » mais je ne crois pas qu'on voulût parler de celle-ci; c'est plutôt l'autre, je suppose, la petite porte qui donne sur le derrière de la maison.

ANDRÉ.

Écoute, Grémio, va dire à Mathurin qu'il ramène les chevaux et que je ne sortirai pas; après quoi, tu iras à cette petite porte, et tu y resteras; *mais caché...,* etc., *je serai là;* qui que ce soit, arrête-le.

GRÉMIO.

Qui que ce soit, monseigneur? Il pourrait arriver...

ANDRÉ.

Qui que ce soit. J'irais bien moi-même, mais il faut qu'on me croie sorti, *et j'en chargerais bien un autre que toi, mais*, etc.

7. — PAGE 72.

GRÉMIO.

Oh! très sûr.

ANDRÉ.

Oui, à Cordiani. Dis que je suis sorti seul, n'oublie pas cela, va, mon ami. — C'est bien étrange.

Il sort.

GRÉMIO, seul.

Oui, c'est étrange; et je savais bien que mon maître m'écouterait. Cet argent de M. Damien ne me semble ni clair ni bien gagné. Patience! Voici madame Lucrèce, je vais à mon poste.

SCÈNE III

GRÉMIO, LUCRÈCE, SPINETTE.

LUCRÈCE.

Où est ton maître, Grémio?

GRÉMIO.

Je pense, madame, qu'il est à la ferme.

LUCRÈCE.

Ne devais-tu pas l'accompagner?

GRÉMIO.

Il m'a ordonné de rester ici.

LUCRÈCE.

Il est sorti seul?

GRÉMIO.

Oui, madame.

Il sort.

LUCRÈCE, à Spinette.

Ainsi je ne le verrai plus.

SPINETTE.

Est-ce bien possible, ma chère maîtresse? Vous m'avez confié votre dessein; je vous vois prête à l'exécuter, et malgré moi je ne puis y croire.

LUCRÈCE.

Tout à l'heure tu y croiras.

SPINETTE.

Il ne m'appartient pas de vous en dissuader; je n'ai que le droit d'en souffrir, et je suis aussi incapable d'oser vous blâmer que de vous trahir; mais y avez-vous bien réfléchi?

LUCRÈCE.

Non, et c'est pourquoi je le ferai.

SPINETTE.

Quitter une maison, une famille, — briser, en un jour, tous les liens d'une vie si belle et si heureuse!

LUCRÈCE.

Heureuse!

SPINETTE.

Vous l'étiez, madame.

LUCRÈCE.

Maintenant je ne le serai plus. Oui, Spinette, je vais, comme tu dis, quitter une maison, une famille : — je vais perdre mon nom, mon rang, ma fortune, et le premier des biens, l'honneur! je vais partir avec Cordiani. Qui commet la faute en porte la peine! mais lui, qui pourrait l'en punir? *Ce n'est pas lui qu'on peut accuser.*

Il n'a prononcé aucun serment sur la terre, il n'a pas trahi une épouse ; il n'a rien fait qu'aimer et qu'être aimé.

SPINETTE.

Vous cherchiez tout à l'heure monseigneur André.

LUCRÈCE.

Oui, je voulais le voir une dernière fois.

SPINETTE.

Plût au ciel que vous l'eussiez vu !

LUCRÈCE.

Que veux-tu dire? penses-tu que ma résolution puisse être ébranlée? André m'est cher; mais je ne sais ni tromper ni aimer à demi.

SPINETTE.

Que de larmes vont couler, madame!

LUCRÈCE.

Comptes-tu donc pour rien les miennes? *Crois-tu qu'on perde sans souffrir*, etc.

SPINETTE.

Que je vous plains !

LUCRÈCE.

Silence! l'heure sonne! Il va venir, Spinette. Peut-être m'attend-il déjà. Tu me suivras ; tout est-il préparé?

SPINETTE.

Où allez-vous?

LUCRÈCE.

Où il voudra. *Mes cheveux sont-ils en désordre?* etc.

8. — PAGE 74.

ANDRÉ.

Bonjour, Lucrèce. *Vous ne m'attendiez pas...*, etc.

9. — PAGE 89.

CORDIANI.

Terre que j'ai ensanglantée!

DAMIEN.

Au nom du ciel!...

CORDIANI.

Dis-moi, Damien, où puis-je aller, où puis-je marcher sans voir la mort sur mon chemin? Te souviens-tu de ce que tu me disais? J'aimais, je ne t'écoutais pas. Maintenant, la mort est devant mon amour, elle est sous mes pas; elle est dans mon cœur! Et ce portrait que je t'ai montré, cette ombre adorée d'une fatale beauté n'est plus pour moi que le masque d'un spectre couvert des larmes d'un ami.

Il marche vers la maison.

DAMIEN.

Où vas-tu?

CORDIANI.

La revoir encore une fois. *Ne t'effraye pas*, etc.

10. — PAGE 96.

Tu vois ce qui se passe, mon ami.

LIONEL.

Maître, il faut régler cette affaire et choisir l'heure et le lieu du combat.

ANDRÉ.

L'heure? à l'instant. Le lieu? ici même.

A Cordiani.

Ah! vous voulez, etc.

11. — PAGE 102.

Et toi aussi tu m'abandonnes!

CÉSARIO*.

Moi, maître, je ne vous abandonnerai pas.

ANDRÉ.

C'est toi, mon enfant?

CÉSARIO.

Oui, maître. Je vous avais quitté; j'étais allé chez Pontormo; j'y cherchais la gaieté, et je l'y ai bien trouvée en effet, mais je ne m'en suis senti que plus triste.

ANDRÉ.

C'est le malheur que tu trouveras ici.

CÉSARIO.

Il pèse moins que l'ingratitude.

ANDRÉ.

Merci, mon enfant. Va, entre dans cette maison, car pour moi, jamais!

Il remonte la scène.

LIONEL, entrant.

Où allez-vous, André? etc.

12. — PAGE 111.

Que voulez-vous lui dire?

ANDRÉ.

Tiens, Césario, je t'en conjure, va trouver Lucrèce; demande une réponse à ma lettre, et sois revenu tout à l'heure... Mais pourquoi pas nous-mêmes, Lionel?

Césario sort.

---

* Le but de cette scène est de maintenir l'unité de lieu, de réunir le second acte au troisième, et de donner plus d'importance au rôle de Césario.

ADDITIONS ET VARIANTES.

LIONEL.

Mon ami !

ANDRÉ.

Quoi ! plus rien !

LIONEL.

Eh ! que demandez-vous donc dans cette fatale lettre ?

ANDRÉ.

Ce que je demande ? *ô comble de misère !...* etc.

13. — PAGE 120.

ANDRÉ.

Tiens, voilà Césario... Eh bien ?

CÉSARIO.

Madame Lucrèce a quitté Florence.

ANDRÉ.

Et Cordiani ?

CÉSARIO.

Je ne sais.

ANDRÉ.

Vois-tu, Lionel ? Ils sont partis ensemble.

Il remonte la scène.

LIONEL, le retenant.

Où vas-tu ?

14. — PAGE 125.

LIONEL.

Qu'as-tu dit à cet homme ?

Bas à Damien.

Est-ce que vraiment Cordiani ?...

DAMIEN.

Cordiani n'est plus.

15. — PAGE 125.

ANDRÉ.

Vos mains, et adieu, chers amis! Oh! combien je l'aimais!

Il meurt.

FIN DES ADDITIONS ET VARIANTES.

NOTE

Ce drame, écrit et publié en 1833, fut représenté pour la première fois au Théâtre-Français le 21 novembre 1849, avec peu de changements. On avait poussé le soin de la mise en scène jusqu'à faire exécuter une copie du tableau de la *Charité* que possède la galerie du Louvre, et l'on s'était assuré que cette copie produisait de loin l'effet nécessaire à l'illusion du spectateur. Cependant le parterre, sachant bien qu'il n'avait pas sous les yeux le tableau original, accueillit avec un rire frivole l'exhibition de cette toile et ne prit pas au sérieux l'adieu poétique adressé par André del Sarto à son dernier chef-d'œuvre. La pièce, d'ailleurs, fut écoutée froidement; elle n'eut qu'un petit nombre de représentations. Le même ouvrage, représenté au théâtre de l'Odéon le 21 octobre 1850, avec les changements que nous venons d'indiquer, obtint un grand succès. Malgré l'heureux résultat de cette seconde épreuve, la supériorité du premier texte nous semble incontestable.

Au moyen des variantes, les lecteurs curieux pourront comparer les deux versions. Dans la seconde, on remarquera que, dès l'exposition, Lucrèce et Cordiani ont pris la résolution de s'enfuir ensemble. L'unité de lieu est rigoureusement observée, et la pièce, réduite à deux actes au lieu de trois, marche vers son dénoûment avec une rapidité que nous trouvons exagérée, vu les énormes sacrifices que l'auteur s'est cru obligé de faire. Après le duel entre Cordiani et André del Sarto, on ne voit plus reparaître ni Lucrèce ni Cordiani. La scène où ces deux personnages se rencontraient devant la maison de la mère de Lucrèce a été supprimée. Pour éviter l'exhibition du tableau de la *Charité*, il fallut retrancher la scène où les envoyés de François Ier venaient demander compte à André de l'argent du roi de France. Cette coupure est tout à fait regrettable : après avoir montré André del Sarto dévoré de remords, et tremblant à l'idée de rendre ses comptes, c'était une conception éminemment dramatique que de le faire voir exalté par le chagrin et malheureux de l'infidélité de sa femme, au point de ne plus redouter la honte et de s'accuser lui-même du vol qu'il a commis.

Quant aux nombreux passages supprimés dans le dialogue, ce sont des changements qu'on ne doit pas considérer comme définitifs. Il est évident, par exemple, que l'auteur a fait preuve de trop de complaisance ou de modestie en consentant à effacer de la dernière scène le charmant récit des souvenirs d'enfance qui se présentent à l'esprit d'André au moment où il va mourir. Probablement, lorsque la pièce reviendra au théâtre, ces *longueurs*, ces scènes réputées inutiles ou dangereuses, finiront par être restituées dans leur entier.

Voici quelle était la distribution des rôles au théâtre de l'Odéon :

ANDRÉ DEL SARTO.	MM. Tisserand.
CORDIANI.	Martel.
DAMIEN.	Harville.
LIONEL.	Fleuret.
GRÉMIO.	Roger.
MATHURIN.	Talin.
CÉSARIO.	Mlles Bilhaud.
LUCRÈCE.	Siona-Lévy.
SPINETTE.	Jeanne-Anaïs.

LES

CAPRICES DE MARIANNE

COMÉDIE EN DEUX ACTES

PUBLIÉE EN 1833, REPRÉSENTÉE EN 1851.

PERSONNAGES.	ACTEURS QUI ONT CRÉÉ LES RÔLES.
CLAUDIO, juge.	MM. PROVOST.
CŒLIO.	DELAUNAY.
OCTAVE.	BRINDEAU.
TIBIA, valet de Claudio.	GOT.
PIPPO, valet de Cœlio.	MATHIEN.
MALVOLIO, intendant d'Hermia.	TRONCHET.
UN GARÇON D'AUBERGE.	BERTIN.
MARIANNE, femme de Claudio.	Mmes MADELEINE-BROHAN.
HERMIA, mère de Cœlio.	MOREAU-SAINTI.
[CIUTA, vieille femme.]	
DOMESTIQUES.	

La scène est à Naples.

Dessin de Bida.   Gravé par Ballin.

LES CAPRICES DE MARIANNE.

OCTAVE.
.... Vous n'aimez point Claudio.
MARIANNE.
Ni Celio : vous pouvez le lui dire.

Acte I, Scène I.

CHARPENTIER, ÉDITEUR.

LES
CAPRICES DE MARIANNE

ACTE PREMIER

SCÈNE PREMIÈRE

Une rue devant la maison de Claudio.

[MARIANNE, sortant de chez elle un livre de messe à la main ; CIUTA, l'abordant :

CIUTA.

Ma belle dame, puis-je vous dire un mot ?

MARIANNE.

Que me voulez-vous ?

CIUTA.

Un jeune homme de cette ville est éperdument amoureux de vous ; depuis un mois entier, il cherche vainement l'occasion de vous l'apprendre ; son nom est Cœlio ; il est d'une noble famille et d'une figure distinguée.

MARIANNE.

En voilà assez. Dites à celui qui vous envoie qu'il perd son temps et sa peine, et que, s'il a l'audace de me faire entendre une seconde fois un pareil langage, j'en instruirai mon mari.]

<small>Elle sort.</small>

CŒLIO, entrant.[1]

Eh bien! Ciuta, qu'a-t-elle dit?

CIUTA.

Plus dévote et plus orgueilleuse que jamais. Elle instruira son mari, dit-elle, si on la poursuit plus longtemps.

CŒLIO.

Ah! malheureux que je suis, je n'ai plus qu'à mourir. Ah! la plus cruelle de toutes les femmes! Et que me conseilles-tu, Ciuta? quelle ressource puis-je encore trouver?

CIUTA.

Je vous conseille d'abord de sortir d'ici, car voici son mari [qui la suit.]

<small>Ils sortent. — Entrent Claudio et Tibia.</small>

CLAUDIO.

Es-tu mon fidèle serviteur, mon valet de chambre dévoué? Apprends que j'ai à me venger d'un outrage.

TIBIA.

Vous, monsieur?

CLAUDIO.

Moi-même, puisque ces impudentes guitares ne cessent de murmurer sous les fenêtres de ma femme. Mais, patience! tout n'est pas fini. — Écoute un peu de ce côté-ci : voilà du monde qui pourrait nous entendre. Tu m'iras chercher ce soir le spadassin que je t'ai dit.

TIBIA.

Pour quoi faire?

CLAUDIO.

Je crois que Marianne a des amants.

TIBIA.

Vous croyez, monsieur?

CLAUDIO.

Oui; il y a autour de ma maison une odeur d'amants; personne ne passe naturellement devant ma porte; il y pleut des guitares et des entremetteuses.

TIBIA.

Est-ce que vous pouvez empêcher qu'on donne des sérénades à votre femme?

CLAUDIO.

Non; mais je puis poster un homme derrière la poterne, et me débarrasser du premier qui entrera.

TIBIA.

Fi! votre femme n'a pas d'amants. — C'est comme si vous disiez que j'ai des maîtresses.

CLAUDIO.

Pourquoi n'en aurais-tu pas, Tibia? Tu es fort laid, mais tu as beaucoup d'esprit.

TIBIA.

J'en conviens, j'en conviens.

CLAUDIO.

Regarde, Tibia, tu en conviens toi-même; il n'en faut plus douter, et mon déshonneur est public.

TIBIA.

Pourquoi public?

CLAUDIO.

Je te dis qu'il est public.

TIBIA.

Mais, monsieur, votre femme passe pour un dragon de vertu dans toute la ville; elle ne voit personne; elle ne sort de chez elle que pour aller à la messe.

CLAUDIO.

Laisse-moi faire. — Je ne me sens pas de colère, après tous les cadeaux qu'elle a reçus de moi. — Oui, Tibia, je machine en ce moment une épouvantable trame, et me sens prêt à mourir de douleur.

TIBIA.

Oh! que non.

CLAUDIO.

Quand je te dis quelque chose, tu me ferais plaisir de le croire.

Ils sortent.

CŒLIO, rentrant.

Malheur à celui qui, au milieu de la jeunesse, s'abandonne à un amour sans espoir! Malheur à celui qui se livre à une douce rêverie, avant de savoir où sa chimère le mène, et s'il peut être payé de retour! Mollement couché dans une barque, il s'éloigne peu à peu de la rive; il aperçoit au loin des plaines enchantées, de vertes prairies et le mirage léger de son Eldorado. Les vents l'entraînent en silence, et quand la réalité le réveille, il est aussi loin du but où il aspire que du rivage qu'il a quitté; il ne peut plus ni poursuivre sa route ni revenir sur ses pas.

On entend un bruit d'instruments.

Quelle est cette mascarade? N'est-ce pas Octave que j'aperçois?

Entre Octave.

OCTAVE.

Comment se porte, mon bon monsieur, cette gracieuse mélancolie?

CŒLIO.

Octave! ô fou que tu es! tu as un pied de rouge sur les joues! — D'où te vient cet accoutrement? N'as-tu pas de honte, en plein jour?

OCTAVE.

O Cœlio! fou que tu es! tu as un pied de blanc sur les joues! — D'où te vient ce large habit noir? N'as-tu pas de honte, en plein carnaval?

[CŒLIO.

Quelle vie que la tienne! Ou tu es gris, ou je le suis moi-même.

OCTAVE.

Ou tu es amoureux, ou je le suis moi-même.

CŒLIO.

Plus que jamais de la belle Marianne.

OCTAVE.

Plus que jamais de vin de Chypre.]

CŒLIO.

J'allais chez toi [quand je t'ai rencontré].

OCTAVE.

Et moi aussi j'allais chez moi. Comment se porte ma maison? Il y a huit jours que je ne l'ai vue.

CŒLIO.

J'ai un service à te demander.

OCTAVE.

Parle, Cœlio, mon cher enfant. Veux-tu de l'argent? je n'en ai plus. [Veux-tu des conseils? je suis ivre.] Veux-tu mon épée? voilà une batte d'arlequin. Parle, parle, dispose de moi.

CŒLIO.

Combien de temps cela durera-t-il? Huit jours hors de chez toi! Tu te tueras, Octave.

OCTAVE.

Jamais de ma propre main, mon ami, jamais; j'aimerais mieux mourir que d'attenter à mes jours.

CŒLIO.

Et n'est-ce pas un suicide comme un autre, que la vie que tu mènes?

OCTAVE.

Figure-toi un danseur de corde, en brodequins d'argent, le balancier au poing, suspendu entre le ciel et la terre; à droite et à gauche, de vieilles petites figures racornies, de maigres et pâles fantômes, des créanciers agiles, des parents et des courtisanes; toute une légion de monstres se suspendent à son manteau et le tiraillent de tous côtés pour lui faire perdre l'équilibre; des phrases redondantes, de grands mots enchâssés cavalcadent autour de lui; une nuée de prédictions sinistres l'aveugle de ses ailes noires. Il continue sa course légère de l'orient à l'occident. S'il regarde en bas, la tête lui tourne; s'il regarde en haut, le pied lui manque. Il va plus vite que le vent, et toutes les mains tendues autour de lui ne lui feront pas renverser une goutte de la coupe joyeuse qu'il porte à la sienne. Voilà ma vie, mon cher ami; c'est ma fidèle image que tu vois.

CŒLIO.

Que tu es heureux d'être fou!

OCTAVE.

Que tu es fou de ne pas être heureux! Dis-moi un peu, toi, qu'est-ce qui te manque?

CŒLIO.

Il me manque le repos, la douce insouciance qui fait de la vie un miroir où tous les objets se peignent un instant et sur lequel tout glisse. Une dette pour moi est un remords. L'amour, dont vous autres vous faites un passe-temps, trouble ma vie entière. O mon ami, tu ignoreras toujours ce que c'est qu'aimer comme moi! Mon cabinet d'étude est désert; depuis un mois j'erre autour de cette maison la nuit et le jour. Quel charme j'éprouve au lever de la lune, à conduire sous ces petits arbres, au fond de cette place, mon chœur modeste de musiciens, à marquer moi-même la mesure, à les entendre chanter la beauté de Marianne! Jamais elle n'a paru à sa fenêtre; jamais elle n'est venue appuyer son front charmant sur sa jalousie.

OCTAVE.

Qui est cette Marianne? est-ce que c'est ma cousine?

CŒLIO.

C'est elle-même, la femme du vieux Claudio.

OCTAVE.

Je ne l'ai jamais vue; mais à coup sûr elle est ma cousine. Claudio est fait exprès. Confie-moi tes intérêts, Cœlio.

CŒLIO.

Tous les moyens que j'ai tentés pour lui faire connaître mon amour ont été inutiles. Elle sort du couvent; elle aime son mari et respecte ses devoirs. Sa porte est fermée à tous les jeunes gens de la ville, et personne ne peut l'approcher.

OCTAVE.

Ouais! est-elle jolie? — Sot que je suis! tu l'aimes, cela n'importe guère. Que pourrions-nous imaginer?

CŒLIO.

Faut-il te parler franchement? ne te riras-tu pas de moi?

OCTAVE.

Laisse-moi rire de toi, et parle franchement.

CŒLIO.

En ta qualité de parent, tu dois être reçu dans la maison.

OCTAVE.

Suis-je reçu? je n'en sais rien. Admettons que je suis reçu. A te dire vrai, il y a une grande différence entre mon auguste famille et une botte d'asperges. Nous ne formons pas un faisceau bien serré, et nous ne tenons guère les uns aux autres que par écrit. Cependant Marianne connaît mon nom. Faut-il lui parler en ta faveur?

CŒLIO.

Vingt fois j'ai tenté de l'aborder; vingt fois j'ai senti mes genoux fléchir en approchant d'elle. [J'ai été forcé de lui envoyer la vieille Ciuta.] Quand je la vois, ma gorge se serre et j'étouffe, comme si mon cœur se soulevait jusqu'à mes lèvres.

OCTAVE.

J'ai éprouvé cela. C'est ainsi qu'au fond des forêts, lorsqu'une biche avance à petits pas sur les feuilles sèches, et que le chasseur entend les bruyères glisser sur ses flancs inquiets, comme le frôlement d'une robe légère, les battements de cœur le prennent malgré lui; il soulève son arme en silence, sans faire un pas, sans respirer.

CŒLIO.

Pourquoi donc suis-je ainsi? [n'est-ce pas une vieille maxime parmi les libertins, que toutes les femmes se ressemblent?] Pourquoi donc y a-t-il si peu d'amours qui se ressemblent? En vérité, je ne saurais aimer cette femme comme toi, Octave, tu l'aimerais, ou comme j'en aimerais une autre. Qu'est-ce donc pourtant que tout cela? deux yeux bleus, deux lèvres vermeilles, une robe blanche et deux blanches mains. Pourquoi ce qui te rendrait joyeux et empressé, ce qui t'attirerait, toi, comme l'aiguille aimantée attire le fer, me rend-il triste et immobile? Qui pourrait dire : ceci est gai ou triste? La réalité n'est qu'une ombre. Appelle imagination ou folie ce qui la divinise. — Alors la folie est la beauté elle-même. Chaque homme marche enveloppé d'un réseau transparent qui le couvre de la tête aux pieds; il croit voir des bois et des fleuves, des visages divins, et l'universelle nature se teint sous ses regards des nuances infinies du tissu magique. Octave! Octave! viens à mon secours.

OCTAVE.

J'aime ton amour, Cœlio! il divague dans ta cervelle comme un flacon syracusain. Donne-moi la main; je viens à ton secours; attends un peu. L'air me frappe au visage, et les idées me reviennent. Je connais cette Marianne; elle me déteste fort, sans m'avoir jamais vu. C'est une mince poupée qui marmotte des *Ave* sans fin.

CŒLIO.

Fais ce que tu voudras, mais ne me trompe pas, je t'en conjure; il est aisé de me tromper; je ne sais pas me défier d'une action que je ne voudrais pas faire moi-même.

ACTE I, SCÈNE I.

OCTAVE.

Si tu escaladais les murs?

CŒLIO.

Entre elle et moi est une muraille imaginaire que je n'ai pu escalader.

OCTAVE.

Si tu lui écrivais?

CŒLIO.

Elle déchire mes lettres ou me les renvoie.

OCTAVE.

Si tu en aimais une autre? Viens avec moi chez Rosalinde.

CŒLIO.

Le souffle de ma vie est à Marianne; elle peut d'un mot de ses lèvres l'anéantir ou l'embraser. Vivre pour une autre me serait plus difficile que de mourir pour elle; [ou je réussirai ou je me tuerai.] Silence! la voici qui détourne la rue.

OCTAVE.

Retire-toi, je vais l'aborder.

CŒLIO.

Y penses-tu? dans l'équipage où te voilà! Essuie-toi le visage; tu as l'air d'un fou.

OCTAVE.

Voilà qui est fait. L'ivresse et moi, mon cher Cœlio, nous nous sommes trop chers l'un à l'autre pour nous jamais disputer; elle fait mes volontés comme je fais les siennes. N'aie aucune crainte là-dessus; c'est le fait d'un étudiant en vacance qui se grise un jour de grand dîner, de perdre la tête et de lutter avec le vin; moi, mon caractère est d'être ivre ; ma façon de penser est de me laisser faire, et je parlerais au roi en ce moment, comme je vais parler à ta belle.

CŒLIO.

Je ne sais ce que j'éprouve.—Non, ne lui parle pas.

OCTAVE.

Pourquoi?

CŒLIO.

Je ne puis dire pourquoi; il me semble que tu vas me tromper.

OCTAVE.

Touche là[2]. Je te jure sur mon honneur que Marianne sera à toi, ou à personne au monde, tant que j'y pourrai quelque chose.

Cœlio sort. — Entre Marianne. Octave l'aborde.

OCTAVE.

Ne vous détournez pas, princesse de beauté; laissez tomber vos regards sur le plus indigne de vos serviteurs.

MARIANNE.

Qui êtes-vous?

OCTAVE.

Mon nom est Octave; je suis cousin de votre mari.

MARIANNE.

Venez-vous pour le voir? entrez au logis, il va revenir.

OCTAVE.

Je ne viens pas pour le voir, et n'entrerai point au logis, de peur que vous ne m'en chassiez tout à l'heure, quand je vous aurai dit ce qui m'amène.

MARIANNE.

Dispensez-vous donc de le dire et de m'arrêter plus longtemps.

OCTAVE.

Je ne saurais m'en dispenser, et vous supplie de vous arrêter pour l'entendre. Cruelle Marianne! vos yeux ont causé bien du mal, et vos paroles ne sont pas faites pour le guérir. Que vous avait fait Cœlio?

MARIANNE.

De qui parlez-vous, et quel mal ai-je causé?

OCTAVE.

Un mal le plus cruel de tous, car c'est un mal sans espérance; le plus terrible, car c'est un mal qui se chérit lui-même et repousse la coupe salutaire jusque dans la main de l'amitié; un mal qui fait pâlir les lèvres sous des poisons plus doux que l'ambroisie, et qui fond en une pluie de larmes le cœur le plus dur, comme la perle de Cléopâtre; un mal que tous les aromates, toute la science humaine ne sauraient soulager, et qui se nourrit du vent qui passe, du parfum d'une rose fanée, du refrain d'une chanson, et qui suce l'éternel aliment de ses souffrances dans tout ce qui l'entoure, comme une abeille son miel dans tous les buissons d'un jardin.

MARIANNE.

Me direz-vous le nom de ce mal?

OCTAVE.

Que celui qui est digne de le prononcer vous le dise; que les rêves de vos nuits, que ces orangers verts, cette fraîche cascade vous l'apprennent; que vous puissiez le chercher un beau soir, vous le trouverez sur vos lèvres; son nom n'existe pas sans lui.

MARIANNE.

Est-il si dangereux à dire, si terrible dans sa contagion, qu'il effraye une langue qui plaide en sa faveur?

OCTAVE.

Est-il si doux à entendre, cousine, que vous le demandiez? Vous l'avez appris à Cœlio.

MARIANNE.

C'est donc sans le vouloir; je ne connais ni l'un ni l'autre.

OCTAVE.

Que vous les connaissiez ensemble, et que vous ne les sépariez jamais, voilà le souhait de mon cœur.

MARIANNE.

En vérité?

OCTAVE.

Cœlio est le meilleur de mes amis; si je voulais vous faire envie, je vous dirais qu'il est beau comme le jour, jeune, noble, et je ne mentirais pas; mais je ne veux que vous faire pitié, et je vous dirai qu'il est triste comme la mort, depuis le jour où il vous a vue.

MARIANNE.

Est-ce ma faute s'il est triste?

OCTAVE.

Est-ce sa faute si vous êtes belle? Il ne pense qu'à vous; à toute heure, il rôde autour de cette maison. N'avez-vous jamais entendu chanter sous vos fenêtres? N'avez-vous jamais soulevé, à minuit, cette jalousie et ce rideau?

MARIANNE.

Tout le monde peut chanter le soir, et cette place appartient à tout le monde.

OCTAVE.

Tout le monde aussi peut vous aimer; mais personne ne peut vous le dire. Quel âge avez-vous, Marianne?

MARIANNE.

Voilà une jolie question! et si je n'avais que dix-neuf ans, que voudriez-vous que j'en pense?

OCTAVE.

Vous avez donc encore cinq ou six ans pour être aimée, huit ou dix pour aimer vous-même, et le reste pour prier Dieu.

MARIANNE.

Vraiment? Eh bien! pour mettre le temps à profit, j'aime Claudio, votre cousin et mon mari.

OCTAVE.

Mon cousin et votre mari ne feront jamais à eux deux qu'un pédant de village; vous n'aimez point Claudio.

MARIANNE.

Ni Cœlio ; vous pouvez le lui dire.

OCTAVE.

Pourquoi ?

[MARIANNE.

Pourquoi n'aimerais-je pas Claudio ? C'est mon mari.

OCTAVE.

Pourquoi n'aimeriez-vous pas Cœlio ? C'est votre amant.]

MARIANNE.

Me direz-vous aussi pourquoi je vous écoute ? Adieu, seigneur Octave ; voilà une plaisanterie qui a duré assez longtemps.

Elle sort.

OCTAVE.

Ma foi! ma foi! elle a de beaux yeux.[3]

Il sort.

SCÈNE II

[La maison de Cœlio.]

HERMIA[4], PLUSIEURS DOMESTIQUES, MALVOLIO.

HERMIA.

[Disposez ces fleurs comme je vous l'ai ordonné ;] a-t-on dit aux musiciens de venir ?

UN DOMESTIQUE.

Oui, madame ; ils seront ici à l'heure du souper.

ACTE I, SCÈNE II.

HERMIA.

[Ces jalousies fermées sont trop sombres; qu'on laisse entrer le jour sans laisser entrer le soleil! — Plus de fleurs autour de ce lit! Le souper est-il bon? Aurons-nous notre belle voisine, la comtesse Pergoli?] A quelle heure est sorti mon fils?

MALVOLIO.

Pour être sorti, il faudrait d'abord qu'il fût rentré. Il a passé la nuit dehors.

HERMIA.

Vous ne savez ce que vous dites. — Il a soupé hier avec moi et m'a ramenée ici. A-t-on fait porter dans le cabinet d'étude le tableau que j'ai acheté ce matin?

MALVOLIO.

Du vivant de son père, il n'en aurait pas été ainsi. [Ne dirait-on pas que notre maîtresse a dix-huit ans, et qu'elle attend son Sigisbé!]

HERMIA.

Mais du vivant de sa mère il en est ainsi, Malvolio. Qui vous a chargé de veiller sur sa conduite? Songez-y : que Cœlio ne rencontre pas sur son passage un visage de mauvais augure; qu'il ne vous entende pas grommeler entre vos dents, [comme un chien de basse-cour à qui l'on dispute l'os qu'il veut ronger,] ou, par le ciel, pas un de vous ne passera la nuit sous ce toit.

MALVOLIO.

Je ne grommelle rien; ma figure n'est pas un mauvais présage : vous me demandez à quelle heure est sorti mon maître, et je vous réponds qu'il n'est pas rentré. Depuis qu'il a l'amour en tête, on ne le voit pas quatre fois la semaine.

HERMIA.

Pourquoi ces livres sont-ils couverts de poussière? Pourquoi ces meubles sont-ils en désordre? Pourquoi faut-il que je mette ici la main à tout, si je veux obtenir quelque chose? Il vous appartient bien de lever les yeux sur ce qui ne vous regarde pas, lorsque votre ouvrage est à moitié fait, et que les soins dont on vous charge retombent sur les autres! Allez, et retenez votre langue.

Entre Cœlio.

Eh bien! mon cher enfant, quels seront vos plaisirs aujourd'hui?

Les domestiques se retirent.

CŒLIO.

Les vôtres, ma mère.

[Il s'assoit.]

HERMIA.

Eh quoi! les plaisirs communs, et non les peines communes? C'est un partage injuste, Cœlio. Ayez des secrets pour moi, mon enfant, mais non pas de ceux qui vous rongent le cœur, et vous rendent insensible à tout ce qui vous entoure.

CŒLIO.

Je n'ai pas de secret, et plût à Dieu, si j'en avais, qu'ils fussent de nature à faire de moi une statue!

HERMIA.

Quand vous aviez dix ou douze ans, toutes vos peines, tous vos petits chagrins se rattachaient à moi; d'un regard sévère ou indulgent de ces yeux que voilà dépendait la tristesse ou la joie des vôtres, et votre petite tête blonde tenait par un fil bien délié au cœur de votre mère. Maintenant, mon enfant, je ne suis plus qu'une vieille sœur, incapable peut-être de soulager vos ennuis, mais non pas de les partager.

CŒLIO.

Et vous aussi, vous avez été belle! Sous ces cheveux argentés qui ombragent votre noble front, sous ce long manteau qui vous couvre, l'œil reconnaît encore le port majestueux d'une reine [, et les formes gracieuses d'une Diane chasseresse]. O ma mère! vous avez inspiré l'amour! Sous vos fenêtres entr'ouvertes a murmuré le son de la guitare; sur ces places bruyantes, dans le tourbillon de ces fêtes, vous avez promené une insouciante et superbe jeunesse; vous n'avez point aimé; un parent de mon père est mort d'amour pour vous.

HERMIA.

Quel souvenir me rappelles-tu?

CŒLIO.

Ah! si votre cœur peut en supporter la tristesse, si ce n'est pas vous demander des larmes, racontez-moi cette aventure, ma mère, faites-m'en connaître les détails.

HERMIA.

Votre père ne m'avait jamais vue alors. Il se chargea,

comme allié de ma famille, de faire agréer la demande du jeune Orsini, qui voulait m'épouser. Il fut reçu comme le méritait son rang par votre grand'père, et admis dans son intimité. Orsini était un excellent parti, et cependant je le refusai. Votre père, en plaidant pour lui, avait tué dans mon cœur le peu d'amour qu'il m'avait inspiré pendant deux mois d'assiduités constantes. Je n'avais pas soupçonné la force de sa passion pour moi. Lorsqu'on lui apporta ma réponse, il tomba, privé de connaissance, dans les bras de votre père. Cependant une longue absence, un voyage qu'il entreprit alors, et dans lequel il augmenta sa fortune, devaient avoir dissipé ses chagrins. Votre père changea de rôle, et demanda pour lui ce qu'il n'avait pu obtenir pour Orsini. Je l'aimais d'un amour sincère, et l'estime qu'il avait inspirée à mes parents ne me permit pas d'hésiter. Le mariage fut décidé le jour même, et l'église s'ouvrit pour nous quelques semaines après. Orsini revint à cette époque. Il vint trouver votre père, l'accabla de reproches, l'accusa d'avoir trahi sa confiance et d'avoir causé le refus qu'il avait essuyé. Du reste, ajouta-t-il, si vous avez désiré ma perte, vous serez satisfait. Épouvanté de ces paroles, votre père vint trouver le mien, et lui demander son témoignage pour désabuser Orsini. — Hélas! il n'était plus temps; on trouva dans sa chambre le pauvre jeune homme traversé de part en part de plusieurs coups d'épée.

SCÈNE III

[Le jardin de Claudio.]

CLAUDIO ET TIBIA, entrant.

CLAUDIO.

Tu as raison, et ma femme est un trésor de pureté. Que te dirai-je de plus? C'est une vertu solide.

TIBIA.

Vous croyez, monsieur?

CLAUDIO.

Peut-elle empêcher qu'on ne chante sous ses croisées? Les signes d'impatience qu'elle peut donner dans son intérieur sont les suites de son caractère. As-tu remarqué que sa mère, lorsque j'ai touché cette corde, a été tout d'un coup du même avis que moi?

TIBIA.

Relativement à quoi?

CLAUDIO.

Relativement à ce qu'on chante sous ses croisées.

TIBIA.

Chanter n'est pas un mal, je fredonne moi-même à tout moment.

CLAUDIO.

Mais bien chanter est difficile.

TIBIA.

Difficile pour vous et pour moi, qui, n'ayant pas

reçu de voix de la nature, ne l'avons jamais cultivée; mais voyez comme ces acteurs de théâtre s'en tirent habilement.

CLAUDIO.

Ces gens-là passent leur vie sur les planches.

TIBIA.

Combien croyez-vous qu'on puisse donner par an?

CLAUDIO.

A qui? à un juge de paix?

TIBIA.

Non, à un chanteur.

CLAUDIO.

Je n'en sais rien. — On donne à un juge de paix le tiers de ce que vaut ma charge. Les conseillers de justice ont moitié.

TIBIA.

Si j'étais juge [en cour royale], et que ma femme eût des amants, je les condamnerais moi-même.

CLAUDIO.

A combien d'années de galère?

TIBIA.

A la peine de mort. Un arrêt de mort est une chose perbe à lire à haute voix.

CLAUDIO.

Ce n'est pas le juge qui le lit, c'est le greffier.

TIBIA.

Le greffier de votre tribunal a une jolie femme.

ACTE I, SCÈNE III.

CLAUDIO.

Non, c'est le président qui a une jolie femme; j'ai soupé hier avec eux.

TIBIA.

Le greffier aussi; le spadassin qui va venir ce soir est l'amant de la femme du greffier.

CLAUDIO.

Quel spadassin?

TIBIA.

Celui que vous avez demandé.

CLAUDIO.

Il est inutile qu'il vienne après ce que je t'ai dit tout à l'heure.

TIBIA.

A quel sujet?

CLAUDIO.

Au sujet de ma femme.

TIBIA.

La voici qui vient elle-même.

Entre Marianne.

MARIANNE.

Savez-vous ce qui m'arrive pendant que vous courez les champs? j'ai reçu la visite de votre cousin.

CLAUDIO.

Qui cela peut-il être? Nommez-le par son nom.

MARIANNE.

Octave, qui m'a fait une déclaration d'amour de la

part de son ami Cœlio. Qui est ce Cœlio? Connaissez-vous cet homme? Trouvez bon que ni lui ni Octave ne mettent les pieds dans cette maison.

CLAUDIO.

Je le connais; c'est le fils d'Hermia, notre voisine. Qu'avez-vous répondu à cela?

MARIANNE.

Il ne s'agit pas de ce que j'ai répondu. Comprenez-vous ce que je dis? Donnez ordre à vos gens qu'ils ne laissent entrer ni cet homme ni son ami. Je m'attends à quelque importunité de leur part; et je suis bien aise de l'éviter.

Elle sort.

CLAUDIO.

Que penses-tu de cette aventure, Tibia? Il y a quelque ruse là-dessous.

TIBIA.

Vous croyez, monsieur?

CLAUDIO.

Pourquoi n'a-t-elle pas voulu dire ce qu'elle a répondu? La déclaration est impertinente, il est vrai; mais la réponse mérite d'être connue. J'ai le soupçon que ce Cœlio est l'ordonnateur de toutes ces guitares.

TIBIA.

Défendre votre porte à ces deux hommes est un moyen excellent de les éloigner.

CLAUDIO.

Rapporte-t'en à moi. — Il faut que je fasse part de cette découverte à ma belle-mère. [J'imagine que ma femme me trompe, et que toute cette fable est une pure invention pour me faire prendre le change, et troubler entièrement mes idées.]

<small>Ils sortent.</small>

FIN DE L'ACTE PREMIER.

ACTE DEUXIÈME

SCÈNE PREMIÈRE

Une rue.

OCTAVE ET CIUTA entrent.

OCTAVE.

Il y renonce, dites-vous ?

CIUTA.

Hélas ! pauvre jeune homme ! il aime plus que jamais [, et sa mélancolie se trompe elle-même sur les désirs qui la nourrissent]. Je croirais presque qu'il se défie de vous, de moi, de tout ce qui l'entoure.

OCTAVE.

Non, de par le ciel ! je n'y renoncerai pas ; je me sens moi-même une autre Marianne, et il y a du plaisir à être entêté. Ou Cœlio réussira, ou j'y perdrai ma langue.

CIUTA.

Agirez-vous contre sa volonté ?

OCTAVE.

Oui, pour agir d'après la mienne, qui est sa sœur

ainée, et pour envoyer aux enfers messer Claudio le juge, que je déteste, méprise et abhorre depuis les pieds jusqu'à la tête.

CIUTA.

Je lui porterai donc votre réponse, et, quant à moi, je cesse de m'en mêler.

OCTAVE.

Je suis comme un homme qui tient la banque d'un pharaon pour le compte d'un autre, et qui a la veine contre lui; il noierait plutôt son meilleur ami que de céder, et la colère de perdre avec l'argent d'autrui l'enflamme cent fois plus que ne le ferait sa propre ruine.

Entre Cœlio.

Comment, Cœlio, tu abandonnes la partie!

CŒLIO.

Que veux-tu que je fasse?

OCTAVE.

Te défies-tu de moi? Qu'as-tu? te voilà pâle comme la neige. — Que se passe-t-il en toi?

CŒLIO.

Pardonne-moi, pardonne-moi! Fais ce que tu voudras; va trouver Marianne. — Dis-lui que me tromper, c'est me donner la mort, et que ma vie est dans ses yeux.[6]

Il sort.

OCTAVE.

Par le ciel, voilà qui est étrange!

[CIUTA.

Silence! vêpres sonnent; la grille du jardin vient de s'ouvrir;] Marianne sort. — Elle approche lentement.

Ciuta se retire. — Entre Marianne.

OCTAVE.

Belle Marianne, vous dormirez tranquillement. — Le cœur de Cœlio est à une autre, et ce n'est plus sous vos fenêtres qu'il donnera ses sérénades.

MARIANNE.

Quel dommage et quel grand malheur de n'avoir pu partager un amour comme celui-là! Voyez comme le hasard me contrarie! Moi qui allais l'aimer.

OCTAVE.

En vérité!

MARIANNE.

Oui, sur mon âme, ce soir ou demain matin, dimanche au plus tard [, je lui appartenais]. Qui pourrait ne pas réussir avec un ambassadeur tel que vous? Il faut croire que sa passion pour moi était quelque chose comme du chinois ou de l'arabe, puisqu'il lui fallait un interprète, et qu'elle ne pouvait s'expliquer toute seule.

OCTAVE.

Raillez, raillez! nous ne vous craignons plus.

MARIANNE.

Ou peut-être que cet amour n'était encore qu'un pauvre enfant à la mamelle, et vous, comme une sage nourrice, en le menant à la lisière, vous l'aurez laissé tomber la tête la première en le promenant par la ville.

OCTAVE.

La sage nourrice s'est contentée de lui faire boire d'un certain lait que la vôtre vous a versé sans doute, et généreusement; vous en avez encore sur les lèvres une goutte qui se mêle à toutes vos paroles.

MARIANNE.

Comment s'appelle ce lait merveilleux?

OCTAVE.

L'indifférence. Vous ne pouvez ni aimer ni haïr, et vous êtes comme les roses du Bengale, Marianne, sans épine et sans parfum.

MARIANNE.

Bien dit. Aviez-vous préparé d'avance cette comparaison? Si vous ne brûlez pas le brouillon de vos harangues, donnez-le moi, de grâce, que je les apprenne à ma perruche.

OCTAVE.

Qu'y trouvez-vous qui puisse vous blesser? Une fleur sans parfum n'en est pas moins belle; bien au contraire, ce sont les plus belles que Dieu a faites ainsi [; et le jour où, comme une Galatée d'une nouvelle espèce, vous deviendrez de marbre au fond de quelque église, ce sera une charmante statue que vous ferez, et qui ne laissera pas que de trouver quelque niche respectable dans un confessionnal.]

MARIANNE.

Mon cher cousin, est-ce que vous ne plaignez pas le sort des femmes? Voyez un peu ce qui m'arrive : il est décrété par le sort que Cœlio m'aime, ou qu'il croit m'aimer, lequel Cœlio le dit à ses amis, lesquels amis décrètent à leur tour que, sous peine de mort, je serai sa maîtresse. La jeunesse napolitaine daigne m'envoyer en votre personne un digne représentant, chargé de me faire savoir que j'aie à aimer ledit seigneur Cœlio d'ici à une huitaine de jours. Pesez cela, je vous en prie. Si je me rends, que dira-t-on de moi? N'est-ce pas une femme bien abjecte que celle qui obéit à point nommé, à l'heure convenue, à une pareille proposition? Ne va-t-on pas la déchirer à belles dents, la montrer au doigt, et faire de son nom le refrain d'une chanson à boire? Si elle refuse, au contraire, est-il un monstre qui lui soit comparable? Est-il une statue plus froide qu'elle? et l'homme qui lui parle, qui ose l'arrêter en place publique son livre de messe à la main, n'a-t-il pas le droit de lui dire : Vous êtes une rose du Bengale sans épine et sans parfum?

OCTAVE.

Cousine, cousine, ne vous fâchez pas.

MARIANNE.

N'est-ce pas une chose bien ridicule que l'honnêteté et la foi jurée? que l'éducation d'une fille, la fierté d'un cœur qui s'est figuré qu'il vaut quelque chose [, et qu'avant de jeter au vent la poussière de sa fleur chérie, il faut que le calice en soit baigné de larmes, épanoui par quelques rayons du soleil, entr'ouvert par une main délicate]? Tout cela n'est-il pas un rêve, une bulle de savon qui, au premier soupir d'un cavalier à la mode, doit s'évaporer dans les airs?

OCTAVE.

Vous vous méprenez sur mon compte et sur celui de Cœlio.

MARIANNE.

Qu'est-ce après tout qu'une femme? L'occupation d'un moment, une coupe fragile qui renferme une goutte de rosée, qu'on porte à ses lèvres et qu'on jette par-dessus son épaule. Une femme! c'est une partie de plaisir! Ne pourrait-on pas dire, quand on en rencontre une : Voilà une belle nuit qui passe? Et ne serait-ce pas un grand écolier en de telles matières, que celui qui baisserait les yeux devant elle, qui se dirait tout bas : « Voilà peut-être le bonheur d'une vie entière, » et qui la laisserait passer?

Elle sort.

OCTAVE, seul.

Tra, tra, poum, poum! tra deri la la! Quelle drôle de petite femme! Hai! holà!

Il frappe à une auberge.

Apportez-moi ici, sous cette tonnelle, une bouteille de quelque chose.

LE GARÇON.

Ce qui vous plaira, Excellence. Voulez-vous du lacryma-christi?

OCTAVE.

Soit, soit. Allez-vous-en un peu chercher dans les rues d'alentour le seigneur Cœlio, qui porte un manteau noir et des culottes plus noires encore. Vous lui direz qu'un de ses amis est là qui boit tout seul du lacryma-christi. Après quoi, vous irez à la grande place, et vous m'apporterez une certaine Rosalinde qui est rousse et qui est toujours à sa fenêtre.

Le garçon sort.

Je ne sais ce que j'ai dans la gorge; je suis triste comme une procession.

Buvant.

Je ferai aussi bien de dîner ici; voilà le jour qui baisse. Drig! drig! quel ennui que ces vêpres! Est-ce que j'ai envie de dormir? je me sens tout pétrifié.

Entrent Claudio et Tibia.

Cousin Claudio, vous êtes un beau juge; où allez-vous si couramment?

CLAUDIO.

Qu'entendez-vous par là, seigneur Octave?

OCTAVE.

J'entends que vous êtes un magistrat qui a de belles formes.

CLAUDIO.

De langage, ou de complexion?

ACTE II, SCÈNE I.

OCTAVE.

De langage, de langage. Votre perruque est pleine d'éloquence, et vos jambes sont deux charmantes parenthèses.

CLAUDIO.

Soit dit en passant, seigneur Octave, le marteau de ma porte m'a tout l'air de vous avoir brûlé les doigts.

OCTAVE.

En quelle façon, juge plein de science?

CLAUDIO.

En y voulant frapper, cousin plein de finesse.

OCTAVE.

Ajoute hardiment plein de respect, juge, pour le marteau de ta porte; mais tu peux le faire peindre à neuf, sans que je craigne de m'y salir les doigts.

CLAUDIO.

En quelle façon, cousin plein de facéties?

OCTAVE.

En n'y frappant jamais, juge plein de causticité.

CLAUDIO.

Cela vous est pourtant arrivé, puisque ma femme a enjoint à ses gens de vous fermer la porte au nez à la première occasion.

OCTAVE.

Tes lunettes sont myopes, juge plein de grâce; tu te trompes d'adresse dans ton compliment.

CLAUDIO.

Mes lunettes sont excellentes, cousin plein de riposte:

n'as-tu pas fait à ma femme une déclaration amoureuse?

OCTAVE.

A quelle occasion, subtil magistrat?

CLAUDIO.

A l'occasion de ton ami Cœlio, cousin; malheureusement j'ai tout entendu.

OCTAVE.

Par quelle oreille, sénateur incorruptible?

CLAUDIO.

Par celle de ma femme, qui m'a tout raconté, godelureau chéri.

OCTAVE.

Tout absolument, époux idolâtré? Rien n'est resté dans cette charmante oreille?

CLAUDIO.

Il y est resté sa réponse, charmant pilier de cabaret, que je suis chargé de te faire.

OCTAVE.

Je ne suis pas chargé de l'entendre, cher procès-verbal.

CLAUDIO.

Ce sera donc ma porte en personne qui te la fera, aimable croupier de roulette, si tu t'avises de la consulter.

OCTAVE.

C'est ce dont je ne me soucie guère, chère sentence de mort; je vivrai heureux sans cela.

CLAUDIO.

Puisses-tu le faire en repos, cher cornet de passe-dix; je te souhaite mille prospérités.

OCTAVE.

Rassure-toi sur ce sujet, cher verrou de prison! je dors tranquille comme une audience.

Sortent Claudio et Tibia.

[OCTAVE, seul.

Il me semble que voilà Cœlio qui s'avance de ce côté. Cœlio! Cœlio! A qui diable en a-t-il?

Entre Cœlio.

Sais-tu, mon cher ami, le beau tour que nous joue ta princesse? elle a tout dit à son mari.

CŒLIO.

Comment le sais-tu?

OCTAVE.

Par la meilleure de toutes les voies possibles. Je quitte à l'instant Claudio. Marianne nous fera fermer la porte au nez, si nous nous avisons de l'importuner davantage.

CŒLIO.

Tu l'as vue tout à l'heure; que t'avait-elle dit?

OCTAVE.

Rien qui pût me faire pressentir cette douce nouvelle; rien d'agréable cependant. Tiens, Cœlio, renonce à cette femme. Holà! un second verre!

CŒLIO.

Pour qui?

OCTAVE.

Pour toi. Marianne est une bégueule; je ne sais trop ce qu'elle m'a dit ce matin, je suis resté comme une brute sans pouvoir lui répondre. Allons! n'y pense plus, voilà qui est convenu; et que le ciel m'écrase si je lui adresse jamais la parole! Du courage, Cœlio, n'y pense plus.

CŒLIO.

Adieu, mon cher ami.

OCTAVE.

Où vas-tu?

CŒLIO.

J'ai affaire en ville ce soir.

OCTAVE.

Tu as l'air d'aller te noyer. Voyons, Cœlio, à quoi penses-tu? Il y a d'autres Mariannes sous le ciel. Soupons ensemble, et moquons-nous de cette Marianne-là.

CŒLIO.

Adieu, adieu, je ne puis m'arrêter plus longtemps. Je te verrai demain, mon ami.

Il sort.

OCTAVE.

Cœlio! Écoute donc! nous te trouverons une Marianne bien gentille, douce comme un agneau, et n'allant point à vêpres surtout! Ah! les maudites cloches! quand auront-elles fini de me mener en terre!]

LE GARÇON, rentrant.

Monsieur, la demoiselle rousse n'est point à sa fenêtre; elle ne peut se rendre à votre invitation.

OCTAVE.

La peste soit de tout l'univers! Est-il donc décidé que je souperai seul aujourd'hui? La nuit arrive en poste; que diable vais-je devenir? Bon! bon! ceci me convient.

Il boit.

Je suis capable d'ensevelir ma tristesse dans ce vin, ou du moins ce vin dans ma tristesse. Ah! ah! les vêpres sont finies; voici Marianne qui revient.

Entre Marianne.

MARIANNE.

Encore ici, seigneur Octave? et déjà à table? C'est un peu triste de s'enivrer tout seul.

OCTAVE.

Le monde entier m'abandonne; je tâche d'y voir double, afin de me servir à moi-même de compagnie.

MARIANNE.

Comment! pas un de vos amis, pas une de vos maîtresses qui vous soulage de ce fardeau terrible, la solitude?

OCTAVE.

Faut-il vous dire ma pensée? J'avais envoyé chercher une certaine Rosalinde, qui me sert de maîtresse; elle soupe en ville comme une personne de qualité.

MARIANNE.

C'est une fâcheuse affaire sans doute, et votre cœur en doit ressentir un vide effroyable.

OCTAVE.

Un vide que je ne saurais exprimer et que je communique en vain à cette large coupe. Le carillon des vêpres m'a fendu le crâne pour toute l'après-dînée.

MARIANNE.

Dites-moi, cousin, est-ce du vin à quinze sous la bouteille que vous buvez?

OCTAVE.

N'en riez pas; ce sont les larmes du Christ en personne.

MARIANNE.

Cela m'étonne que vous ne buviez pas du vin à quinze sous; buvez-en, je vous en supplie.

OCTAVE.

Pourquoi en boirais-je, s'il vous plait?

MARIANNE.

Goûtez-en; je suis sûre qu'il n'y a aucune différence avec celui-là.

OCTAVE.

Il y en a une aussi grande qu'entre le soleil et une lanterne.

MARIANNE.

Non, vous dis-je, c'est la même chose.

OCTAVE.

Dieu m'en préserve! Vous moquez-vous de moi?

MARIANNE.

Vous trouvez qu'il y a une grande différence!

OCTAVE.

Assurément.

MARIANNE.

Je croyais qu'il en était du vin comme des femmes. [Une femme n'est-elle pas aussi un vase précieux, scellé comme ce flacon de cristal? Ne renferme-t-elle pas une ivresse grossière ou divine, selon sa force et sa valeur? Et n'y a-t-il pas parmi elles le vin du peuple et les larmes du Christ?] Quel misérable cœur est-ce donc que le vôtre, pour que vos lèvres lui fassent la leçon? Vous ne boiriez pas le vin que boit le peuple; vous aimez les femmes qu'il aime; l'esprit généreux et poétique de ce flacon doré, ces sucs merveilleux que la lave du Vésuve a cuvés sous son ardent soleil, vous conduiront chancelant et sans force dans les bras d'une fille de joie; vous rougiriez de boire un vin grossier; votre gorge se soulèverait. Ah! vos lèvres sont délicates, mais votre cœur s'enivre à bon marché. Bonsoir, cousin; puisse Rosalinde rentrer ce soir chez elle.

OCTAVE.

Deux mots, de grâce, belle Marianne, et ma réponse sera courte. Combien de temps pensez-vous qu'il faille faire la cour à la bouteille que vous voyez pour obtenir ses faveurs? Elle est, comme vous dites, toute pleine d'un esprit céleste, et le vin du peuple lui ressemble aussi peu qu'un paysan ressemble à son seigneur. Cependant, regardez comme elle [se laisse faire ! — Elle n'a reçu, j'imagine, aucune éducation, elle n'a aucun principe; voyez comme elle] est bonne fille ! Un mot a suffi pour la faire sortir du couvent; toute poudreuse encore, elle s'en est échappée pour me donner un quart d'heure d'oubli, et mourir. Sa couronne virginale, empourprée de cire odorante, est aussitôt tombée en poussière, et, je ne puis vous le cacher, elle a failli passer tout entière sur mes lèvres dans la chaleur de son premier baiser.

MARIANNE.

Êtes-vous sûr qu'elle en vaut davantage? Et si vous êtes un de ses vrais amants, n'iriez-vous pas, si la recette en était perdue, en chercher la dernière goutte jusque dans la bouche du volcan?

OCTAVE.

Elle n'en vaut ni plus ni moins. Elle sait qu'elle est bonne à boire et qu'elle est faite pour être bue. Dieu n'en a pas caché la source au sommet d'un pic inabordable, au fond d'une caverne profonde; il l'a suspendue en grappes dorées au bord de nos chemins; [elle y fait e métier des courtisanes; elle y effleure la main du passant; elle y étale aux rayons du soleil sa gorge rebondie,] et toute une cour d'abeilles et de frelons murmure autour d'elle matin et soir. Le voyageur dévoré de soif peut se coucher sous ses rameaux verts; jamais elle ne l'a laissé languir, jamais elle ne lui a refusé les douces larmes dont son cœur est plein. Ah ! Marianne, c'est un don fatal que la beauté! — La sagesse dont elle se vante est sœur de l'avarice, et il y a plus de miséricorde dans le ciel pour ses faiblesses que pour sa cruauté. Bonsoir, cousine; puisse Cœlio vous oublier!

Il entre dans l'auberge, Marianne dans sa maison.

SCÈNE II

[Une autre rue.]

COELIO, CIUTA.

[CIUTA.

Seigneur Cœlio, défiez-vous d'Octave. Ne vous a-t-il pas dit que la belle Marianne lui avait fermé sa porte?

CŒLIO.

Assurément. — Pourquoi m'en défierais-je?

CIUTA.

Tout à l'heure, en passant dans sa rue, je l'ai vu en conversation avec elle sous une tonnelle couverte.

CŒLIO.

Qu'y a-t-il d'étonnant à cela? Il aura épié ses démarches et saisi un moment favorable pour lui parler de moi.

CIUTA.

J'entends qu'ils se parlaient amicalement et comme gens qui sont de bon accord ensemble.

CŒLIO.

En es-tu sûre, Ciuta? Alors je suis le plus heureux des hommes; il aura plaidé ma cause avec chaleur.

CIUTA.

Puisse le ciel vous favoriser !]
[Elle sort.]

CŒLIO.

Ah ! que je fusse né dans le temps des tournois et des batailles ! Qu'il m'eût été permis de porter les couleurs de Marianne et de les teindre de mon sang ! Qu'on m'eût donné un rival à combattre, une armée entière à défier ! Que le sacrifice de ma vie eût pu lui être utile ! Je sais agir, mais je ne puis parler. Ma langue ne sert point mon cœur, et je mourrai sans m'être fait comprendre, comme un muet dans une prison.
[Il sort.]

SCÈNE III

[Chez Claudio.]

CLAUDIO, MARIANNE.

CLAUDIO.

Pensez-vous que je sois un mannequin, et que je me promène sur la terre pour servir d'épouvantail aux oiseaux ?

MARIANNE.

D'où vous vient cette gracieuse idée ?

CLAUDIO.

Pensez-vous qu'un juge criminel ignore la valeur des

mots, et qu'on puisse se jouer de sa crédulité comme de celle d'un danseur ambulant?

MARIANNE.

A qui en avez-vous ce soir?

CLAUDIO

Pensez-vous que je n'ai pas entendu vos propres paroles : Si cet homme ou son ami se présente à ma porte, qu'on la lui fasse fermer? et croyez-vous que je trouve convenable de vous voir converser librement avec lui sous une tonnelle [, lorsque le soleil est couché]?

MARIANNE.

Vous m'avez vue sous une tonnelle?

CLAUDIO.

Oui, oui, de ces yeux que voilà, sous la tonnelle d'un cabaret! La tonnelle d'un cabaret n'est point un lieu de conversation pour la femme d'un magistrat, et il est inutile de faire fermer sa porte, quand on se renvoie le dé en plein air avec si peu de retenue.

MARIANNE.

Depuis quand m'est-il défendu de causer avec un de vos parents?

CLAUDIO.

Quand un de mes parents est un de vos amants, il est fort bien fait de s'en abstenir.

MARIANNE.

Octave, un de mes amants? Perdez-vous la tête? Il n'a de sa vie fait la cour à personne.

CLAUDIO.

Son caractère est vicieux. — C'est un coureur de tabagies.

MARIANNE.

Raison de plus pour qu'il ne soit pas, comme vous dites fort agréablement, *un de mes amants*. — Il me plaît de parler à Octave sous la tonnelle d'un cabaret.

CLAUDIO.

Ne me poussez pas à quelque fâcheuse extrémité par vos extravagances, et réfléchissez à ce que vous faites.

MARIANNE.

A quelle extrémité voulez-vous que je vous pousse? Je suis curieuse de savoir ce que vous feriez.

CLAUDIO.

Je vous défendrais de le voir, et d'échanger avec lui aucune parole, soit dans ma maison, soit dans une maison tierce, soit en plein air.

MARIANNE.

Ah! ah! vraiment, voilà qui est nouveau! Octave est mon parent tout autant que le vôtre; je prétends lui parler quand bon me semblera, en plein air ou ailleurs, et dans cette maison, s'il lui plaît d'y venir.

CLAUDIO.

Souvenez-vous de cette dernière phrase que vous venez de prononcer. Je vous ménage un châtiment exemplaire, si vous allez contre ma volonté.

MARIANNE.

Trouvez bon que j'aille d'après la mienne, et ménagez-moi ce qui vous plaît. Je m'en soucie comme de cela.

CLAUDIO.

Marianne, brisons cet entretien. Ou vous sentirez l'inconvenance de s'arrêter sous une tonnelle, ou vous me réduirez à une violence qui répugne à mon habit.
Il sort.

MARIANNE, seule.

Holà! quelqu'un!
Un domestique entre.

Voyez-vous là-bas, dans cette rue, ce jeune homme assis devant une table, sous cette tonnelle? Allez lui dire que j'ai à lui parler [, et qu'il prenne la peine d'entrer dans ce jardin].
Le domestique sort.

Voilà qui est nouveau! Pour qui me prend-on? Quel mal y a-t-il donc? Comment suis-je donc faite aujourd'hui? Voilà une robe affreuse. Qu'est-ce que cela signifie? — Vous me réduirez à la violence! Quelle violence? Je voudrais que ma mère fût là. Ah bah! elle est de son avis dès qu'il dit un mot. J'ai une envie de battre quelqu'un!
Elle renverse les chaises.

Je suis bien sotte en vérité! [Voilà Octave qui vient. — Je voudrais qu'il le rencontrât.] — Ah! c'est donc là le commencement! On me l'avait prédit. — Je le savais. — Je m'y attendais! Patience, patience. Il me ménage un châtiment! Et lequel, par hasard? Je voudrais bien savoir ce quil veut dire!

Entre Octave.

[Asseyez-vous,] Octave, j'ai à vous parler.

OCTAVE.

[Où voulez-vous que je m'assoie? Toutes les chaises sont les quatre fers en l'air. —] Que vient-il donc de se passer ici?

MARIANNE.

Rien du tout.

OCTAVE.

En vérité, cousine, vos yeux disent le contraire.

MARIANNE.

J'ai réfléchi à ce que vous m'avez dit sur le compte de votre ami Cœlio. Dites-moi, pourquoi ne s'explique-t-il pas lui-même?

OCTAVE.

Par une raison assez simple : — il vous a écrit, et vous avez déchiré ses lettres; il vous a envoyé quelqu'un, et vous lui avez fermé la bouche; il vous a donné des concerts, vous l'avez laissé dans la rue. Ma foi, il s'est donné au diable, et on s'y donnerait à moins.

MARIANNE.

Cela veut dire qu'il a songé à vous?

OCTAVE.

Oui.

MARIANNE.

Eh bien! parlez-moi de lui.

OCTAVE.

Sérieusement?

MARIANNE.

Oui, oui, sérieusement. Me voilà. J'écoute.

OCTAVE.

Vous voulez rire?

MARIANNE.

Quel pitoyable avocat êtes-vous donc? Parlez, que je veuille rire ou non.

OCTAVE.

Que regardez-vous à droite et à gauche? En vérité, vous êtes en colère.

MARIANNE.

Je veux prendre un amant, Octave,... sinon un amant, du moins un cavalier. Que me conseillez-vous? Je men rapporte à votre choix: — Cœlio ou tout autre, peu m'importe; — dès demain, — dès ce soir, celui qui aura la fantaisie de chanter sous mes fenêtres trouvera ma porte entr'ouverte. Eh bien! vous ne parlez pas? Je vous dis que je prends un amant. Tenez, voilà mon écharpe en gage : — qui vous voudrez, la rapportera.

OCTAVE.

Marianne! quelle que soit la raison qui a pu vous inspirer une minute de complaisance, puisque vous m'avez appelé, puisque vous consentez à m'entendre, au nom du ciel, restez la même une minute encore; permettez-moi de vous parler.

Il se jette à genoux.

MARIANNE.

Que voulez-vous me dire?

OCTAVE.

Si jamais homme au monde a été digne de vous comprendre, digne de vivre et de mourir pour vous, cet homme est Cœlio. Je n'ai jamais valu grand'chose, et je me rends cette justice, que la passion dont je fais l'éloge trouve un misérable interprète. [Ah! si vous saviez sur quel autel sacré vous êtes adorée comme un Dieu!] Vous, si belle, si jeune, si pure encore [, livrée à un vieillard qui n'a plus de sens, et qui n'a jamais eu de cœur]! Si vous saviez quel trésor de bonheur, quelle mine féconde repose en vous ! en lui ! dans cette fraîche aurore de jeunesse, dans cette rosée céleste de la vie, dans ce premier accord de deux âmes jumelles ! Je ne vous parle pas de sa souffrance, de cette douce et triste mélancolie qui ne s'est jamais lassée de vos rigueurs, et qui en mourrait sans se plaindre. Oui, Marianne, il en mourra. Que puis-je vous dire? qu'inventerais-je pour donner à mes paroles la force qui leur manque? Je ne sais pas le langage de l'amour. Regardez dans votre âme ; c'est elle qui peut vous parler de la sienne. Y a-t-il un pouvoir capable de vous toucher? Vous qui savez supplier Dieu, existe-t-il une prière qui puisse rendre ce dont mon cœur est plein?

MARIANNE.

Relevez-vous, Octave. En vérité, si quelqu'un entrait

ici, ne croirait-on pas, à vous entendre, que c'est pour vous que vous plaidez?

OCTAVE.

Marianne! Marianne! au nom du ciel, ne souriez pas! ne fermez pas votre cœur au premier éclair qui l'ait peut-être traversé! Ce caprice de bonté, ce moment précieux va s'évanouir. — [Vous avez prononcé le nom de Cœlio, vous avez pensé à lui, dites-vous. Ah! si c'est une fantaisie, ne me la gâtez pas. — Le bonheur d'un homme en dépend.]

MARIANNE.

Êtes-vous sûr qu'il ne me soit pas permis de sourire?

OCTAVE.

Oui, vous avez raison, je sais tout le tort que mon amitié peut faire. Je sais qui je suis, je le sens; un pareil langage dans ma bouche a l'air d'une raillerie. Vous doutez de la sincérité de mes paroles; jamais peut-être je n'ai senti avec plus d'amertume qu'en ce moment le peu de confiance que je puis inspirer.

MARIANNE.

Pourquoi cela? vous voyez que j'écoute. Cœlio me déplaît; je ne veux pas de lui. Parlez-moi de quelque autre, de qui vous voudrez. [Choisissez-moi dans vos amis un cavalier digne de moi; envoyez-le-moi, Octave. Vous voyez que je m'en rapporte à vous.]

OCTAVE.

O femme trois fois femme! Cœlio vous déplaît, — mais le premier venu vous plaira. L'homme qui vous aime [depuis un mois], qui s'attache à vos pas, qui mourrait de bon cœur sur un mot de votre bouche, celui-là vous déplaît! il est jeune, beau, riche et digne en tout point de vous; mais il vous déplaît! et le premier venu vous plaira.

MARIANNE.

Faites ce que je vous dis, ou ne me revoyez pas.
Elle sort.

OCTAVE, seul.

Ton écharpe est bien jolie, Marianne, et ton petit caprice de colère est un charmant traité de paix. — Il ne me faudrait pas beaucoup d'orgueil pour le comprendre : un peu de perfidie suffirait. Ce sera pourtant Cœlio qui en profitera.
[Il sort.]

SCÈNE IV

[Chez Cœlio.]

CŒLIO, UN DOMESTIQUE.

CŒLIO.

[Il est en bas, dites-vous? Qu'il monte. Pourquoi ne le faites-vous pas monter sur-le-champ?]
[Entre Octave.]
Eh bien! mon ami, quelle nouvelle?

OCTAVE.

Attache ce chiffon à ton bras droit, Cœlio ; prends ta guitare et ton épée. — Tu es l'amant de Marianne.

ACTE II, SCÈNE IV.

CŒLIO.

Au nom du ciel, ne te ris pas de moi.

OCTAVE.

La nuit est belle; — la lune va paraître à l'horizon. Marianne est seule, et sa porte est entr'ouverte. Tu es un heureux garçon, Cœlio.

CŒLIO.

Est-ce vrai? — est-ce vrai? Ou tu es ma vie, Octave, ou tu es sans pitié.

OCTAVE.

Tu n'es pas encore parti? Je te dis que tout est convenu. ⁷Une chanson sous sa fenêtre; [cache-toi un peu le nez dans ton manteau, afin que les espions du mari ne te reconnaissent pas. Sois sans crainte, afin qu'on te craigne; et si elle résiste, prouve-lui qu'il est un peu tard.]

CŒLIO.

Ah! mon Dieu, le cœur me manque.

OCTAVE.

Et à moi aussi, car je n'ai dîné qu'à moitié. — Pour récompense de mes peines, dis en sortant qu'on me monte à souper.

Il s'assoit.

[As-tu du tabac turc? Tu me trouveras probablement ici demain matin.] Allons, mon ami, en route! tu m'embrasseras en revenant. En route! en route! la nuit s'avance.

Cœlio sort.

OCTAVE, seul.

[Écris sur tes tablettes, Dieu juste, que cette nuit doit m'être comptée dans ton paradis. Est-ce bien vrai que tu as un paradis?] En vérité, cette femme était belle, et sa petite colère lui allait bien. D'où venait-elle? c'est ce que j'ignore. Qu'importe comment la bille d'ivoire tombe sur le numéro que nous avons appelé ? Souffler une maîtresse à son ami, c'est une rouerie trop commune pour moi. Marianne, ou toute autre, qu'est-ce que cela me fait? La véritable affaire est de souper; il est clair que Cœlio est à jeun. Comme tu m'aurais détesté, Marianne, si je t'avais aimée! comme tu m'aurais fermé ta porte! comme ton bélître de mari t'aurait paru un Adonis, un Sylvain, en comparaison de moi! Où est donc la raison de tout cela? [pourquoi la fumée de cette pipe va-t-elle à droite plutôt qu'à gauche? Voilà la raison de tout. — Fou! trois fois fou à lier, celui qui calcule ses chances, qui met la raison de son côté! La justice céleste tient une balance dans ses mains. La balance est parfaitement juste, mais tous les poids sont creux. Dans l'un il y a une pistole, dans l'autre un soupir amoureux, dans celui-là une migraine, dans celui-ci il y a le temps qu'il fait, et toutes les actions humaines s'en vont de haut en bas, selon ces poids capricieux.

UN DOMESTIQUE, entrant.

Monsieur, voilà une lettre à votre adresse; elle est si pressée, que vos gens l'ont apportée ici ; on a recommandé de vous la remettre, en quelque lieu que vous fussiez ce soir.

OCTAVE.

Voyons un peu cela.

Il lit.

« Ne venez pas ce soir. Mon mari a entouré la maison « d'assassins, et vous êtes perdu s'ils vous trouvent.

« MARIANNE. »

Malheureux que je suis! qu'ai-je fait? Mon manteau! mon chapeau! Dieu veuille qu'il soit encore temps! Suivez-moi, vous et tous les domestiques qui sont debout à cette heure. Il s'agit de la vie de votre maître.]

[Il sort en courant.]

SCÈNE V

[Le jardin de Claudio.] — Il est nuit.

CLAUDIO, DEUX SPADASSINS, TIBIA.

CLAUDIO.

Laissez-le entrer, et jetez-vous sur lui dès qu'il sera parvenu à ce bosquet.

TIBIA.

Et s'il entre par l'autre côté?

CLAUDIO.

Alors, attendez-le au coin du mur.

UN SPADASSIN.

Oui, monsieur.

TIBIA.

Le voilà qui arrive. Tenez, monsieur, voyez comme son ombre est grande ! c'est un homme d'une belle stature.

CLAUDIO.

Retirons-nous à l'écart, et frappons quand il en sera temps.

<small>Entre Cœlio.</small>

CŒLIO, frappant à la jalousie.

Marianne ! Marianne ! êtes-vous là ?

MARIANNE, paraissant à la fenêtre.

Fuyez, Octave ; vous n'avez donc pas reçu ma lettre ?

CŒLIO.

Seigneur mon Dieu ! quel nom ai-je entendu ?

MARIANNE.

La maison est entourée d'assassins ; mon mari [vous a vu entrer ce soir ; il] a écouté notre conversation, et votre mort est certaine, si vous restez une minute encore.

CŒLIO.

Est-ce un rêve ? suis-je Cœlio ?

MARIANNE.

Octave, Octave ! au nom du ciel, ne vous arrêtez pas ! Puisse-t-il être encore temps de vous échapper ! Demain, trouvez-vous, à midi, dans un confessionnal de l'église, j'y serai.

<small>La jalousie se referme.</small>

CŒLIO.

O mort ! puisque tu es là, viens donc à mon secours.

Octave, traître Octave ! puisse mon sang retomber sur toi ! [Puisque tu savais quel sort m'attendait ici, et que tu m'y as envoyé à ta place, tu seras satisfait dans ton désir. O mort ! je t'ouvre les bras ; voici le terme de mes maux.]

<small>Il sort. — On entend des cris étouffés et un bruit éloigné dans le jardin.</small>

OCTAVE, en dehors.

Ouvrez, ou j'enfonce les portes !

CLAUDIO, ouvrant, son épée sous le bras.

Que voulez-vous ?

OCTAVE.

Où est Cœlio ?

CLAUDIO.

Je ne pense pas que son habitude soit de coucher dans cette maison.

OCTAVE.

Si tu l'as assassiné, Claudio, prends garde à toi ; je te tordrai le cou de ces mains que voilà.

CLAUDIO.

Êtes-vous fou ou somnambule ?

[OCTAVE.

Ne l'es-tu pas toi-même, pour te promener à cette heure, ton épée sous le bras ?]

CLAUDIO.

Cherchez dans ce jardin, si bon vous semble ; je n'y ai vu entrer personne ; et si quelqu'un l'a voulu faire, il me semble que j'avais le droit de ne pas lui ouvrir.

[OCTAVE, à ses gens.

Venez, et cherchez partout!]

CLAUDIO, bas à Tibia.

Tout est-il fini comme je l'ai ordonné?

TIBIA.

Oui, monsieur; soyez en repos, ils peuvent chercher tant qu'ils voudront.

Tous sortent.

SCÈNE VI

Un cimetière.

OCTAVE ET MARIANNE, auprès d'un tombeau.

OCTAVE.

Moi seul au monde je l'ai connu. Cette urne d'albâtre, couverte de ce long voile de deuil, est sa parfaite image. C'est ainsi qu'une douce mélancolie voilait les perfections de cette âme tendre et délicate. [Pour moi seul, cette vie silencieuse n'a point été un mystère. Les longues soirées que nous avons passées ensemble sont comme de fraîches oasis dans un désert aride; elles ont versé sur mon cœur les seules gouttes de rosée qui y soient jamais tombées. Cœlio était la bonne partie de moi-même; elle est remontée au ciel avec lui. C'était un homme d'un autre temps; il connaissait les plaisirs, et leur préférait la solitude ; il savait combien les illusions sont trompeuses, et il préférait ses illusions à la réalité.] Elle eût été heureuse, la femme qui l'eût aimé.

MARIANNE.

Ne serait-elle point heureuse, Octave, la femme qui l'aimerait?

OCTAVE.

Je ne sais point aimer; Cœlio seul le savait. [La cendre que renferme cette tombe est tout ce que j'ai aimé sur la terre, tout ce que j'aimerai.] Lui seul savait verser dans une autre âme toutes les sources de bonheur qui reposaient dans la sienne. Lui seul était capable d'un dévouement sans bornes; lui seul eût consacré sa vie entière à la femme qu'il aimait, aussi facilement qu'il aurait bravé la mort pour elle. Je ne suis qu'un débauché sans cœur; je n'estime point les femmes; l'amour que j'inspire est comme celui que je ressens, l'ivresse passagère d'un songe. Je ne sais pas les secrets qu'il savait. Ma gaieté est comme le masque d'un histrion; mon cœur est plus vieux qu'elle [, mes sens blasés n'en veulent plus]. Je ne suis qu'un lâche; sa mort n'est point vengée.

MARIANNE.

Comment aurait-elle pu l'être, à moins de risquer votre vie? Claudio est trop vieux pour accepter un duel, et trop puissant dans cette ville pour rien craindre de vous.

OCTAVE.

Cœlio m'aurait vengé si j'étais mort pour lui comme il est mort pour moi. [Ce tombeau m'appartient;] c'est moi qu'ils ont étendu sous cette froide pierre; c'est pour moi qu'ils avaient aiguisé leurs épées; c'est moi qu'ils ont tué. Adieu la gaieté de ma jeunesse; l'insouciante folie, la vie libre et joyeuse au pied du Vésuve ! Adieu les bruyants repas, les causeries du soir, les sérénades sous les balcons dorés ! Adieu Naples et ses femmes, les mascarades à la lueur des torches, les longs soupers à l'ombre des forêts ! Adieu l'amour et l'amitié ! ma place est vide sur la terre.

MARIANNE.

Mais non pas dans mon cœur, Octave. Pourquoi dis-tu : Adieu l'amour?

OCTAVE.

Je ne vous aime pas, Marianne; c'était Cœlio qui vous aimait !

FIN DES CAPRICES DE MARIANNE.

ADDITIONS ET VARIANTES

EXÉCUTÉES PAR L'AUTEUR

POUR LA REPRÉSENTATION

1. — PAGE 144.

CŒLIO.

Eh bien! Pippo tu viens de voir Marianne*?

PIPPO.

Oui, monsieur.

CŒLIO.

Que t'a-t-elle-dit? etc.

2. — PAGE 154.

OCTAVE.

Touche là. Depuis que je suis au monde, je n'ai jamais trompé personne, et je ne commencerai pas par mon meilleur ami.

3. — PAGE 158.

OCTAVE.

Ma foi! elle a de beaux yeux!

Voyant entrer Claudio et Tibia.

---

* Il n'est pas besoin de dire pourquoi, dans la version destinée au théâtre, le personnage de Ciuta est remplacé par celui de Pippo, valet de Cœlio.

Ah! voici Claudio. Ce n'est pas tout à fait la même chose, et je ne me soucie guère de continuer la conversation avec lui.

CLAUDIO, à Tibia.

Tu as raison.

OCTAVE, a Claudio.

Bonsoir, cousin.

CLAUDIO.

Bonsoir.

A Tibia.

Tu as raison.

OCTAVE.

Cousin, bonsoir.

Il sort en riant.

CLAUDIO.

Bonsoir, bonsoir.

A Tibia.

Tu as raison, et ma femme est un trésor de pureté. (Suit la scène III, jusqu'à ces mots :) *Rapporte-t'en à moi. — Il faut que je fasse part de cette découverte à ma belle-mère.*

TIBIA.

Monsieur, la voici justement

CLAUDIO.

Qui ? ma belle-mère ?

TIBIA.

Non, Hermia, notre voisine. Ne parliez-vous pas d'elle tout à l'heure ?

CLAUDIO.

Oui, comme étant la mère de Cœlio; et c'est la vérité, Tibia.

TIBIA.

Eh bien! elle vient de ce côté, avec un, deux, trois laquais. C'est une femme respectable.

CLAUDIO.

Oui, ses biens sont considérables.

TIBIA.

J'entends aussi qu'elle a de bonnes mœurs. Si vous l'abordiez, monsieur?

CLAUDIO.

Y penses-tu? La mère d'un jeune homme que je serai peut-être obligé de faire poignarder ce soir même? Sa propre mère, Tibia! Fi donc! Je ne reconnais pas là ton habitude des convenances. Viens, Tibia, rentrons au logis.

Ils sortent.

4. — PAGE 158.

HERMIA, MALVOLIO, PLUSIEURS DOMESTIQUES, puis CŒLIO.

(Cette scène, transposée par l'auteur pour la représentation, s'enchaîne avec celle entre Claudio et Tibia, et termine le premier acte.)

5. — PAGE 162.

HERMIA.

... *On trouva dans sa chambre le pauvre jeune homme* frappé *de plusieurs coups d'épée.*

CŒLIO.

Il a fini ainsi?

HERMIA.

Oui, bien cruellement.

CŒLIO.

Non, ma mère, elle n'est point cruelle la mort qui vient

en aide à l'amour sans espoir. La seule chose dont je le plaigne, c'est qu'il s'est cru trompé par son ami.

HERMIA.

Qu'avez-vous, Cœlio? Vous détournez la tête.

CŒLIO.

Et vous, ma mère, vous êtes émue. Ah! ce récit, je le vois, vous a trop coûté. J'ai eu le tort de vous le demander.

HERMIA.

Ne songez point à mes chagrins; ce ne sont que des souvenirs. Les vôtres me touchent bien davantage. Si vous refusez de les combattre, ils ont longtemps à vivre dans votre jeune cœur. Je ne vous demande pas de me les dire; mais je les vois; et puisque vous prenez part aux miens, venez, tâchons de nous défendre. Il y a à la maison quelques bons amis; allons essayer de nous distraire. Tâchons de vivre, mon enfant, et de regarder gaiement ensemble, moi le passé, vous l'avenir. Venez.

Cœlio, plongé dans la rêverie, ne l'entend pas.

HERMIA, plus haut.

Cœlio, donnez-moi la main.

Ils sortent.

FIN DE L'ACTE PREMIER.

6. — PAGE 169.

Et que ma vie est dans ses yeux.

OCTAVE.

Et que diantre as-tu à faire de la mort? A propos de quoi y penses-tu?

CŒLIO, il tient un livre.

Mon ami, je l'ai devant les yeux.

OCTAVE.

La mort?

CŒLIO.

Oui, l'amour et la mort.

OCTAVE.

Qu'est-ce à dire?

CŒLIO.

L'amour et la mort, Octave, se tiennent la main. Celui-là est la source du plus grand bonheur que l'homme puisse rencontrer ici-bas; celle-ci met un terme à toutes les douleurs, à tous les maux.

OCTAVE.

C'est un livre que tu as là?

CŒLIO.

Oui, et que tu n'as probablement pas lu.

OCTAVE.

Très probablement. Quand on en lit un, il n'y a pas de raison pour ne pas lire tous les autres.

CŒLIO, lisant.

« Lorsque le cœur éprouve sincèrement un profond sen-
« timent d'amour, il éprouve aussi comme une fatigue et
« une langueur qui lui font désirer de mourir. Pourquoi?
« je ne sais pas*. »

OCTAVE.

Ni moi non plus.

CŒLIO, lisant.

« Peut-être est-ce l'effet d'un premier amour, peut-être
« que ce vaste désert où nous sommes effraye les regards
« de celui qui aime, peut-être que cette terre ne lui semble

---

* « Quando novellamente
« Nasce nel cor profundo, » etc.
Poésies de Leopardi.

« plus habitable, s'il n'y peut trouver ce bonheur nouveau,
« unique, infini que son cœur lui représente. »

OCTAVE.

Ah! çà, à qui en as-tu?

CŒLIO, lisant.

« Le paysan, l'artisan grossier, qui ne sait rien; la jeune
« fille timide, qui frémit d'ordinaire à la seule pensée de
« la mort, s'enhardit, lorsqu'elle aime, jusqu'à porter son
« regard sur un tombeau. » — Octave! la mort nous mène
à Dieu, et mes genoux plient quand j'y pense. Bonsoir, mon
cher ami.

OCTAVE.

Où vas-tu?

CŒLIO.

J'ai affaire en ville ce soir.

OCTAVE.

Tu as l'air d'aller te noyer. Cette mort dont tu parles,
est-ce que tu en as peur, par hasard?

CŒLIO.

*Ah! que j'eusse pu me faire un nom dans les tournois et
les batailles!* (Suit la tirade de la scène II entre Ciuta et
Cœlio.)

OCTAVE.

Voyons, Cœlio, *à quoi penses-tu? Il y a d'autres Mariannes sous le ciel. Soupons ensemble et moquons-nous de
cette Marianne-là.*

CŒLIO.

*Adieu, adieu. Je ne puis m'arrêter plus longtemps, je te
verrai demain, mon ami.*

Il sort.

OCTAVE, seul.

Par le ciel! voilà qui est étrange! Ah! voici Marianne qui sort. Elle va sans doute à vêpres. — Elle *approche lentement.* — *Belle Marianne, vous dormirez tranquillement,* etc.

7. — PAGE 193.

OCTAVE.

Une chanson sous la fenêtre, un bon manteau bien long, un poignard dans la poche, un masque sur le nez. — As-tu un masque?

CŒLIO.

Non.

OCTAVE.

Point de masque! — Amoureux et en carnaval! Ce garçon-là ne pense à rien. Va donc t'équiper au plus vite.

CŒLIO.

Ah! mon Dieu! le cœur me manque.

OCTAVE.

Courage, ami! en route! *Tu m'embrasseras en revenant. En route! en route! la nuit s'avance.*

Cœlio sort.

Le cœur lui manque! dit-il. Et à moi aussi... *Pour récompense de mes peines,* je vais me donner à souper.

Appelant.

Hé! holà! Giovanni! Beppo!

Il entre dans le cabaret.

CLAUDIO, TIBIA, MARIANNE. sur son balcon.
DEUX SPADASSINS.

CLAUDIO.

Laissez-le entrer, et jetez-vous sur lui dès qu'il sera parvenu à ce bosquet.

MARIANNE, à part.

Que vois-je? mon mari et Tibia?

TIBIA.

Et s'il entre par l'autre côté ?

CLAUDIO.

Comment, Tibia, par l'autre côté ? Verrai-je ainsi échouer tout mon plan ?

MARIANNE.

Que disent-ils ?

TIBIA.

Cette place étant un carrefour, on peut y venir à droite et à gauche.

CLAUDIO.

Tu as raison, je n'y avais pas songé.

TIBIA.

Que faire, monsieur, s'il arrive par la gauche ?

CLAUDIO.

Alors, attendez-le au coin du mur.

MARIANNE.

O ciel ! qu'ai-je entendu ?

TIBIA.

Et s'il se présente par la droite ?

CLAUDIO.

Attendez un peu. — Vous ferez la même chose.

MARIANNE.

Comment avertir Octave ?

TIBIA.

Le voilà qui arrive, etc..

CŒLIO, masqué, MARIANNE, sur le balcon.

MARIANNE.

...Demain, trouvez-vous à midi, derrière le jardin, *j'y serai.*

ADDITIONS ET VARIANTES.

CŒLIO, ôtant son masque et tirant son épée.

O mort! puisque tu es là, viens donc à mon secours. Octave, traître Octave! puisse mon sang retomber sur toi! Dans quel but, dans quel intérêt tu m'as envoyé dans ce piège affreux, je ne puis le comprendre; mais je le saurai, puisque j'y suis venu, et, fût-ce aux dépens de ma vie, j'apprendrai le mot de cette horrible énigme.

Il entre dans le jardin; Tibia l'y suit et ferme la grille en dedans.

OCTAVE, seul, sortant du cabaret.

Ah! où vais-je aller à présent? J'ai fait quelque chose pour le bonheur d'autrui, qu'inventerai-je pour mon plaisir? Ma foi, voilà une belle nuit, et vraiment celle-ci *doit m'être comptée. En vérité, cette femme était belle*, etc... *Où est donc la raison de tout cela?* La raison de tout, c'est la fortune! Il n'y a qu'heur et malheur en ce monde. Cœlio n'était-il pas désolé ce matin? et maintenant...

On entend un bruit sourd et un cliquetis d'épées dans le jardin.

Qu'ai-je entendu? quel est ce bruit?

CŒLIO, d'une voix étouffée, dans le jardin.

A moi!

OCTAVE.

Cœlio! c'est la voix de Cœlio!

Courant à la grille et la secouant.

Ouvrez, ou j'enfonce la grille!

CLAUDIO, ouvrant la grille.

Que voulez-vous? etc.

Octave entre dans le jardin.

CLAUDIO.

Maintenant songeons à ma femme, et allons prévenir sa mère.

Il sort.

MARIANNE, seule, sortant de la maison.

Cela est certain; je ne me trompe pas : j'ai bien entendu. Derrière la maison, à travers les arbres, j'ai vu des ombres, dispersées çà et là, se joindre tout à coup et fondre sur lui. J'ai entendu le bruit des épées, puis un cri étouffé, le plus sinistre, le dernier appel! — Pauvre Octave! Tout brave qu'il est (car il est brave), ils l'ont surpris, ils l'ont entraîné. — Est-il possible qu'une pareille faute soit payée si cher? Est-il possible que si peu de bon sens puisse donner tant de cruauté! Et moi qui ai agi si légèrement, si follement, par pur caprice! — Il faut que je voie, il faut que je sache...

MARIANNE, OCTAVE, l'épée à la main.

MARIANNE.

Octave! est-ce vous?

OCTAVE.

C'est moi, Marianne. Cœlio n'est plus!

MARIANNE.

Cœlio, dites vous? Comment se peut-il?

OCTAVE.

Il n'est plus!

MARIANNE.

O ciel!

Elle marche vers le jardin.

OCTAVE.

Il n'est plus! N'allez pas par là.

MARIANNE.

Où voulez-vous que j'aille? Je suis perdue! Il faut partir, Octave; il faut fuir! Claudio sûrement n'est pas dans la maison?

OCTAVE.

Non; ils ont pris leurs précautions, et m'ont laissé prudemment seul.

MARIANNE.

Je le connais, je suis perdue; et vous aussi peut-être. — Partons! ils vont revenir tout à l'heure.

OCTAVE.

Partez si vous voulez, je reste. S'ils doivent revenir, ils me trouveront, et, quoi qu'il advienne, je les attendrai. Je veux veiller près de lui dans son dernier sommeil.

MARIANNE.

Mais moi, m'abandonnerez-vous? Savez-vous à quel danger vous vous exposez, et jusqu'où peut aller leur vengeance?

OCTAVE.

Regardez là-bas, derrière ces arbres, cette petite place sombre, au coin de la muraille : là est couché mon seul ami. Quant au reste, je ne m'en soucie guère.

MARIANNE.

Pas même de votre vie, ni de la mienne?

OCTAVE.

Pas même de cela. Regardez là-bas. *Moi seul je l'ai connu.* Posez sur sa tombe une urne d'albâtre, couverte d'un long voile de deuil, ce sera sa parfaite image. *C'est ainsi qu'une douce mélancolie,* etc.

FIN DES ADDITIONS ET VARIANTES.

Cette comédie a été imaginée, écrite et imprimée en moins de six semaines. Lorsque le drame d'*André del Sarto* eut paru dans la *Revue des Deux Mondes*, le 1er avril 1833, l'auteur se remit aussitôt à l'ouvrage, et les *Caprices de Marianne* paraissaient dans le même recueil, le 15 mai suivant. Cette pièce fit ensuite partie du *Spectacle dans un fauteuil*, qui, dans la pensée du poëte, ne devait jamais arriver au théâtre. Cependant elle lui fut demandée, en 1851, par la Comédie-Française; c'est alors qu'il exécuta les changements que nous venons d'indiquer. Parmi les additions se trouve une scène entre Octave et Cœlio, dans laquelle l'auteur a introduit une citation des poésies de Leopardi. Alfred de Musset avait une grande admiration pour ce jeune poëte italien, enlevé par une mort prématurée, et auquel il avait déjà adressé une pièce de vers intitulée : *Après une lecture*. La comédie des *Caprices de Marianne* fut représentée pour la première fois au Théâtre-Français, le 14 juin 1851. On la joue encore aujourd'hui, et le public semble prendre, chaque fois, plus de plaisir à l'entendre.

FANTASIO

COMÉDIE EN DEUX ACTES

1833

PERSONNAGES.

LE ROI DE BAVIÈRE.
LE PRINCE DE MANTOUE.
MARINONI, son aide de camp.
RUTTEN, secrétaire du roi.
FANTASIO,
SPARK,
HARTMAN, } jeunes gens de la ville.
FACIO,
OFFICIERS, PAGES, etc.
ELSBETH, fille du roi de Bavière.
LA GOUVERNANTE D'ELSBETH.

La scène est à Munich.

FANTASIO

ACTE PREMIER

SCÈNE PREMIÈRE

A la cour.

LE ROI, entouré de ses courtisans; RUTTEN.

LE ROI.

Mes amis, je vous ai annoncé, il y a déjà longtemps, les fiançailles de ma chère Elsbeth avec le prince de Mantoue. Je vous annonce aujourd'hui l'arrivée de ce prince; ce soir peut-être, demain au plus tard, il sera dans ce palais. Que ce soit un jour de fête pour tout le monde; que les prisons s'ouvrent, et que le peuple passe la nuit dans les divertissements. Rutten, où est ma fille?

Les courtisans se retirent.

RUTTEN.

Sire, elle est dans le parc avec sa gouvernante.

LE ROI.

Pourquoi ne l'ai-je pas encore vue aujourd'hui? Est-elle triste ou gaie de ce mariage qui s'apprête?

RUTTEN.

Il m'a paru que le visage de la princesse était voilé de quelque mélancolie. Quelle est la jeune fille qui ne rêve pas la veille de ses noces? La mort de Saint-Jean l'a contrariée.

LE ROI.

Y penses-tu? La mort de mon bouffon! d'un plaisant de cour bossu et presque aveugle!

RUTTEN.

La princesse l'aimait.

LE ROI.

Dis-moi, Rutten, tu as vu le prince; quel homme est-ce? Hélas! je lui donne ce que j'ai de plus précieux au monde, et je ne le connais point.

RUTTEN.

Je suis demeuré fort peu de temps à Mantoue.

LE ROI.

Parle franchement. Par quels yeux puis-je voir la vérité, si ce n'est par les tiens?

RUTTEN.

En vérité, sire, je ne saurais rien dire sur le caractère et l'esprit du noble prince.

LE ROI.

En est-il ainsi? Tu hésites, toi, courtisan! De combien d'éloges l'air de cette chambre serait déjà rempli, de combien d'hyperboles et de métaphores flatteuses, si le prince qui sera demain mon gendre t'avait paru digne de ce titre! Me serais-je trompé, mon ami? aurais-je fait en lui un mauvais choix ?

RUTTEN.

Sire, le prince passe pour le meilleur des rois.

LE ROI.

La politique est une fine toile d'araignée, dans laquelle se débattent bien des pauvres mouches mutilées; je ne sacrifierai le bonheur de ma fille à aucun intérêt.

Ils sortent.

SCÈNE II

Une rue.

SPARK, HARTMAN et FACIO, buvant autour d'une table.

HARTMAN.

Puisque c'est aujourd'hui le mariage de la princesse, buvons, fumons, et tâchons de faire du tapage.

FACIO.

Il serait bon de nous mêler à tout ce peuple qui court les rues, et d'éteindre quelques lampions sur de bonnes têtes de bourgeois.

SPARK.

Allons donc! fumons tranquillement.

HARTMAN.

Je ne ferai rien tranquillement; dussé-je me faire

battant de cloche, et me pendre dans le bourdon de l'église, il faut que je carillonne un jour de fête. Où diable est donc Fantasio?

SPARK.

Attendons-le; ne faisons rien sans lui.

FACIO.

Bah! il nous retrouvera toujours. Il est à se griser dans quelque trou de la rue Basse. Holà, ohé! un dernier coup!

Il lève son verre.

UN OFFICIER, entrant.

Messieurs, je viens vous prier de vouloir bien aller plus loin, si vous ne voulez point être dérangés dans votre gaieté.

HARTMAN.

Pourquoi, mon capitaine?

L'OFFICIER.

La princesse est dans ce moment sur la terrasse que vous voyez, et vous comprenez aisément qu'il n'est pas convenable que vos cris arrivent jusqu'à elle.

Il sort.

FACIO.

Voilà qui est intolérable!

SPARK.

Qu'est-ce que cela nous fait de rire ici ou ailleurs?

HARTMAN.

Qui est-ce qui nous dit qu'ailleurs il nous sera permis de rire? Vous verrez qu'il sortira un drôle en habit vert de tous les pavés de la ville, pour nous prier d'aller rire dans la lune.

Entre Marinoni, couvert d'un manteau.

SPARK.

La princesse n'a jamais fait un acte de despotisme de sa vie: Que Dieu la conserve! Si elle ne veut pas qu'on rie, c'est qu'elle est triste, ou qu'elle chante; laissons-la en repos.

FACIO.

Humph! voilà un manteau rabattu qui flaire quelque nouvelle. Le gobe-mouche a envie de nous aborder.

MARINONI, approchant.

Je suis un étranger, messieurs; à quelle occasion cette fête?

SPARK.

La princesse Elsbeth se marie.

MARINONI.

Ah! ah! c'est une belle femme, à ce que je présume.

HARTMAN.

Comme vous êtes un bel homme, vous l'avez dit.

MARINONI.

Aimée de son peuple, si j'ose le dire, car il me paraît que tout est illuminé.

HARTMAN.

Tu ne te trompes pas, brave étranger; tous ces lampions allumés que tu vois, comme tu l'as remarqué sagement, ne sont pas autre chose qu'une illumination.

MARINONI.

Je voulais demander par là si la princesse est la cause de ces signes de joie.

HARTMAN.

L'unique cause, puissant rhéteur. Nous aurions beau nous marier tous, il n'y aurait aucune espèce de joie dans cette ville ingrate.

MARINONI.

Heureuse la princesse qui sait se faire aimer de son peuple !

HARTMAN.

Des lampions allumés ne font pas le bonheur d'un peuple, cher homme primitif. Cela n'empêche pas la susdite princesse d'être fantasque comme une bergeronnette.

MARINONI.

En vérité ! vous avez dit fantasque?

HARTMAN.

Je l'ai dit, cher inconnu, je me suis servi de ce mot.

<small>Marinoni salue et se retire.</small>

FACIO.

A qui diantre en veut ce baragouineur d'Italien? Le voilà qui nous quitte pour aborder un autre groupe. Il sent l'espion d'une lieue.

HARTMAN.

Il ne sent rien du tout; il est bête à faire plaisir.

SPARK.

Voilà Fantasio qui arrive.

HARTMAN.

Qu'a-t-il donc? il se dandine comme un conseiller de justice. Ou je me trompe fort, ou quelque lubie mûrit dans sa cervelle.

FACIO.

Eh bien! ami, que ferons-nous de cette belle soirée?

FANTASIO, entrant.

Tout absolument, hors un roman nouveau.

FACIO.

Je disais qu'il faudrait nous lancer dans cette canaille, et nous divertir un peu.

FANTASIO.

L'important serait d'avoir des nez de carton et des pétards.

HARTMAN.

Prendre la taille aux filles, tirer les bourgeois par la queue et casser les lanternes. Allons, partons, voilà qui est dit.

FANTASIO.

Il était une fois un roi de Perse...

HARTMAN.

Viens donc, Fantasio.

FANTASIO.

Je n'en suis pas, je n'en suis pas.

HARTMAN.

Pourquoi?

FANTASIO.

Donnez-moi un verre de ça.

Il boit.

HARTMAN.

Tu as le mois de mai sur les joues.

FANTASIO.

C'est vrai; et le mois de janvier dans le cœur. Ma tête est comme une vieille cheminée sans feu : il n'y a que du vent et des cendres. Ouf!

Il s'assoit.

Que cela m'ennuie que tout le monde s'amuse! Je voudrais que ce grand ciel si lourd fût un immense bonnet de coton, pour envelopper jusqu'aux oreilles cette sotte ville et ses sots habitants. Allons, voyons! dites-moi, de grâce, un calembour usé, quelque chose de bien rebattu.

HARTMAN.

Pourquoi!

FANTASIO.

Pour que je rie. Je ne ris plus de ce qu'on invente; peut-être que je rirai de ce que je connais.

HARTMAN.

Tu me parais un tant soit peu misanthrope et enclin à la mélancolie.

FANTASIO.

Du tout; c'est que je viens de chez ma maîtresse.

FACIO.

Oui ou non, es-tu des nôtres?

FANTASIO.

Je suis des vôtres, si vous êtes des miens; restons un peu ici à parler de choses et d'autres, en regardant nos habits neufs.

FACIO.

Non, ma foi. Si tu es las d'être debout, je suis las d'être assis; il faut que je m'évertue en plein air.

FANTASIO.

Je ne saurais m'évertuer. Je vais fumer sous ces marronniers, avec ce brave Spark, qui va me tenir compagnie. N'est-ce pas, Spark?

SPARK.

Comme tu voudras.

HARTMAN.

En ce cas, adieu. Nous allons voir la fête.

Hartman et Facio sortent. — Fantasio s'assied avec Spark.

FANTASIO.

Comme ce soleil couchant est manqué! La nature est pitoyable ce soir. Regarde-moi un peu cette vallée là-bas, ces quatre ou cinq méchants nuages qui grimpent sur cette montagne. Je faisais des paysages comme celui-là, quand j'avais douze ans, sur la couverture de mes livres de classe.

SPARK.

Quel bon tabac! quelle bonne bière!

FANTASIO.

Je dois bien t'ennuyer, Spark?

SPARK.

Non; pourquoi cela?

FANTASIO.

Toi, tu m'ennuies horriblement. Cela ne te fait rien de voir tous les jours la même figure? Que diable Hartman et Facio s'en vont-ils faire dans cette fête?

SPARK.

Ce sont deux gaillards actifs, et qui ne sauraient rester en place.

FANTASIO.

Quelle admirable chose que les Mille et une Nuits! O Spark! mon cher Spark, si tu pouvais me transporter en Chine! Si je pouvais seulement sortir de ma peau pendant une heure ou deux! Si je pouvais être ce monsieur qui passe!

SPARK.

Cela me paraît assez difficile.

FANTASIO.

Ce monsieur qui passe est charmant; regarde: quelle belle culotte de soie! quelles belles fleurs rouges sur son gilet! Ses breloques de montre battent sur sa panse, en opposition avec les basques de son habit, qui voltigent sur ses mollets. Je suis sûr que cet homme-là a dans la tête un millier d'idées qui me sont absolument étrangères; son essence lui est particulière. Hélas! tout ce que les hommes se disent entre eux se ressemble; les idées qu'ils échangent sont presque toujours les mêmes dans toutes leurs conversations; mais, dans l'intérieur de toutes ces machines isolées, quels replis, quels compartiments secrets! C'est tout un monde que chacun porte en lui! un monde ignoré qui naît et qui meurt en silence! Quelles solitudes que tous ces corps humains!

SPARK.

Bois donc, désœuvré, au lieu de te creuser la tête.

FANTASIO.

Il n'y a qu'une chose qui m'ait amusé depuis trois jours : c'est que mes créanciers ont obtenu un arrêt contre moi, et que si je mets les pieds dans ma maison, il va arriver quatre estafiers qui me prendront au collet.

SPARK.

Voilà qui est fort gai, en effet. Où coucheras-tu ce soir?

FANTASIO.

Chez la première venue. Te figures-tu que mes meubles se vendent demain matin? Nous en achèterons quelques-uns, n'est-ce pas?

SPARK.

Manques-tu d'argent, Henri? Veux-tu ma bourse?

FANTASIO.

Imbécile! si je n'avais pas d'argent, je n'aurais pas de dettes. J'ai envie de prendre pour maîtresse une fille d'opéra.

SPARK.

Cela t'ennuiera à périr.

FANTASIO.

Pas du tout; mon imagination se remplira de pirouettes et de souliers de satin blanc; il y aura un gant à moi sur la banquette du balcon depuis le premier janvier jusqu'à la Saint-Silvestre, et je fredonnerai des solos de clarinette dans mes rêves, en attendant que je meure d'une indigestion de fraises dans les bras de ma bien-aimée. Remarques-tu une chose, Spark? c'est que nous n'avons point d'état? nous n'exerçons aucune profession.

SPARK.

C'est là ce qui t'attriste?

FANTASIO.

Il n'y a point de maître d'armes mélancolique.

SPARK.

Tu me fais l'effet d'être revenu de tout.

FANTASIO.

Ah! pour être revenu de tout, mon ami, il faut être allé dans bien des endroits.

SPARK.

Eh bien donc?

FANTASIO.

Eh bien donc! où veux-tu que j'aille? Regarde cette vieille ville enfumée; il n'y a pas de places, de rues, de ruelles où je n'aie rôdé trente fois; il n'y a pas de pavés où je n'aie traîné ces talons usés, pas de maisons où je ne sache quelle est la fille ou la vieille femme dont la tête stupide se dessine éternellement à la fenêtre; je ne saurais faire un pas sans marcher sur mes pas d'hier; eh bien! mon cher ami, cette ville n'est rien auprès de ma cervelle. Tous les recoins m'en sont cent fois plus connus; toutes les rues, tous les trous de mon imagination sont cent fois plus fatigués; je m'y suis promené en cent fois plus de sens, dans cette cervelle délabrée, moi son seul habitant! je m'y suis grisé dans tous les cabarets; je m'y suis roulé comme un roi absolu dans un carrosse doré; j'y ai trotté en bon bourgeois sur une mule pacifique, et je n'ose seulement pas maintenant y entrer comme un voleur, une lanterne sourde à la main.

SPARK.

Je ne comprends rien à ce travail perpétuel sur toi-même; moi, quand je fume, par exemple, ma pensée se fait fumée de tabac; quand je bois, elle se fait vin d'Espagne ou bière de Flandre; quand je baise la main de ma maîtresse, elle entre par le bout de ses doigts effilés pour se répandre dans tout son être sur des courants électriques; il me faut le parfum d'une fleur pour me distraire, et de tout ce que renferme l'universelle nature, le plus chétif objet suffit pour me changer en abeille et me faire voltiger çà et là avec un plaisir toujours nouveau.

FANTASIO.

Tranchons le mot, tu es capable de pêcher à la ligne.

SPARK.

Si cela m'amuse, je suis capable de tout.

FANTASIO.

Même de prendre la lune avec les dents?

SPARK.

Cela ne m'amuserait pas.

FANTASIO.

Ah! ah! qu'en sais-tu? Prendre la lune avec les dents n'est pas à dédaigner. Allons jouer au trente et quarante.

SPARK.

Non, en vérité.

FANTASIO.

Pourquoi?

SPARK.

Parce que nous perdrions notre argent.

FANTASIO.

Ah! mon Dieu! qu'est-ce que tu vas imaginer là! Tu ne sais quoi inventer pour te torturer l'esprit. Tu vois donc tout en noir, misérable? Perdre notre argent! tu n'as donc dans le cœur ni foi en Dieu ni espérance? tu es donc un athée épouvantable, capable de me dessécher le cœur et de me désabuser de tout, moi qui suis plein de sève et de jeunesse?

Il se met à danser.

SPARK.

En vérité, il y a de certains moments où je ne jurerais pas que tu n'es pas fou.

FANTASIO, dansant toujours.

Qu'on me donne une cloche! une cloche de verre!

SPARK.

A propos de quoi une cloche?

FANTASIO.

Jean-Paul n'a-t-il pas dit qu'un homme absorbé par une grande pensée est comme un plongeur sous sa cloche, au milieu du vaste Océan? Je n'ai point de cloche, Spark, point de cloche, et je danse comme Jésus-Christ sur le vaste Océan.

SPARK.

Fais-toi journaliste ou homme de lettres, Henri; c'est encore le plus efficace moyen qui nous reste de désopiler la misanthropie et d'amortir l'imagination.

FANTASIO.

Oh! je voudrais me passionner pour un homard à la moutarde, pour une grisette, pour une classe de minéraux! Spark! essayons de bâtir une maison à nous deux.

SPARK.

Pourquoi n'écris-tu pas tout ce que tu rêves? cela ferait un joli recueil.

FANTASIO.

Un sonnet vaut mieux qu'un long poëme, et un verre de vin vaut mieux qu'un sonnet.

Il boit.

SPARK.

Pourquoi ne voyages-tu pas? va en Italie.

FANTASIO.

J'y ai été.

SPARK.

Eh bien! est-ce que tu ne trouves pas ce pays-là beau?

FANTASIO.

Il y a une quantité de mouches grosses comme des hannetons qui vous piquent toute la nuit.

SPARK.

Va en France.

FANTASIO.

Il n'y a pas de bon vin du Rhin à Paris.

SPARK.

Va en Angleterre.

FANTASIO.

J'y suis. Est-ce que les Anglais ont une patrie? J'aime autant les voir ici que chez eux.

SPARK.

Va donc au diable, alors!

FANTASIO.

Oh! s'il y avait un diable dans le ciel! s'il y avait un enfer, comme je me brûlerais la cervelle pour aller voir tout ça! Quelle misérable chose que l'homme! ne pas pouvoir seulement sauter par sa fenêtre sans se casser les jambes! être obligé de jouer du violon dix ans pour devenir un musicien passable! Apprendre pour être peintre, pour être palefrenier! Apprendre pour faire une omelette! Tiens, Spark, il me prend des envies de m'asseoir sur un parapet, de regarder couler la rivière, et de me mettre à compter un, deux, trois, quatre, cinq, six, sept, et ainsi de suite jusqu'au jour de ma mort.

SPARK.

Ce que tu dis là ferait rire bien des gens; moi, cela me fait frémir : c'est l'histoire du siècle entier. L'éternité est une grande aire, d'où tous les siècles, comme de jeunes aiglons, se sont envolés tour à tour pour traverser le ciel et disparaître; le nôtre est arrivé à son tour au bord du nid; mais on lui a coupé les ailes, et il attend la mort en regardant l'espace dans lequel il ne peut s'élancer.

FANTASIO, chantant.

Tu m'appelles ta vie, appelle-moi ton âme,
Car l'âme est immortelle, et la vie est un jour.

Connais-tu une plus divine romance que celle-là, Spark? C'est une romance portugaise. Elle ne m'est jamais venue à l'esprit sans me donner envie d'aimer quelqu'un.

SPARK.

Qui, par exemple?

FANTASIO.

Qui? je n'en sais rien; quelque belle fille toute ronde comme les femmes de Miéris; quelque chose de doux comme le vent d'ouest, de pâle comme les rayons de la lune; quelque chose de pensif comme ces petites servantes d'auberge des tableaux flamands qui donnent le coup d'étrier à un voyageur à larges bottes, droit comme un piquet sur un grand cheval blanc. Quelle belle chose que le coup de l'étrier! une jeune femme sur le pas de sa porte, le feu allumé qu'on aperçoit au fond de la chambre, le souper préparé, les enfants endormis; toute la tranquillité de la vie paisible et contemplative dans un coin du tableau! et là l'homme encore haletant, mais ferme sur sa selle, ayant fait vingt lieues, en ayant trente à faire; une gorgée d'eau-de-vie, et adieu. La nuit est profonde là-bas, le temps menaçant, la forêt dangereuse; la bonne femme le suit des yeux une minute, puis elle laisse tomber, en retournant à son feu, cette sublime aumône du pauvre : Que Dieu le protège!

SPARK.

Si tu étais amoureux, Henri, tu serais le plus heureux des hommes.

FANTASIO.

L'amour n'existe plus, mon cher ami. La religion, sa nourrice, a les mamelles pendantes comme une vieille bourse au fond de laquelle il y a un gros sou. L'amour est une hostie qu'il faut briser en deux au pied d'un autel et avaler ensemble dans un baiser; il n'y a plus d'autel, il n'y a plus d'amour. Vive la nature! il y a encore du vin.

Il boit.

SPARK.

Tu vas te griser.

FANTASIO.

Je vais me griser, tu l'as dit.

SPARK.

Il est un peu tard pour cela.

FANTASIO.

Qu'appelles-tu tard? midi, est-ce tard? minuit, est-ce de bonne heure? Où prends-tu la journée? Restons là, Spark, je t'en prie. Buvons, causons, analysons, déraisonnons, faisons de la politique; imaginons des combinaisons de gouvernement; attrapons tous les hannetons qui passent autour de cette chandelle, et mettons-les dans nos poches. Sais-tu que les canons à vapeur sont une belle chose en matière de philanthropie?

SPARK.

Comment l'entends-tu?

FANTASIO.

Il y avait une fois un roi qui était très sage, très sage, très heureux, très heureux...

SPARK.

Après?

FANTASIO.

La seule chose qui manquait à son bonheur, c'était d'avoir des enfants. Il fit faire des prières publiques dans toutes les mosquées.

SPARK.

A quoi en veux-tu venir?

FANTASIO.

Je pense à mes chères Mille et une Nuits. C'est comme cela qu'elles commencent toutes. Tiens, Spark, je suis gris. Il faut que je fasse quelque chose. Tra la, tra la ! Allons, levons-nous !

Un enterrement passe.

Ohé! braves gens, qui enterrez-vous là? Ce n'est pas maintenant l'heure d'enterrer proprement.

LES PORTEURS.

Nous enterrons Saint-Jean.

FANTASIO.

Saint-Jean est mort? le bouffon du roi est mort? Qui a pris sa place? le ministre de la justice?

LES PORTEURS.

Sa place est vacante, vous pouvez la prendre si vous voulez.

Ils sortent.

SPARK.

Voilà une insolence que tu t'es bien attirée. A quoi penses-tu, d'arrêter ces gens?

FANTASIO.

Il n'y a rien là d'insolent. C'est un conseil d'ami que m'a donné cet homme, et que je vais suivre à l'instant.

SPARK.

Tu vas te faire bouffon de la cour?

FANTASIO.

Cette nuit même, si l'on veut de moi. Puisque je ne puis coucher chez moi, je veux me donner la représentation de cette royale comédie qui se jouera demain, et de la loge du roi lui-même.

SPARK.

Comme tu es fin! On te reconnaîtra, et les laquais te mettront à la porte; n'es-tu pas filleul de la feue reine!

FANTASIO.

Comme tu es bête! je me mettrai une bosse et une perruque rousse comme la portait Saint-Jean, et personne ne me reconnaîtra, quand j'aurais trois douzaines de parrains à mes trousses.

Il frappe à une boutique.

Hé! brave homme, ouvrez-moi, si vous n'êtes pas sorti, vous, votre femme et vos petits chiens!

UN TAILLEUR, ouvrant la boutique.

Que demande votre seigneurie?

FANTASIO.

N'êtes-vous pas tailleur de la cour?

LE TAILLEUR.

Pour vous servir.

FANTASIO.

Est-ce vous qui habilliez Saint-Jean?

LE TAILLEUR.

Oui, monsieur.

FANTASIO.

Vous le connaissiez? Vous savez de quel côté était sa bosse, comment il frisait sa moustache, et quelle perruque il portait?

LE TAILLEUR.

Hé! hé! monsieur veut rire.

FANTASIO.

Homme, je ne veux point rire; entre dans ton arrière-boutique; et si tu ne veux pas être empoisonné demain dans ton café au lait, songe à être muet comme la tombe sur tout ce qui va se passer ici.

Il sort avec le tailleur; Spark le suit.

SCÈNE III

Une auberge sur la route de Munich.

Entrent LE PRINCE DE MANTOUE ET MARINONI.

LE PRINCE.

Eh bien, colonel?

MARINONI.

Altesse?

LE PRINCE.

Eh bien, Marinoni?

MARINONI.

Mélancolique, fantasque, d'une jolie folle, soumise à son père, aimant beaucoup les pois verts.

LE PRINCE.

Ecris cela; je ne comprends clairement que les écritures moulées en bâtarde.

MARINONI, écrivant.

Mélanco...

LE PRINCE.

Écris à voix basse; je rêve à un projet d'importance depuis mon dîner.

MARINONI.

Voilà, altesse, ce que vous demandez.

LE PRINCE.

C'est bien; je te nomme mon ami intime; je ne connais pas dans tout mon royaume de plus belle écriture que la tienne. Assieds-toi à quelque distance. Vous pensez donc, mon ami, que le caractère de la princesse, ma future épouse, vous est secrètement connu?

MARINONI.

Oui, altesse; j'ai parcouru les alentours du palais, et ces tablettes renferment les principaux traits des conversations différentes dans lesquelles je me suis immiscé.

LE PRINCE, se mirant.

Il me semble que je suis poudré comme un homme de la dernière classe.

MARINONI.

L'habit est magnifique.

LE PRINCE.

Que dirais-tu, Marinoni, si tu voyais ton maître revêtir un simple frac olive?

MARINONI.

Son altesse se rit de ma crédulité.

LE PRINCE.

Non, colonel. Apprends que ton maître est le plus romanesque des hommes.

MARINONI.

Romanesque, altesse?

LE PRINCE.

Oui, mon ami (je t'ai accordé ce titre); l'important projet que je médite est inouï dans ma famille; je prétends arriver à la cour du roi mon beau-père dans l'habillement d'un simple aide de camp; ce n'est pas assez d'avoir envoyé un homme de ma maison recueillir les bruits publics sur la future princesse de Mantoue (et cet homme, Marinoni, c'est toi-même), je veux encore observer par mes yeux.

MARINONI.

Est-il vrai, altesse?

LE PRINCE.

Ne reste pas pétrifié. Un homme tel que moi ne doit avoir pour ami intime qu'un esprit vaste et entreprenant.

MARINONI.

Une seule chose me paraît s'opposer au dessein de votre altesse.

LE PRINCE.

Laquelle?

MARINONI.

L'idée d'un tel travestissement ne pouvait appartenir qu'au prince glorieux qui nous gouverne. Mais si mon gracieux souverain est confondu parmi l'état-major, à qui le roi de Bavière fera-t-il les honneurs d'un festin splendide qui doit avoir lieu dans la grande galerie?

LE PRINCE.

Tu as raison; si je me déguise, il faut que quelqu'un prenne ma place. Cela est impossible, Marinoni; je n'avais pas pensé à cela.

MARINONI.

Pourquoi, impossible, altesse?

LE PRINCE.

Je puis bien abaisser la dignité princière jusqu'au grade de colonel; mais comment peux-tu croire que je consentirais à élever jusqu'à mon rang un homme quelconque? Penses-tu d'ailleurs que mon futur beau-père me le pardonnerait?

MARINONI.

Le roi passe pour un homme de beaucoup de sens et d'esprit, avec une humeur agréable.

LE PRINCE.

Ah! ce n'est pas sans peine que je renonce à mon projet. Pénétrer dans cette cour nouvelle sans faste et sans bruit, observer tout, approcher de la princesse sous un faux nom, et peut-être m'en faire aimer! — Oh! je m'égare; cela est impossible. Marinoni, mon ami, essaye mon habit de cérémonie; je ne saurais y résister.

MARINONI, s'inclinant.

Altesse!

LE PRINCE.

Penses-tu que les siècles futurs oublieront une pareille circonstance?

MARINONI.

Jamais, gracieux prince.

LE PRINCE.

Viens essayer mon habit.

<small>Ils sortent.</small>

FIN DE L'ACTE PREMIER.

ACTE DEUXIÈME

SCÈNE PREMIÈRE

Le jardin du roi de Bavière.

Entrent ELSBETH ET SA GOUVERNANTE.

LA GOUVERNANTE.

Mes pauvres yeux en ont pleuré, pleuré un torrent du ciel.

ELSBETH.

Tu es si bonne! Moi aussi j'aimais Saint-Jean; il avait tant d'esprit! Ce n'était point un bouffon ordinaire.

LA GOUVERNANTE.

Dire que le pauvre homme est allé là-haut la veille de vos fiançailles! Lui qui ne parlait que de vous à dîner et à souper, tant que le jour durait. Un garçon si gai, si amusant, qu'il faisait aimer la laideur, et que les yeux le cherchaient toujours en dépit d'eux-mêmes!

ELSBETH.

Ne me parle pas de mon mariage; c'est encore là un plus grand malheur.

LA GOUVERNANTE.

Ne savez-vous pas que le prince de Mantoue arrive aujourd'hui? On dit que c'est un Amadis.

ELSBETH.

Que dis-tu là, ma chère! Il est horrible et idiot, tout le monde le sait déjà ici.

LA GOUVERNANTE.

En vérité? on m'avait dit que c'était un Amadis.

ELSBETH.

Je ne demandais pas un Amadis, ma chère; mais cela est cruel, quelquefois, de n'être qu'une fille de roi. Mon père est le meilleur des hommes; le mariage qu'il prépare assure la paix de son royaume; il recevra en récompense la bénédiction d'un peuple; mais moi, hélas! j'aurai la sienne, et rien de plus.

LA GOUVERNANTE.

Comme vous parlez tristement!

ELSBETH.

Si je refusais le prince, la guerre serait bientôt recommencée; quel malheur que ces traités de paix se signent toujours avec des larmes! Je voudrais être une forte tête, et me résigner à épouser le premier venu, quand cela est nécessaire en politique. Être la mère d'un peuple, cela console les grands cœurs, mais non les têtes faibles. Je ne suis qu'une pauvre rêveuse; peut-être la faute en est-elle à tes romans, tu en as toujours dans tes poches.

LA GOUVERNANTE.

Seigneur! n'en dites rien.

ELSBETH.

J'ai peu connu la vie, et j'ai beaucoup rêvé.

LA GOUVERNANTE.

Si le prince de Mantoue est tel que vous le dites, Dieu ne laissera pas cette affaire-là s'arranger, j'en suis sûre.

ELSBETH.

Tu crois! Dieu laisse faire les hommes, ma pauvre amie, et il ne fait guère plus de cas de nos plaintes que du bêlement d'un mouton.

LA GOUVERNANTE.

Je suis sûre que si vous refusiez le prince, votre père ne vous forcerait pas.

ELSBETH.

Non certainement il ne me forcerait pas; et c'est pour cela que je me sacrifie. Veux-tu que j'aille dire à mon père d'oublier sa parole, et de rayer d'un trait de plume son nom respectable sur un contrat qui fait des milliers d'heureux? Qu'importe qu'il fasse une malheureuse? Je laisse mon père être un bon roi.

LA GOUVERNANTE.

Hi! hi!

Elle pleure.

ELSBETH.

Ne pleure pas sur moi, ma bonne; tu me ferais peut-être pleurer moi-même, et il ne faut pas qu'une royale fiancée ait les yeux rouges. Ne t'afflige pas de tout cela. Après tout, je serai une reine, c'est peut-être amusant; je prendrai peut-être goût à mes parures, que sais-je? à mes carrosses, à ma nouvelle cour; heureusement qu'il y a pour une princesse autre chose dans un mariage qu'un mari. Je trouverai peut-être le bonheur au fond de ma corbeille de noces.

LA GOUVERNANTE.

Vous êtes un vrai agneau pascal.

ELSBETH.

Tiens, ma chère, commençons toujours par en rire, quitte à en pleurer quand il en sera temps. On dit que le prince de Mantoue est la plus ridicule chose du monde.

LA GOUVERNANTE.

Si Saint-Jean était là!

ELSBETH.

Ah! Saint-Jean! Saint-Jean!

LA GOUVERNANTE.

Vous l'aimiez beaucoup, mon enfant.

ELSBETH.

Cela est singulier; son esprit m'attachait à lui avec des fils imperceptibles qui semblaient venir de mon cœur; sa perpétuelle moquerie de mes idées romanesques me plaisait à l'excès, tandis que je ne puis supporter qu'avec peine bien des gens qui abondent dans mon sens; je ne sais ce qu'il y avait autour de lui, dans ses yeux, dans ses gestes, dans la manière dont il prenait son tabac. C'était un homme bizarre;

tandis qu'il me parlait, il me passait devant les yeux des tableaux délicieux ; sa parole donnait la vie comme par enchantement aux choses les plus étranges.

LA GOUVERNANTE.

C'était un vrai Triboulet.

ELSBETH.

Je n'en sais rien ; mais c'était un diamant d'esprit.

LA GOUVERNANTE.

Voilà des pages qui vont et viennent ; je crois que le prince ne va pas tarder à se montrer ; il faudrait retourner au palais pour vous habiller.

ELSBETH.

Je t'en supplie, laisse-moi un quart d'heure encore ; va préparer ce qu'il me faut : hélas ! ma chère, je n'ai plus longtemps à rêver.

LA GOUVERNANTE.

Seigneur ! est-il possible que ce mariage se fasse, s'il vous déplaît ? Un père sacrifier sa fille ! le roi serait un véritable Jephté, s'il le faisait.

ELSBETH.

Ne dis pas de mal de mon père ; va, ma chère, prépare ce qu'il me faut.

La gouvernante sort.

ELSBETH, seule.

Il me semble qu'il y a quelqu'un derrière ces bosquets. Est-ce le fantôme de mon pauvre bouffon que j'aperçois dans ces bluets, assis sur la prairie? Répondez-moi ; qui êtes-vous? que faites-vous là à cueillir ces fleurs?

Elle s'avance vers un tertre.

FANTASIO, assis, vêtu en bouffon, avec une bosse et une perruque.

Je suis un brave cueilleur de fleurs, qui souhaite le bonjour à vos beaux yeux.

ELSBETH.

Que signifie cet accoutrement? qui êtes-vous pour venir parodier sous cette large perruque un homme que j'ai aimé? Êtes-vous écolier en bouffonneries ?

FANTASIO.

Plaise à votre altesse sérénissime, je suis le nouveau bouffon du roi; le majordome m'a reçu favorablement; je suis présenté au valet de chambre; les marmitons me protègent depuis hier au soir, et je cueille modestement des fleurs en attendant qu'il me vienne de l'esprit.

ELSBETH.

Cela me paraît douteux, que vous cueilliez jamais cette fleur-là.

FANTASIO.

Pourquoi? l'esprit peut venir à un homme vieux, tout comme à une jeune fille. Cela est si difficile quelquefois de distinguer un trait spirituel d'une grosse sottise! Beaucoup parler, voilà l'important; le plus mauvais tireur de pistolet peut attraper la mouche, s'il tire sept cent quatre-vingts coups à la minute, tout aussi bien que le plus habile homme qui n'en tire qu'un ou deux bien ajustés. Je ne demande qu'à être nourri convenablement pour la grosseur de mon ventre, et je regarderai mon ombre au soleil pour voir si ma perruque pousse.

ELSBETH.

En sorte que vous voilà revêtu des dépouilles de Saint-Jean? Vous avez raison de parler de votre ombre; tant que vous aurez ce costume, elle lui ressemblera toujours, je crois, plus que vous.

FANTASIO.

Je fais en ce moment une élégie qui décidera de mon sort.

ELSBETH.

En quelle façon?

FANTASIO.

Elle prouvera clairement que je suis le premier homme du monde, ou bien elle ne vaudra rien du tout. Je suis en train de bouleverser l'univers pour le mettre en acrostiche; la lune, le soleil et les étoiles se battent pour entrer dans mes rimes, comme des écoliers à la porte d'un théâtre de mélodrames.

ELSBETH.

Pauvre homme! quel métier tu entreprends! faire de l'esprit à tant par heure! N'as-tu ni bras ni jambes, et ne ferais-tu pas mieux de labourer la terre que ta propre cervelle?

FANTASIO.

Pauvre petite! quel métier vous entreprenez! épouser

un sot que vous n'avez jamais vu ! — N'avez-vous ni cœur ni tête, et ne feriez-vous pas mieux de vendre vos robes que votre corps?

ELSBETH.

Voilà qui est hardi, monsieur le nouveau venu!

FANTASIO.

Comment appelez-vous cette fleur-là, s'il vous plaît?

ELSBETH.

Une tulipe. Que veux-tu prouver?

FANTASIO.

Une tulipe rouge, ou une tulipe bleue?

ELSBETH.

Bleue, à ce qu'il me semble.

FANTASIO.

Point du tout, c'est une tulipe rouge.

ELSBETH.

Veux-tu mettre un habit neuf à une vieille sentence? tu n'en as pas besoin pour dire que des goûts et des couleurs il n'en faut pas disputer.

FANTASIO.

Je ne dispute pas; je vous dis que cette tulipe est une tulipe rouge, et cependant je conviens qu'elle est bleue.

ELSBETH.

Comment arranges-tu cela?

FANTASIO.

Comme votre contrat de mariage. Qui peut savoir sous le soleil s'il est né bleu ou rouge? les tulipes elles-mêmes n'en savent rien. Les jardiniers et les notaires font des greffes si extraordinaires, que les pommes deviennent des citrouilles, et que les chardons sortent de la mâchoire de l'âne pour s'inonder de sauce dans le plat d'argent d'un évêque. Cette tulipe que voilà s'attendait bien à être rouge; mais on l'a mariée; elle est tout étonnée d'être bleue : c'est ainsi que le monde entier se métamorphose sous les mains de l'homme; et la pauvre dame nature doit se rire parfois au nez de bon cœur, quand elle mire dans ses lacs et dans ses mers son éternelle mascarade. Croyez-vous que ça sentît la rose dans le paradis de Moïse? ça ne sentait que le foin vert. La rose est fille de la civilisation; c'est une marquise comme vous et moi.

ELSBETH.

La pâle fleur de l'aubépine peut devenir une rose, et un chardon peut devenir un artichaut; mais une fleur ne peut en devenir une autre : ainsi qu'importe à la nature? on ne la change pas, on l'embellit ou on la tue. La plus chétive violette mourrait plutôt que de céder, si l'on voulait, par des moyens artificiels, altérer sa forme d'une étamine.

FANTASIO.

C'est pourquoi je fais plus de cas d'une violette que d'une fille de roi.

ELSBETH.

Il y a de certaines choses que les bouffons eux-mêmes n'ont pas le droit de railler; fais-y attention. Si tu as écouté ma conversation avec ma gouvernante, prends garde à tes oreilles.

FANTASIO.

Non pas à mes oreilles, mais à ma langue. Vous vous trompez de sens; il y a une erreur de sens dans vos paroles.

ELSBETH.

Ne me fais pas de calembour, si tu veux gagner ton argent, et ne me compare pas à des tulipes, si tu ne veux gagner autre chose.

FANTASIO.

Qui sait? un calembour console de bien des chagrins; et jouer avec les mots est un moyen comme un autre de jouer avec les pensées, les actions et les êtres. Tout est calembour ici-bas, et il est aussi difficile de comprendre le regard d'un enfant de quatre ans que le galimatias de trois drames modernes.

ELSBETH.

Tu me fais l'effet de regarder le monde à travers un prisme tant soit peu changeant.

FANTASIO.

Chacun a ses lunettes; mais personne ne sait au juste de quelle couleur en sont les verres. Qui est-ce qui pourra me dire au juste si je suis heureux ou malheureux, bon ou mauvais, triste ou gai, bête ou spirituel?

ELSBETH.

Tu es laid, du moins; cela est certain.

FANTASIO.

Pas plus certain que votre beauté. Voilà votre père qui vient avec votre futur mari. Qui est-ce qui peut savoir si vous l'épouserez?

<small>Il sort.</small>

ELSBETH.

Puisque je ne puis éviter la rencontre du prince de Mantoue, je ferai aussi bien d'aller au-devant de lui.

<small>Entrent le roi, Marinoni sous le costume de prince, et le prince vêtu en aide de camp.</small>

LE ROI.

Prince, voici ma fille. Pardonnez-lui cette toilette de jardinière; vous êtes ici chez un bourgeois qui en gouverne d'autres, et notre étiquette est aussi indulgente pour nous-mêmes que pour eux.

MARINONI.

Permettez-moi de baiser cette main charmante, madame, si ce n'est pas une trop grande faveur pour mes lèvres.

LA PRINCESSE.

Votre altesse m'excusera si je rentre au palais. Je la verrai, je pense, d'une manière plus convenable à la présentation de ce soir.

<small>Elle sort.</small>

LE PRINCE.

La princesse a raison; voilà une divine pudeur.

LE ROI, à Marinoni.

Quel est donc cet aide de camp qui vous suit comme votre ombre? Il m'est insupportable de l'entendre ajouter une remarque inepte à tout ce que nous disons. Renvoyez-le, je vous en prie.

Marinoni parle bas au prince.

LE PRINCE, de même.

C'est fort adroit de ta part de lui avoir persuadé de m'éloigner ; je vais tâcher de joindre la princesse et de lui toucher quelques mots délicats sans faire semblant de rien.

Il sort.

LE ROI.

Cet aide de camp est un imbécile, mon ami ; que pouvez-vous faire de cet homme-là ?

MARINONI.

Hum ! hum ! Poussons quelques pas plus avant, si Votre Majesté le permet ; je crois apercevoir un kiosque tout à fait charmant dans ce bocage.

Ils sortent.

SCÈNE II

Une autre partie du jardin.

LE PRINCE, entrant.

Mon déguisement me réussit à merveille ; j'observe, et je me fais aimer. Jusqu'ici tout va au gré de mes souhaits ; le père me paraît un grand roi, quoique trop sans façon, et je m'étonnerais si je ne lui avais plu tout d'abord. J'aperçois la princesse qui rentre au palais ; le hasard me favorise singulièrement.

Elsbeth entre ; le prince l'aborde.

Altesse, permettez à un fidèle serviteur de votre futur époux de vous offrir les félicitations sincères que son cœur humble et dévoué ne peut contenir en vous voyant. Heureux les grands de la terre! ils peuvent vous épouser, moi je ne le puis pas; cela m'est tout à fait impossible; je suis d'une naissance obscure; je n'ai pour tout bien qu'un nom redoutable à l'ennemi; un cœur pur et sans tache bat sous ce modeste uniforme; je suis un pauvre soldat criblé de balles des pieds à la tête; je n'ai pas un ducat; je suis solitaire et exilé de ma terre natale comme de ma patrie céleste, c'est-à-dire du paradis de mes rêves; je n'ai pas un cœur de femme à presser sur mon cœur; je suis maudit et silencieux.

ELSBETH.

Que me voulez-vous, mon cher monsieur? Êtes-vous fou, ou demandez-vous l'aumône?

LE PRINCE.

Qu'il serait difficile de trouver des paroles pour exprimer ce que j'éprouve! Je vous ai vue passer toute seule dans cette allée; j'ai cru qu'il était de mon devoir de me jeter à vos pieds, et de vous offrir ma compagnie jusqu'à la poterne.

ELSBETH.

Je vous suis obligée; rendez-moi le service de me laisser tranquille.

Elle sort.

LE PRINCE, seul.

Aurais-je eu tort de l'aborder? Il le fallait cependant, puisque j'ai le projet de la séduire sous mon habit supposé. Oui, j'ai bien fait de l'aborder. Cependant elle m'a répondu d'une manière désagréable. Je n'aurais peut-être pas dû lui parler si vivement. Il le fallait pourtant bien, puisque son mariage est presque assuré, et que je suis censé devoir supplanter Marinoni, qui me remplace. J'ai eu raison de lui parler vivement. Mais la réponse est désagréable. Aurait-elle un cœur dur et faux? Il serait bon de sonder adroitement la chose.

Il sort.

SCÈNE III

Une antichambre.

FANTASIO, couché sur un tapis.

Quel métier délicieux que celui de bouffon! J'étais gris, je crois, hier soir, lorsque j'ai pris ce costume et que je me suis présenté au palais; mais, en vérité, jamais la saine raison ne m'a rien inspiré qui valût cet acte de folie. J'arrive, et me voilà reçu, choyé, enregistré, et ce qu'il y a de mieux encore, oublié. Je vais et viens dans ce palais comme si je l'avais habité toute ma vie. Tout à l'heure j'ai rencontré le roi; il n'a pas même eu la curiosité de me regarder; son bouffon

étant mort, on lui a dit : « Sire, en voilà un autre. »
C'est admirable! Dieu merci, voilà ma cervelle à l'aise,
je puis faire toutes les balivernes possibles sans qu'on
me dise rien pour m'en empêcher ; je suis un des
animaux domestiques du roi de Bavière, et si je veux,
tant que je garderai ma bosse et ma perruque, on me
laissera vivre jusqu'à ma mort entre un épagneul et
une pintade. En attendant, mes créanciers peuvent se
casser le nez contre ma porte tout à leur aise. Je suis
aussi bien en sûreté ici sous cette perruque, que dans
les Indes occidentales.

N'est-ce pas la princesse que j'aperçois dans la
chambre voisine, à travers cette glace? Elle rajuste
son voile de noces; deux longues larmes coulent sur
ses joues; en voilà une qui se détache comme une
perle et qui tombe sur sa poitrine. Pauvre petite! j'ai
entendu ce matin sa conversation avec sa gouvernante;
en vérité, c'était par hasard; j'étais assis sur le gazon, sans autre dessein que celui de dormir. Maintenant la voilà qui pleure et qui ne se doute guère que
je la vois encore. Ah! si j'étais un écolier de rhétorique, comme je réfléchirais profondément sur cette
misère couronnée, sur cette pauvre brebis à qui on
met un ruban rose au cou pour la mener à la boucherie! Cette petite fille est sans doute romanesque; il
lui est cruel d'épouser un homme qu'elle ne connaît
pas. Cependant elle se sacrifie en silence. Que le hasard est capricieux! il faut que je me grise, que je

rencontre l'enterrement de Saint-Jean, que je prenne son costume et sa place, que je fasse enfin la plus grande folie de la terre, pour venir voir tomber, à travers cette glace, les deux seules larmes que cette enfant versera peut-être sur son triste voile de fiancée !

Il sort.

SCÈNE IV

Une allée du jardin.

LE PRINCE, MARINONI.

LE PRINCE.

Tu n'es qu'un sot, colonel.

MARINONI.

Votre altesse se trompe sur mon compte de la manière la plus pénible.

LE PRINCE.

Tu es un maître butor. Ne pouvais-tu pas empêcher cela? Je te confie le plus grand projet qui se soit enfanté depuis une suite d'années incalculable, et toi, mon meilleur ami, mon plus fidèle serviteur, tu entasses bêtises sur bêtises. Non, non, tu as beau dire, cela n'est point pardonnable.

MARINONI.

Comment pouvais-je empêcher votre altesse de s'attirer les désagréments qui sont la suite nécessaire du rôle supposé qu'elle joue? Vous m'ordonnez de prendre

votre nom et de me comporter en véritable prince de
Mantoue. Puis-je empêcher le roi de Bavière de faire
un affront à mon aide de camp? Vous aviez tort de
vous mêler de nos affaires.

LE PRINCE.

Je voudrais bien qu'un maraud comme toi se mêlât
de me donner des ordres.

MARINONI.

Considérez, altesse, qu'il faut cependant que je sois
le prince ou que je sois l'aide de camp. C'est par votre
ordre que j'agis.

LE PRINCE.

Me dire que je suis un impertinent en présence de
toute la cour, parce que j'ai voulu baiser la main de
la princesse! Je suis prêt à lui déclarer la guerre, et
à retourner dans mes États pour me mettre à la tête
de mes armées.

MARINONI.

Songez donc, altesse, que ce mauvais compliment
s'adressait à l'aide de camp et non au prince. Préten-
dez-vous qu'on vous respecte sous ce déguisement?

LE PRINCE.

Il suffit. Rends-moi mon habit.

MARINONI, ôtant l'habit.

Si mon souverain l'exige, je suis prêt à mourir pour
lui.

LE PRINCE.

En vérité, je ne sais que résoudre. D'un côté, je

suis furieux de ce qui m'arrive, et d'un autre, je suis désolé de renoncer à mon projet. La princesse ne paraît pas répondre indifféremment aux mots à double entente dont je ne cesse de la poursuivre. Déjà je suis parvenu deux ou trois fois à lui dire à l'oreille des choses incroyables. Viens, réfléchissons à tout cela.

MARINONI, tenant l'habit.

Que ferai-je, altesse?

LE PRINCE.

Remets-le, remets-le, et rentrons au palais.

Ils sortent.

SCÈNE V

LA PRINCESSE ELSBETH, LE ROI.

LE ROI.

Ma fille, il faut répondre franchement à ce que je vous demande : Ce mariage vous déplaît-il?

ELSBETH.

C'est à vous, sire, de répondre vous-même. Il me plaît, s'il vous plaît; il me déplaît, s'il vous déplaît.

LE ROI.

Le prince m'a paru être un homme ordinaire, dont il est difficile de rien dire. La sottise de son aide de camp lui fait seule tort dans mon esprit; quant à lui, c'est peut-être un bon prince, mais ce n'est pas un homme élevé. Il n'y a rien en lui qui me repousse ou qui m'attire. Que puis-je te dire là-dessus? Le cœur des femmes a des secrets que je ne puis connaître ; elles se font des héros parfois si étranges, elles saisissent si singulièrement un ou deux côtés d'un homme qu'on leur présente, qu'il est impossible de juger pour elles, tant qu'on n'est pas guidé par quelque point tout à fait sensible. Dis-moi donc clairement ce que tu penses de ton fiancé.

ELSBETH.

Je pense qu'il est prince de Mantoue, et que la guerre recommencera demain entre lui et vous, si je ne l'épouse pas.

LE ROI.

Cela est certain, mon enfant.

ELSBETH.

Je pense donc que je l'épouserai, et que la guerre sera finie.

LE ROI.

Que les bénédictions de mon peuple te rendent grâces pour ton père ! O ma fille chérie ! je serai heureux de cette alliance ; mais je ne voudrais pas voir dans ces beaux yeux bleus cette tristesse qui dément leur résignation. Réfléchis encore quelques jours.

Il sort. — Entre Fantasio.

ELSBETH.

Te voilà, pauvre garçon ! comment te plais-tu ici ?

FANTASIO

Comme un oiseau en liberté.

ELSBETH.

Tu aurais mieux répondu, si tu avais dit comme un oiseau en cage. Ce palais en est une assez belle; cependant c'en est une.

FANTASIO.

La dimension d'un palais ou d'une chambre ne fait pas l'homme plus ou moins libre. Le corps se remue où il peut; l'imagination ouvre quelquefois des ailes grandes comme le ciel dans un cachot grand comme la main.

ELSBETH.

Ainsi donc, tu es un heureux fou?

FANTASIO.

Très heureux. Je fais la conversation avec les petits chiens et les marmitons. Il y a un roquet pas plus haut que cela dans la cuisine, qui m'a dit des choses charmantes.

ELSBETH.

En quel langage?

FANTASIO.

Dans le style le plus pur. Il ne ferait pas une seule faute de grammaire dans l'espace d'une année.

ELSBETH.

Pourrais-je entendre quelques mots de ce style?

FANTASIO.

En vérité, je ne le voudrais pas; c'est une langue qui est particulière. Il n'y a que les roquets qui la parlent; les arbres et les grains de blé eux-mêmes la savent aussi; mais les filles de roi ne la savent pas. A quand votre noce?

ELSBETH.

Dans quelques jours tout sera fini.

FANTASIO.

C'est-à-dire tout sera commencé. Je compte vous offrir un présent de ma main.

ELSBETH.

Quel présent? Je suis curieuse de cela.

FANTASIO.

Je compte vous offrir un joli petit serin empaillé, qui chante comme un rossignol.

ELSBETH.

Comment peut-il chanter, s'il est empaillé?

FANTASIO.

Il chante parfaitement.

ELSBETH.

En vérité, tu te moques de moi avec un rare acharnement.

FANTASIO.

Point du tout. Mon serin a une petite serinette dans le ventre. On pousse tout doucement un petit ressort sous la patte gauche, et il chante tous les opéras nouveaux, exactement comme mademoiselle Grisi.

ELSBETH.

C'est une invention de ton esprit, sans doute?

FANTASIO.

En aucune façon. C'est un serin de cour; il y a

beaucoup de petites filles très bien élevées qui n'ont pas d'autres procédés que celui-là. Elles ont un petit ressort sous le bras gauche, un joli petit ressort en diamant fin, comme la montre d'un petit-maître. Le gouverneur ou la gouvernante fait jouer le ressort, et vous voyez aussitôt les lèvres s'ouvrir avec le sourire le plus gracieux ; une charmante cascatelle de paroles mielleuses sort avec le plus doux murmure, et toutes les convenances sociales, pareilles à des nymphes légères, se mettent aussitôt à dansoter sur la pointe du pied autour de la fontaine merveilleuse. Le prétendu ouvre des yeux ébahis ; l'assistance chuchote avec indulgence, et le père, rempli d'un secret contentement, regarde avec orgueil les boucles d'or de ses souliers.

ELSBETH.

Tu parais revenir volontiers sur de certains sujets. Dis-moi, bouffon, que t'ont donc fait ces pauvres jeunes filles, pour que tu en fasses si gaîment la satire ? Le respect d'aucun devoir ne peut-il trouver grâce devant toi ?

FANTASIO.

Je respecte fort la laideur ; c'est pourquoi je me respecte moi-même si profondément.

ELSBETH.

Tu parais quelquefois en savoir plus que tu n'en dis. D'où viens-tu donc, et qui es-tu, pour que, depuis un jour que tu es ici, tu saches déjà pénétrer des mystères que les princes eux-mêmes ne soupçonneront jamais? Est-ce à moi que s'adressent tes folies, ou est-ce au hasard que tu parles?

FANTASIO.

C'est au hasard, je parle beaucoup au hasard : c'est mon plus cher confident.

ELSBETH.

Il semble en effet t'avoir appris ce que tu ne devrais pas connaître. Je croirais volontiers que tu épies mes actions et mes paroles.

FANTASIO.

Dieu le sait. Que vous importe?

ELSBETH.

Plus que tu ne peux penser. Tantôt dans cette chambre, pendant que je mettais mon voile, j'ai entendu marcher tout à coup derrière la tapisserie. Je me trompe fort si ce n'était toi qui marchais.

FANTASIO.

Soyez sûre que cela reste entre votre mouchoir et moi. Je ne suis pas plus indiscret que je ne suis curieux. Quel plaisir pourraient me faire vos chagrins? quel chagrin pourraient me faire vos plaisirs? Vous êtes ceci, et moi cela. Vous êtes jeune, et moi je suis vieux; belle, et je suis laid; riche, et je suis pauvre. Vous voyez bien qu'il n'y a aucun rapport entre nous. Que vous importe que le hasard ait croisé sur sa grande route deux roues qui ne suivent pas la même ornière, et qui ne peuvent marquer sur la même poussière?

Est-ce ma faute s'il m'est tombé, tandis que je dormais, une de vos larmes sur la joue?

ELSBETH.

Tu me parles sous la forme d'un homme que j'ai aimé, voilà pourquoi je t'écoute malgré moi. Mes yeux croient voir Saint-Jean; mais peut-être n'es-tu qu'un espion?

FANTASIO.

A quoi cela me servirait-il? Quand il serait vrai que votre mariage vous coûterait quelques larmes, et quand je l'aurais appris par hasard, qu'est-ce que je gagnerais à l'aller raconter? On ne me donnerait pas une pistole pour cela, et on ne vous mettrait pas au cabinet noir. Je comprends très bien qu'il doit être assez ennuyeux d'épouser le prince de Mantoue; mais, après tout, ce n'est pas moi qui en suis chargé. Demain ou après-demain vous serez partie pour Mantoue avec votre robe de noce, et moi je serai encore sur ce tabouret avec mes vieilles chausses. Pourquoi voulez-vous que je vous en veuille? Je n'ai pas de raison pour désirer votre mort; vous ne m'avez jamais prêté d'argent.

ELSBETH.

Mais si le hasard t'a fait voir ce que je veux qu'on ignore, ne dois-je pas te mettre à la porte, de peur de nouvel accident?

FANTASIO.

Avez-vous le dessein de me comparer à un confident de tragédie, et craignez-vous que je ne suive votre ombre en déclamant! Ne me chassez pas, je vous en prie. Je m'amuse beaucoup ici. Tenez, voilà votre gouvernante qui arrive avec des mystères plein ses poches. La preuve que je ne l'écouterai pas, c'est que je m'en vais à l'office manger une aile de pluvier que le majordome a mise de côté pour sa femme.

Il sort.

LA GOUVERNANTE, entrant.

Savez-vous une chose terrible, ma chère Elsbeth?

ELSBETH.

Que veux-tu dire? tu es toute tremblante.

LA GOUVERNANTE.

Le prince n'est pas le prince, ni l'aide de camp non plus. C'est un vrai conte de fées.

ELSBETH.

Quel imbroglio me fais-tu là?

LA GOUVERNANTE.

Chut! chut! C'est un des officiers du prince lui-même qui vient de me le dire. Le prince de Mantoue est un véritable Almaviva; il est déguisé et caché parmi les aides de camp; il a voulu sans doute chercher à vous voir et à vous connaître d'une manière féerique. Il est déguisé, le digne seigneur, il est déguisé comme Lindor; celui qu'on vous a présenté comme votre futur époux n'est qu'un aide de camp nommé Marinoni.

ELSBETH.

Cela n'est pas possible!

LA GOUVERNANTE.

Cela est certain, certain mille fois. Le digne homme

est déguisé; il est impossible de le reconnaître; c'est une chose extraordinaire.

ELSBETH.

Tu tiens cela, dis-tu, d'un officier?

LA GOUVERNANTE.

D'un officier du prince. Vous pouvez le lui demander à lui-même.

ELSBETH.

Et il ne t'a pas montré parmi les aides de camp le véritable prince de Mantoue?

LA GOUVERNANTE.

Figurez-vous qu'il en tremblait lui-même, le pauvre homme, de ce qu'il me disait. Il ne m'a confié son secret que parce qu'il désire vous être agréable, et qu'il savait que je vous préviendrais. Quant à Marinoni, cela est positif; mais, pour ce qui est du prince véritable, il ne me l'a pas montré.

ELSBETH.

Cela me donnerait quelque chose à penser, si c'était vrai. Viens, amène-moi cet officier.

Entre un page.

LA GOUVERNANTE.

Qu'y a-t-il, Flamel? Tu parais hors d'haleine.

LE PAGE.

Ah! madame! c'est une chose à en mourir de rire. Je n'ose parler devant votre altesse.

ELSBETH.

Parle; qu'y a-t-il encore de nouveau?

LE PAGE.

Au moment où le prince de Mantoue entrait à cheval dans la cour, à la tête de son état-major, sa perruque s'est enlevée dans les airs, et a disparu tout à coup.

ELSBETH.

Pourquoi cela? Quelle niaiserie.

LE PAGE.

Madame, je veux mourir si ce n'est pas la vérité. La perruque s'est enlevée en l'air au bout d'un hameçon. Nous l'avons retrouvée dans l'office, à côté d'une bouteille cassée; on ignore qui a fait cette plaisanterie. Mais le duc n'en est pas moins furieux, et il a juré que si l'auteur n'en est pas puni de mort, il déclarera la guerre au roi votre père, et mettra tout à feu et à sang.

ELSBETH.

Viens écouter toute cette histoire, ma chère. Mon sérieux commence à m'abandonner.

Entre un autre page.

ELSBETH.

Eh bien! quelle nouvelle?

LE PAGE.

Madame, le bouffon du roi est en prison: c'est lui qui a enlevé la perruque du prince.

ELSBETH.

Le bouffon est en prison? et sur l'ordre du prince?

LE PAGE.

Oui, altesse.

ELSBETH.

Viens, chère mère, il faut que je te parle.

Elle sort avec sa gouvernante.

SCÈNE VI

LE PRINCE, MARINONI.

LE PRINCE.

Non, non, laisse-moi me démasquer. Il est temps que j'éclate. Cela ne se passera pas ainsi. Feu et sang! une perruque royale au bout d'un hameçon! Sommes-nous chez les barbares, dans les déserts de la Sibérie? Y a-t-il encore sous le soleil quelque chose de civilisé et de convenable? J'écume de colère, et les yeux me sortent de la tête.

MARINONI.

Vous perdez tout par cette violence.

LE PRINCE.

Et ce père, ce roi de Bavière, ce monarque vanté dans tous les almanachs de l'année passée! cet homme qui a un extérieur si décent, qui s'exprime en termes si mesurés, et qui se met à rire en voyant la perruque de son gendre voler dans les airs! Car enfin, Marinoni, je conviens que c'est ta perruque qui a été enlevée; mais n'est-ce pas toujours celle du prince de Mantoue, puisque c'est lui que l'on croit voir en toi? Quand je pense que si c'eût été moi, en chair et en os, ma perruque aurait peut-être... Ah! il y a une providence; lorsque Dieu m'a envoyé tout d'un coup l'idée de me travestir; lorsque cet éclair a traversé ma pensée : « Il faut que je me travestisse, » ce fatal événement était prévu par le destin. C'est lui qui a sauvé de l'affront le plus intolérable la tête qui gouverne mes peuples. Mais, par le ciel! tout sera connu. C'est trop longtemps trahir ma dignité. Puisque les majestés divines et humaines sont impitoyablement violées et lacérées, puisqu'il n'y a plus chez les hommes de notions du bien et du mal, puisque le roi de plusieurs milliers d'hommes éclate de rire comme un palefrenier à la vue d'une perruque, Marinoni, rends-moi mon habit.

MARINONI, ôtant son habit.

Si mon souverain le commande, je suis prêt à souffrir pour lui mille tortures.

LE PRINCE.

Je connais ton dévouement. Viens, je vais dire au roi son fait en propres termes.

MARINONI.

Vous refusez la main de la princesse? elle vous a cependant lorgné d'une manière évidente pendant tout le dîner.

LE PRINCE.

Tu crois? Je me perds dans un abîme de perplexités. Viens toujours, allons chez le roi.

MARINONI, tenant l'habit.

Que faut-il faire, altesse?

LE PRINCE.

Remets-le pour un instant. Tu me le rendras tout à l'heure; ils seront bien plus pétrifiés en m'entendant prendre le ton qui me convient, sous ce frac de couleur foncée.

Ils sortent.

SCÈNE VII

Une prison.

FANTASIO, seul.

Je ne sais s'il y a une providence, mais c'est amusant d'y croire. Voilà pourtant une pauvre petite princesse qui allait épouser à son corps défendant un animal immonde, un cuistre de province, à qui le hasard a laissé tomber une couronne sur la tête, comme l'aigle d'Eschyle sa tortue. Tout était préparé; les chandelles allumées, le prétendu poudré, la pauvre petite confessée. Elle avait essuyé les deux charmantes larmes que j'ai vues couler ce matin. Rien ne manquait que deux ou trois capucinades pour que le malheur de sa vie fût en règle. Il y avait dans tout cela la fortune de deux royaumes, la tranquillité de deux peuples; et il faut que j'imagine de me déguiser en bossu, pour venir me griser derechef dans l'office de notre bon roi, et pour pêcher au bout d'une ficelle la perruque de son cher allié! En vérité, lorsque je suis gris, je crois que j'ai quelque chose de surhumain. Voilà le mariage manqué et tout remis en question. Le prince de Mantoue a demandé ma tête en échange de sa perruque. Le roi de Bavière a trouvé la peine un peu forte, et n'a consenti qu'à la prison. Le prince de Mantoue, grâce à Dieu, est si bête, qu'il se ferait plutôt couper en morceaux que d'en démordre ; ainsi la princesse reste fille, du moins pour cette fois. S'il n'y a pas là le sujet d'un poème épique en douze chants, je ne m'y connais pas. Pope et Boileau ont fait des vers admirables sur des sujets bien moins importants. Ah ! si j'étais poète, comme je peindrais la scène de cette perruque voltigeant dans les airs ! Mais celui qui est capable de faire de pareilles choses dédaigne de les écrire. Ainsi la postérité s'en passera.

Il s'endort. — Entrent Elsbeth et sa gouvernante, une lampe à la main.

ELSBETH.

Il dort ; ferme la porte doucement.

LA GOUVERNANTE.

Voyez ; cela n'est pas douteux. Il a ôté sa perruque postiche, sa difformité a disparu en même temps ; le voilà tel qu'il est, tel que ses peuples le voient sur son char de triomphe ; c'est le noble prince de Mantoue.

ELSBETH.

Oui, c'est lui ; voilà ma curiosité satisfaite ; je voulais voir son visage, et rien de plus ; laisse-moi me pencher sur lui.

Elle prend la lampe.

Psyché, prends garde à ta goutte d'huile.

LA GOUVERNANTE.

Il est beau comme un vrai Jésus.

ELSBETH.

Pourquoi m'as-tu donné à lire tant de romans et de contes de fées? Pourquoi as-tu semé dans ma pauvre pensée tant de fleurs étranges et mystérieuses?

LA GOUVERNANTE.

Comme vous voilà émue sur la pointe de vos petits pieds!

ELSBETH.

Il s'éveille; allons-nous-en.

FANTASIO, s'éveillant.

Est-ce un rêve? Je tiens le coin d'une robe blanche.

ELSBETH.

Lâchez-moi! laissez-moi partir.

FANTASIO.

C'est vous, princesse! Si c'est la grâce du bouffon du roi que vous m'apportez si divinement, laissez-moi remettre ma bosse et ma perruque; ce sera fait dans un instant.

LA GOUVERNANTE.

Ah! prince, qu'il vous sied mal de nous tromper ainsi! Ne reprenez pas ce costume; nous savons tout.

FANTASIO.

Prince! où en voyez-vous un?

LA GOUVERNANTE.

A quoi sert-il de dissimuler?

ACTE II, SCÈNE VII.

FANTASIO.

Je ne dissimule pas le moins du monde; par quel hasard m'appelez-vous prince?

LA GOUVERNANTE.

Je connais mes devoirs envers Votre Altesse.

FANTASIO.

Madame, je vous supplie de m'expliquer les paroles de cette honnête dame. Y a-t-il réellement quelque méprise extravagante, ou suis-je l'objet d'une raillerie?

ELSBETH.

Pourquoi le demander, lorsque c'est vous-même qui raillez?

FANTASIO.

Suis-je donc un prince, par hasard? Concevrait-on quelque soupçon sur l'honneur de ma mère?

ELSBETH.

Qui êtes-vous, si vous n'êtes pas le prince de Mantoue?

FANTASIO.

Mon nom est Fantasio; je suis un bourgeois de Munich.

Il lui montre une lettre.

ELSBETH.

Un bourgeois de Munich? Et pourquoi êtes-vous déguisé? Que faites-vous ici?

FANTASIO.

Madame, je vous supplie de me pardonner.

Il se jette à genoux.

ELSBETH.

Que veut dire cela ? Relevez-vous, homme, et sortez d'ici ! Je vous fais grâce d'une punition que vous mériteriez peut-être. Qui vous a poussé à cette action?

FANTASIO.

Je ne puis dire le motif qui m'a conduit ici.

ELSBETH.

Vous ne pouvez le dire? et cependant je veux le savoir.

FANTASIO.

Excusez-moi, je n'ose l'avouer.

LA GOUVERNANTE.

Sortons, Elsbeth ; ne vous exposez pas à entendre des discours indignes de vous. Cet homme est un voleur, ou un insolent qui va vous parler d'amour.

ELSBETH.

Je veux savoir la raison qui vous a fait prendre ce costume.

FANTASIO.

Je vous supplie, épargnez-moi.

ELSBETH.

Non, non! parlez, ou je ferme cette porte sur vous pour dix ans.

FANTASIO.

Madame, je suis criblé de dettes ; mes créanciers ont obtenu un arrêt contre moi ; à l'heure où je vous parle, mes meubles sont vendus, et si je n'étais dans cette prison, je serais dans une autre. On a dû venir m'arrêter hier au soir; ne sachant où passer la nuit, ni comment me soustraire aux poursuites des huissiers, j'ai imaginé de prendre ce costume et de venir me réfugier aux pieds du roi; si vous me rendez la liberté, on va me prendre au collet; mon oncle est un avare qui vit de pommes de terre et de radis, et qui me laisse mourir de faim dans tous les cabarets du royaume. Puisque vous voulez le savoir, je dois vingt mille écus.

ELSBETH.

Tout cela est-il vrai?

FANTASIO.

Si je mens, je consens à les payer.

On entend un bruit de chevaux.

LA GOUVERNANTE.

Voilà des chevaux qui passent; c'est le roi en personne. Si je pouvais faire signe à un page!

Elle appelle par la fenêtre.

Holà! Flamel, où allez-vous donc?

LE PAGE, en dehors.

Le prince de Mantoue va partir.

LA GOUVERNANTE.

Le prince de Mantoue!

LE PAGE.

Oui, la guerre est déclarée. Il y a eu entre lui et le roi une scène épouvantable devant toute la cour, et le mariage de la princesse est rompu.

ELSBETH.

Entendez-vous cela, monsieur Fantasio? vous avez fait manquer mon mariage.

LA GOUVERNANTE.

Seigneur mon Dieu! le prince de Mantoue s'en va, et je ne l'aurai pas vu!

ELSBETH.

Si la guerre est déclarée, quel malheur!

FANTASIO.

Vous appelez cela un malheur, altesse? Aimeriez-vous mieux un mari qui prend fait et cause pour sa perruque? Eh! madame, si la guerre est déclarée, nous saurons quoi faire de nos bras; les oisifs de nos promenades mettront leurs uniformes; moi-même je prendrai mon fusil de chasse, s'il n'est pas encore vendu. Nous irons faire un tour d'Italie, et si vous entrez jamais à Mantoue, ce sera comme une véritable reine, sans qu'il y ait besoin pour cela d'autres cierges que nos épées.

ELSBETH.

Fantasio, veux-tu rester le bouffon de mon père? Je te paye tes vingt mille écus.

FANTASIO.

Je le voudrais de grand cœur; mais en vérité, si j'y étais forcé, je sauterais par la fenêtre pour me sauver un de ces jours.

ELSBETH.

Pourquoi? Tu vois que Saint-Jean est mort; il nous faut absolument un bouffon.

FANTASIO.

J'aime ce métier plus que tout autre; mais je ne puis faire aucun métier. Si vous trouvez que cela vaille vingt mille écus de vous avoir débarrassée du prince de Mantoue, donnez-les moi, et ne payez pas mes dettes. Un gentilhomme sans dettes ne saurait où se présenter. Il ne m'est jamais venu à l'esprit de me trouver sans dettes.

ELSBETH.

Eh bien! je te les donne; mais prends la clef de mon jardin : le jour où tu t'ennuieras d'être poursuivi par tes créanciers, viens te cacher dans les bluets où je t'ai trouvé ce matin; aie soin de prendre ta perruque et ton habit bariolé; ne parais pas devant moi sans cette taille contrefaite et ces grelots d'argent; car c'est ainsi que tu m'as plu : tu redeviendras mon bouffon pour le temps qu'il te plaira de l'être, et puis tu iras à tes affaires. Maintenant tu peux t'en aller, la porte est ouverte.

LA GOUVERNANTE.

Est-il possible que le prince de Mantoue soit parti sans que je l'aie vu.

FIN DE FANTASIO.

L'année 1832 avait été attristée par deux fléaux, la guerre civile et le choléra. Pendant l'hiver suivant, la jeunesse parisienne se jeta dans les plaisirs avec une ardeur extraordinaire, comme il arrive souvent à la suite des grandes calamités publiques. C'est au souvenir des folies du carnaval que *Fantasio* a dû le jour. Alfred de Musset écrivit cette comédie vers la fin de 1833, peu de temps avant de partir pour l'Italie, dans un moment où il n'avait que des idées riantes, et même toutes les raisons du monde de se croire le plus heureux des hommes.

En 1851, lorsqu'il eut fait représenter les *Caprices de Marianne*, l'auteur eut quelque envie d'arranger aussi *Fantasio* pour la scène. Il y voulait introduire un élément nouveau, en donnant à entendre au spectateur que l'esprit et la gaieté de Fantasio produisaient une douce impression sur le cœur de la princesse. Dans cette intention, il pensait à transporter la jolie tirade sur le tableau du *Coup de l'étrier* dans une des conversations entre Fantasio et Elsbeth. La scène de la prison devenait un troisième acte, où la princesse mettait un peu d'insistance et de coquetterie à exiger de Fantasio la promesse qu'il reviendrait à la cour. On voyait ensuite arriver Spark, Hartman et Facio, résolus à prendre part, comme volontaires, à la guerre contre le prince de Mantoue. Fantasio refusait de les accompagner, et, après leur départ, il reprenait sa perruque et ses insignes de bouffon, pour aller se cacher dans le parterre où il avait rencontré la princesse. — Il est regrettable que l'auteur n'ait point donné suite à ce projet.

ON NE BADINE PAS
AVEC L'AMOUR

COMÉDIE EN TROIS ACTES

PUBLIÉE EN 1834, REPRÉSENTÉE EN 1861

PERSONNAGES.	ACTEURS QUI ONT CRÉÉ LES RÔLES.
LE BARON.	MM. Provost.
PERDICAN, son fils.	Delaunay.
MAITRE BLAZIUS, gouverneur de Perdican.	Barré.
MAITRE BRIDAINE, curé.	Monrose.
CAMILLE, nièce du baron.	Mlle Favart.
DAME PLUCHE, sa gouvernante.	Jouassain.
ROSETTE, sœur de lait de Camille.	Emma Fleury.
PAYSANS, VALETS.	

Dessin de Bida. Gravé par Ballin.

ON NE BADINE PAS AVEC L'AMOUR.

CAMILLE, à genoux.

Ah ! Malheureuse, je ne puis plus prier !

CHARPENTIER, ÉDITEUR

ON NE BADINE PAS AVEC L'AMOUR.

ACTE PREMIER

SCÈNE PREMIÈRE

Une place devant le château.

LE CHŒUR.

Doucement bercé sur sa mule fringante, messer Blazius s'avance dans les bluets fleuris, vêtu de neuf, l'écritoire au côté. Comme un poupon sur l'oreiller, il se ballotte sur son ventre rebondi, et, les yeux à demi fermés, il marmotte un *Pater noster* dans son triple menton. Salut, maître Blazius ; vous arrivez au temps de la vendange, pareil à une amphore antique.

MAITRE BLAZIUS.

Que ceux qui veulent apprendre une nouvelle d'importance m'apportent ici premièrement un verre de vin frais.

LE CHŒUR.

Voilà notre plus grande écuelle; buvez, maître Blazius; le vin est bon; vous parlerez après.

MAITRE BLAZIUS.

Vous saurez, mes enfants, que le jeune Perdican, fils de notre seigneur, vient d'atteindre à sa majorité, et qu'il est reçu docteur à Paris. Il revient aujourd'hui même au château, la bouche toute pleine de façons de parler si belles et si fleuries, qu'on ne sait que lui répondre les trois quarts du temps. Toute sa gracieuse personne est un livre d'or; il ne voit pas un brin d'herbe à terre, qu'il ne vous dise comment cela s'appelle en latin; et quand il fait du vent ou qu'il pleut, il vous dit tout clairement pourquoi. [Vous ouvririez des yeux grands comme la porte que voilà, de le voir dérouler un des parchemins qu'il a coloriés d'encres de toutes couleurs, de ses propres mains et sans en rien dire à personne.] Enfin c'est un diamant fin des pieds à la tête, et voilà ce que je viens annoncer à M. le baron. Vous sentez que cela me fait quelque honneur, à moi, qui suis son gouverneur depuis l'âge de quatre ans; ainsi donc, mes bons amis,[1] [apportez une chaise, que je descende un peu de cette mule-ci sans me casser le cou; la bête est tant soit peu rétive, et] je ne serais pas fâché de boire encore une gorgée avant d'entrer.

LE CHŒUR.

Buvez, maître Blazius, et reprenez vos esprits. Nous avons vu naître le petit Perdican, et il n'était pas besoin, du moment qu'il arrive, de nous en dire si long. Puissions-nous retrouver l'enfant dans le cœur de l'homme!

MAITRE BLAZIUS.

Ma foi, l'écuelle est vide; je ne croyais pas avoir tout bu. Adieu; j'ai préparé, en trottant sur la route, deux ou trois phrases sans prétention qui plairont à monseigneur [; je vais tirer la cloche].
Il sort.

LE CHŒUR.

Durement cahotée sur son âne essoufflé, dame Pluche gravit la colline; son écuyer transi gourdine à tour de bras le pauvre animal, qui hoche la tête, un chardon entre les dents. Ses longues jambes maigres trépignent de colère, tandis que de ses mains osseuses elle égratigne son chapelet. Bonjour donc, dame Pluche; vous arrivez comme la fièvre, avec le vent qui fait jaunir les bois.

DAME PLUCHE.

Un verre d'eau, canaille que vous êtes! un verre d'eau et un peu de vinaigre!

LE CHŒUR.

D'où venez-vous, Pluche, ma mie? Vos faux cheveux sont couverts de poussière; voilà un toupet de gâté, et votre chaste robe est retroussée jusqu'à vos vénérables jarretières.

DAME PLUCHE.

Sachez, manants, que la belle Camille, la nièce de

votre maître, arrive aujourd'hui au château. Elle a quitté le couvent sur l'ordre exprès de monseigneur, pour venir en son temps et lieu recueillir, comme faire se doit, le bon bien qu'elle a de sa mère. Son éducation, Dieu merci, est terminée, et ceux qui la verront auront la joie de respirer une glorieuse fleur de sagesse et de dévotion. Jamais il n'y a rien eu de si pur, de si ange, de si agneau et de si colombe que cette chère nonnain [; que le Seigneur Dieu du ciel la conduise! Ainsi soit-il]! Rangez-vous, canaille; il me semble que j'ai les jambes enflées.

LE CHŒUR.

Défripez-vous, honnête Pluche, et quand vous prierez Dieu, demandez de la pluie; nos blés sont secs comme vos tibias.

DAME PLUCHE.

Vous m'avez apporté de l'eau dans une écuelle qui sent la cuisine;[donnez-moi la main pour descendre;] vous êtes des butors et des mal-appris.²

Elle sort.

LE CHŒUR.

[Mettons nos habits du dimanche, et attendons que le baron nous fasse appeler.] Ou je me trompe fort, ou quelque joyeuse bombance est dans l'air d'aujourd'hui.

[Ils sortent.]

SCÈNE II

[Le salon du baron.]

Entrent LE BARON, MAITRE BRIDAINE.
ET MAITRE BLAZIUS.

LE BARON.

Maître Bridaine, vous êtes mon ami; je vous présente maître Blazius, gouverneur de mon fils. Mon fils a eu hier matin, à midi huit minutes, vingt et un ans comptés; il est docteur à quatre boules blanches. Maître Blazius, je vous présente maître Bridaine, [curé de la paroisse;] c'est mon ami.[3]

MAITRE BLAZIUS, saluant.

A quatre boules blanches, seigneur : littérature, philosophie, droit romain, droit canon.

LE BARON.

Allez à votre chambre, cher Blazius, mon fils ne va pas tarder à paraître; faites un peu de toilette, et revenez au coup de la cloche.

Maître Blazius sort.

MAITRE BRIDAINE.

Vous dirai-je ma pensée, monseigneur? le gouverneur de votre fils sent le vin à pleine bouche.

LE BARON.

Cela est impossible.

MAITRE BRIDAINE.

J'en suis sûr comme de ma vie; il m'a parlé de fort près tout à l'heure; il sentait le vin à faire peur.

LE BARON.

Brisons là; je vous répète que cela est impossible.

Entre dame Pluche.

Vous voilà, bonne dame Pluche? Ma nièce est sans doute avec vous?

DAME PLUCHE.

Elle me suit, monseigneur; je l'ai devancée de quelques pas.

LE BARON.

Maître Bridaine, vous êtes mon ami. Je vous présente la dame Pluche, gouvernante de ma nièce. Ma nièce est depuis hier, à sept heures de nuit, parvenue à l'âge de dix-huit ans; elle sort du meilleur couvent de France. Dame Pluche, je vous présente maître Bridaine, [curé de la paroisse;] c'est mon ami.

DAME PLUCHE, saluant.

Du meilleur couvent de France, seigneur, et je puis ajouter : la meilleure chrétienne du couvent.

LE BARON.

Allez, dame Pluche, réparer le désordre où vous voilà; ma nièce va bientôt venir, j'espère; soyez prête à l'heure du dîner.

Dame Pluche sort.

MAITRE BRIDAINE.

Cette vieille demoiselle paraît tout à fait pleine d'onction.

LE BARON.

Pleine d'onction et de componction, maître Bridaine; sa vertu est inattaquable.

MAITRE BRIDAINE.

Mais le gouverneur sent le vin; j'en ai la certitude.

LE BARON.

Maître Bridaine, il y a des moments où je doute de votre amitié. Prenez-vous à tâche de me contredire? Pas un mot de plus là-dessus. J'ai formé le dessein de marier mon fils avec ma nièce; c'est un couple assorti : leur éducation me coûte six mille écus.

MAITRE BRIDAINE.

Il sera nécessaire d'obtenir des dispenses.

LE BARON.

Je les ai, Bridaine; elles sont sur ma table, dans mon cabinet. O mon ami! apprenez maintenant que je suis plein de joie. Vous savez que j'ai eu de tout temps la plus profonde horreur pour la solitude. Cependant la place que j'occupe et la gravité de mon habit me forcent à rester dans ce château pendant trois mois d'hiver et trois mois d'été. Il est impossible de faire le bonheur des hommes en général, et de ses vassaux en particulier, sans donner parfois à son valet de chambre l'ordre rigoureux de ne laisser entrer personne. Qu'il est austère et difficile le recueillement de l'homme d'État! et quel plaisir ne trouverai-je pas à tempérer, par la présence de mes deux enfants réunis, la sombre tristesse à laquelle je dois nécessairement être en proie depuis que le roi m'a nommé receveur![4]

MAITRE BRIDAINE.

Ce mariage se fera-t-il ici ou à Paris?

LE BARON.

Voilà où je vous attendais, Bridaine; j'étais sûr de cette question. Eh bien! mon ami, que diriez-vous si ces mains que voilà, oui, Bridaine, vos propres mains, ne les regardez pas d'une manière aussi piteuse, étaient destinées à bénir solennellement l'heureuse confirmation de mes rêves les plus chers? Hé?[5]

MAITRE BRIDAINE.

Je me tais; la reconnaissance me ferme la bouche.

LE BARON.

Regardez par cette fenêtre; ne voyez-vous pas que mes gens se portent en foule à la grille? Mes deux enfants arrivent en même temps; voilà la combinaison la plus heureuse. J'ai disposé les choses de manière à tout prévoir. Ma nièce sera introduite par cette porte à gauche, et mon fils par cette porte à droite. Qu'en dites-vous? Je me fais une fête de voir comment ils s'aborderont, ce qu'ils se diront; six mille écus ne sont pas une bagatelle, il ne faut pas s'y tromper. Ces enfants s'aimaient d'ailleurs fort tendrement dès le berceau. — Bridaine, il me vient une idée.

MAITRE BRIDAINE.

Laquelle?

LE BARON.

Pendant le dîner, sans avoir l'air d'y toucher, — vous comprenez, mon ami, — tout en vidant quelques coupes joyeuses; — vous savez le latin, Bridaine.

MAITRE BRIDAINE.

Ita œdepol, parbleu, si je le sais!

LE BARON.

Je serais bien aise de vous voir entreprendre ce garçon, — discrètement, s'entend, — devant sa cousine; cela ne peut produire qu'un bon effet; — faites-le parler un peu latin, — non pas précisément pendant le dîner, cela deviendrait fastidieux, et quant à moi, je n'y comprends rien; — mais au dessert, — entendez-vous?

MAITRE BRIDAINE.

Si vous n'y comprenez rien, monseigneur, il est probable que votre nièce est dans le même cas.

LE BARON.

Raison de plus; ne voulez-vous pas qu'une femme admire ce qu'elle comprend? D'où sortez-vous, Bridaine? Voilà un raisonnement qui fait pitié.

[MAITRE BRIDAINE.

Je connais peu les femmes; mais il me semble qu'il est difficile qu'on admire ce qu'on ne comprend pas.

LE BARON.

Je les connais, Bridaine, je connais ces êtres charmants et indéfinissables. Soyez persuadé qu'elles aiment à avoir de la poudre dans les yeux, et que plus on leur en jette, plus elles les écarquillent, afin d'en gober davantage.]

Perdican entre d'un côté, Camille de l'autre.

Bonjour, mes enfants; bonjour, ma chère Camille, mon cher Perdican! embrassez-moi, et embrassez-vous.

PERDICAN.

Bonjour, mon père, ma sœur bien-aimée! Quel bonheur! que je suis heureux!

CAMILLE.

Mon père et mon cousin, je vous salue.

PERDICAN.

Comme te voilà grande, Camille! et belle comme le jour.

LE BARON.

Quand as-tu quitté Paris, Perdican?

PERDICAN.

Mercredi, je crois, ou mardi. Comme te voilà métamorphosée en femme! Je suis donc un homme, moi? Il me semble que c'est hier que je t'ai vue pas plus haute que cela.

LE BARON.

Vous devez être fatigués; la route est longue, et il fait chaud.

PERDICAN.

Oh! mon Dieu, non. Regardez donc, mon père, comme Camille est jolie!

LE BARON.

Allons, Camille, embrasse ton cousin.

CAMILLE.

Excusez-moi.

LE BARON.

Un compliment vaut un baiser; embrasse-la, Perdican.

PERDICAN.

Si ma cousine recule quand je lui tends la main, je vous dirai à mon tour : Excusez-moi; l'amour peut voler un baiser, mais non pas l'amitié.

CAMILLE.

L'amitié ni l'amour ne doivent recevoir que ce qu'ils peuvent rendre.

LE BARON, à maître Bridaine.

Voilà un commencement de mauvais augure, hé?

MAITRE BRIDAINE, au baron.

Trop de pudeur est sans doute un défaut; mais le mariage lève bien des scrupules.

LE BARON, à maître Bridaine.

Je suis choqué, — blessé. — Cette réponse m'a déplu. — *Excusez-moi!* Avez-vous vu qu'elle a fait mine de se signer? — Venez ici, que je vous parle. — Cela m'est pénible au dernier point. Ce moment, qui devait m'être si doux, est complètement gâté. — Je suis vexé, piqué. — Diable! voilà qui est fort mauvais.

MAITRE BRIDAINE.

Dites-leur quelques mots; les voilà qui se tournent le dos.

LE BARON.

Eh bien! mes enfants, à quoi pensez-vous donc? Que fais-tu là, Camille, devant cette tapisserie?

CAMILLE, regardant un tableau.

Voilà un beau portrait, mon oncle! N'est-ce pas une grand'tante à nous?

LE BARON.

Oui, mon enfant, c'est ta bisaïeule, — ou du moins la sœur de ton bisaïeul, — car la chère dame n'a jamais concouru, — pour sa part, je crois, autrement qu'en prières, — à l'accroissement de la famille. — C'était, ma foi, une sainte femme.

CAMILLE.

Oh! oui, une sainte! c'est ma grand'tante Isabelle. Comme ce costume religieux lui va bien!

LE BARON.

Et toi, Perdican, que fais-tu là devant ce pot de fleurs?

PERDICAN.

Voilà une fleur charmante, mon père. C'est un héliotrope.

LE BARON.

Te moques-tu? elle est grosse comme une mouche.

PERDICAN.

Cette petite fleur grosse comme une mouche a bien son prix.

MAITRE BRIDAINE.

Sans doute! le docteur a raison. Demandez-lui à quel sexe, à quelle classe elle appartient, de quels éléments elle se forme, d'où lui viennent sa séve et sa couleur; il vous ravira en extase en vous détaillant les phénomènes de ce brin d'herbe, depuis la racine jusqu'à la fleur.

PERDICAN.

Je n'en sais pas si long, mon révérend. Je trouve qu'elle sent bon, voilà tout.

SCÈNE III

[Devant le château.]

[Entre LE CHŒUR.]

[Plusieurs choses me divertissent et excitent ma curiosité. Venez, mes amis, et asseyons-nous sous ce noyer. Deux formidables dîneurs sont en ce moment en présence au château, maître Bridaine et maître Blazius. N'avez-vous pas fait une remarque? c'est que lorsque deux hommes à peu près pareils, également gros, également sots, ayant les mêmes vices et les mêmes passions, viennent par hasard à se rencontrer, il faut nécessairement qu'ils s'adorent ou qu'ils s'exècrent. Par la raison que les contraires s'attirent, qu'un homme grand et desséché aimera un homme petit et rond, que les blonds recherchent les bruns, et réciproquement, je prévois une lutte secrète entre le gouverneur et le curé. Tous deux sont armés d'une égale impudence; tous deux ont pour ventre un tonneau; non seulement ils sont gloutons, mais ils sont gourmets; tous deux se disputeront, à dîner, non seulement la quantité, mais la qualité. Si le poisson est petit, comment faire? et dans tous les cas une langue de carpe ne peut se partager, et une carpe ne peut avoir deux langues. *Item*, tous deux sont bavards; mais à la rigueur ils peuvent parler ensemble sans s'écouter ni l'un ni l'autre. Déjà maître Bridaine a voulu adresser au jeune Perdican plusieurs questions pédantes, et le gouverneur a froncé le sourcil. Il lui est désagréable qu'un autre que lui semble mettre son élève à l'épreuve. *Item*, ils sont aussi ignorants l'un que l'autre. *Item*, ils sont prêtres tous deux; l'un se targuera de sa cure, l'autre se rengorgera dans sa charge de gouverneur. Maître Blazius confesse le fils, et maître Bridaine le père. Déjà je les vois accoudés sur la table, les joues enflammées, les yeux à fleur de tête, secouer pleins de haine leurs triples mentons. Ils se regardent de la tête aux pieds, ils préludent par de légères escarmouches; bientôt la guerre se déclare; les cuistreries de toute espèce se croisent et s'échangent, et, pour comble de malheur, entre les deux ivrognes s'agite dame Pluche, qui les repousse l'un et l'autre de ses coudes affilés.

Maintenant que voilà le dîner fini, on ouvre la grille du château. C'est la compagnie qui sort; retirons-nous à l'écart.

Ils sortent. — Entrent le baron et dame Pluche.

LE BARON.

Vénérable Pluche, je suis peiné.

DAME PLUCHE.

Est-il possible, monseigneur?

LE BARON.

Oui, Pluche, cela est possible. J'avais compté depuis longtemps, — j'avais même écrit, noté, — sur mes tablettes de poche, — que ce jour devait être le plus agréable de mes jours, — oui, bonne dame, le plus agréable. — Vous n'ignorez pas que mon dessein était de marier mon fils avec ma nièce; — cela était résolu, — convenu, — j'en avais parlé à Bridaine, — et je vois, je crois voir, que ces enfants se parlent froidement; ils ne se sont pas dit un mot.

DAME PLUCHE.

Les voilà qui viennent, monseigneur. Sont-ils prévenus de vos projets?

LE BARON.

Je leur en ai touché quelques mots en particulier. Je crois qu'il serait bon, puisque les voilà réunis, de nous asseoir sous cet ombrage propice, et de les laisser ensemble un instant.]

[Il se retire avec dame Pluche. — Entrent Camille et Perdican.]

PERDICAN.

Sais-tu que cela n'a rien de beau, Camille, de m'avoir refusé un baiser?

CAMILLE.

Je suis comme cela; c'est ma manière.

PERDICAN.

Veux-tu mon bras pour faire un tour dans le village?

CAMILLE.

Non, je suis lasse.

PERDICAN.

Cela ne te ferait pas plaisir de revoir la prairie? Te souviens-tu de nos parties sur le bateau? Viens, nous descendrons jusqu'aux moulins; je tiendrai les rames, et toi le gouvernail.

CAMILLE.

Je n'en ai nulle envie.

PERDICAN.

Tu me fends l'âme. Quoi! pas un souvenir, Camille? pas un battement de cœur pour notre enfance, pour tout ce pauvre temps passé, si bon, si doux, si plein de niaiseries délicieuses? Tu ne veux pas venir voir le sentier par où nous allions à la ferme?

CAMILLE.

Non, pas ce soir.

PERDICAN.

Pas ce soir! et quand donc? Toute notre vie est là.

CAMILLE.

Je ne suis pas assez jeune pour m'amuser de mes poupées, ni assez vieille pour aimer le passé.

PERDICAN.

Comment dis-tu cela?

CAMILLE.

Je dis que les souvenirs d'enfance ne sont pas de mon goût.

PERDICAN.

Cela t'ennuie?

CAMILLE.

Oui, cela m'ennuie.

PERDICAN.

Pauvre enfant! Je te plains sincèrement.

<small>Ils sortent chacun de leur côté.</small>

LE BARON, rentrant avec dame Pluche.

Vous le voyez, et vous l'entendez, excellente Pluche; je m'attendais à la plus suave harmonie, et il me semble assister à un concert où le violon joue : *Mon cœur soupire*, pendant que la flûte joue *Vive Henri IV*. Songez à la discordance affreuse qu'une pareille combinaison produirait. Voilà pourtant ce qui se passe dans mon cœur.

DAME PLUCHE.

Je l'avoue; il m'est impossible de blâmer Camille, et rien n'est de plus mauvais ton, à mon sens, que les parties de bateau.

LE BARON.

Parlez-vous sérieusement?

DAME PLUCHE.

Seigneur, une jeune fille qui se respecte ne se hasarde pas sur les pièces d'eau.

LE BARON.

Mais observez donc, dame Pluche, que son cousin doit l'épouser, et que dès lors...

DAME PLUCHE.

Les convenances défendent de tenir un gouvernail, et il est malséant de quitter la terre ferme seule avec un jeune homme.

LE BARON.

Mais je répète,... je vous dis...

DAME PLUCHE.

C'est là mon opinion.

LE BARON.

Êtes-vous folle? En vérité, vous me feriez dire... Il y a certaines expressions que je ne veux pas,... qui me répugnent... Vous me donnez envie... En vérité, si je ne me retenais... Vous êtes une pécore, Pluche! je ne sais que penser de vous.

Il sort.

SCÈNE IV

[Une place.]

LE CHŒUR, PERDICAN.

PERDICAN.

Bonjour, mes amis. Me reconnaissez-vous?

LE CHŒUR.

Seigneur, vous ressemblez à un enfant que nous avons beaucoup aimé.

PERDICAN.

N'est-ce pas vous qui m'avez porté sur votre dos pour passer les ruisseaux de vos prairies, vous qui m'avez fait danser sur vos genoux, qui m'avez pris en croupe sur vos chevaux robustes, qui vous êtes serrés quelquefois autour de vos tables pour me faire une place au souper de la ferme?

LE CHŒUR.

Nous nous en souvenons, seigneur. Vous étiez bien le plus mauvais garnement et le meilleur garçon de la terre.

PERDICAN.

Et pourquoi donc alors ne m'embrassez-vous pas, au lieu de me saluer comme un étranger?

LE CHŒUR.

Que Dieu te bénisse, enfant de nos entrailles! Chacun de nous voudrait te prendre dans ses bras, mais nous sommes vieux, monseigneur, et vous êtes un homme.

PERDICAN.

Oui, il y a dix ans que je ne vous ai vus, et en un jour tout change sous le soleil. Je me suis élevé de quelques pieds vers le ciel, et vous vous êtes courbés de quelques pouces vers le tombeau. Vos têtes ont blanchi, vos pas sont devenus plus lents; vous ne pouvez plus soulever de terre votre enfant d'autrefois. C'est donc à moi d'être votre père, à vous qui avez été les miens.

LE CHŒUR.

Votre retour est un jour plus heureux que votre naissance. Il est plus doux de retrouver ce qu'on aime que d'embrasser un nouveau-né.

PERDICAN.

Voilà donc ma chère vallée ! mes noyers, mes sentiers verts, ma petite fontaine! voilà mes jours passés encore tout pleins de vie, voilà le monde mystérieux des rêves de mon enfance ! O patrie! patrie, mot incompréhensible ! l'homme n'est-il donc né que pour un coin de terre, pour y bâtir son nid et pour y vivre un jour?

LE CHŒUR.

On nous a dit que vous êtes un savant, monseigneur.

PERDICAN.

Oui, on me l'a dit aussi. Les sciences sont une belle chose, mes enfants; ces arbres et ces prairies enseignent à haute voix la plus belle de toutes, l'oubli de ce qu'on sait.

LE CHŒUR.

Il s'est fait plus d'un changement pendant votre absence. Il y a des filles mariées et des garçons partis pour l'armée.

PERDICAN.

Vous me conterez tout cela. Je m'attends bien à du nouveau; mais en vérité je n'en veux pas encore. Comme ce lavoir est petit! autrefois il me paraissait immense; j'avais emporté dans ma tête un océan et des forêts, et je retrouve une goutte d'eau et des brins d'herbe. Quelle est donc cette jeune fille [qui chante à sa croisée derrière ces arbres?]

LE CHŒUR.

C'est Rosette, la sœur de lait de votre cousine Camille.[7]

PERDICAN, s'avançant.

[Descends vite, Rosette, et viens ici.

ROSETTE, entrant.

Oui, monseigneur.

PERDICAN.

Tu me voyais de ta fenêtre, et tu ne venais pas,] méchante fille? Donne-moi vite cette main-là, et ces joues-là, que je t'embrasse.

ROSETTE.

Oui, monseigneur.

PERDICAN.

Es-tu mariée, petite? on m'a dit que tu l'étais.

ROSETTE.

Oh! non.

PERDICAN.

Pourquoi? Il n'y a pas dans le village de plus jolie fille que toi. Nous te marierons, mon enfant.

LE CHŒUR.

Monseigneur, elle veut mourir fille.

PERDICAN.

Est-ce vrai, Rosette?

ROSETTE.

Oh! non.

PERDICAN.

Ta sœur Camille est arrivée. L'as-tu vue?

ROSETTE.

Elle n'est pas encore venue par ici.

PERDICAN.

Va-t'en vite mettre ta robe neuve, et viens souper au château.[8]

SCÈNE V

[Une salle.]

Entrent LE BARON et MAITRE BLAZIUS.

MAITRE BLAZIUS.

Seigneur, j'ai un mot à vous dire; le curé de la paroisse est un ivrogne.

PERDICAN.

Je vous répète que je ne demande pas mieux que d'épouser Camille. Allez trouver le baron et dites-lui cela.

MAITRE BLAZIUS.

Seigneur, je me retire : voilà votre cousine qui vient de ce côté.

Il sort. — Entre Camille.

PERDICAN.

Déjà levée, cousine? J'en suis toujours pour ce que je t'ai dit hier; tu es jolie comme un cœur.

CAMILLE.

Parlons sérieusement,] Perdican; votre père veut nous marier. Je ne sais ce que vous en pensez; mais je crois bien faire en vous prévenant que mon parti est pris là-dessus.

PERDICAN.

Tant pis pour moi si je vous déplais.

CAMILLE.

Pas plus qu'un autre, je ne veux pas me marier; il n'y a rien là dont votre orgueil puisse souffrir.

PERDICAN.

L'orgueil n'est pas mon fait; je n'en estime ni les joies ni les peines.

CAMILLE.

Je suis venue ici pour recueillir le bien de ma mère; je retourne demain au couvent.

PERDICAN.

Il y a de la franchise dans ta démarche; touche là, et soyons bons amis.

CAMILLE.

Je n'aime pas les attouchements.

PERDICAN, lui prenant la main.

Donne-moi ta main, Camille, je t'en prie. Que crains-tu de moi? Tu ne veux pas qu'on nous marie? eh bien! ne nous marions pas; est-ce une raison pour nous haïr? ne sommes-nous pas le frère et la sœur? Lorsque ta mère a ordonné ce mariage dans son testament, elle a voulu que notre amitié fût éternelle, voilà tout ce qu'elle a voulu. Pourquoi nous marier? voilà ta main et voilà la mienne; et pour qu'elles restent unies ainsi jusqu'au dernier soupir, [crois-tu qu'il nous faille un prêtre?] Nous n'avons besoin que de Dieu.

CAMILLE.

Je suis bien aise que mon refus vous soit indifférent.

PERDICAN.

Il ne m'est point indifférent, Camille. Ton amour m'eût donné la vie, mais ton amitié m'en consolera. Ne quitte pas le château demain; [hier,] tu as refusé de faire un tour de jardin, parce que tu voyais en moi un mari dont tu ne voulais pas. Reste ici quelques jours, laisse-moi espérer que notre vie passée n'est pas morte à jamais dans ton cœur.

CAMILLE.

Je suis obligée de partir.

PERDICAN.

Pourquoi?

CAMILLE.

C'est mon secret.

PERDICAN.

En aimes-tu un autre que moi?

CAMILLE.

Non; mais je veux partir.

PERDICAN.

Irrévocablement?

CAMILLE.

Oui, irrévocablement.

PERDICAN.

Eh bien! adieu. J'aurais voulu m'asseoir avec toi sous les marronniers du petit bois, et causer de bonne amitié une heure ou deux. Mais si cela te déplaît, n'en parlons plus; adieu, mon enfant.

Il sort.

CAMILLE, à dame Pluche qui entre.

Dame Pluche, tout est-il prêt? Partirons-nous demain? Mon tuteur a-t-il fini ses comptes?

DAME PLUCHE.

Oui, chère colombe sans tache. Le baron m'a traitée de pécore [hier soir,] et je suis enchantée de partir.

CAMILLE.

Tenez, voilà un mot d'écrit que vous porterez avant dîner, de ma part, à mon cousin Perdican.

DAME PLUCHE.

Seigneur mon Dieu! est-ce possible? Vous écrivez un billet à un homme?

CAMILLE.

Ne dois-je pas être sa femme? Je puis bien écrire à mon fiancé.

DAME PLUCHE.

Le seigneur Perdican sort d'ici. Que pouvez-vous lui écrire? [Votre fiancé, miséricorde! Serait-il vrai que vous oubliez Jésus?]

CAMILLE.

Faites ce que je vous dis, et disposez tout pour notre départ.

Elles sortent.

SCÈNE II

[La salle à manger. — On met le couvert.]

Entre MAITRE BRIDAINE.

Cela est certain, on lui donnera encore aujourd'hui la place d'honneur. Cette chaise que j'ai occupée si longtemps à la droite du baron sera la proie du gouverneur. O malheureux que je suis! un âne bâté, un ivrogne sans pudeur, me relègue au bas bout de la table! Le majordome lui versera le premier verre de malaga, et lorsque les plats arriveront à moi, ils seront à moitié froids, et les meilleurs morceaux déjà avalés;

il ne restera plus autour des perdreaux ni choux ni carottes. [O sainte Église catholique!] Qu'on lui ait donné cette place hier, cela se concevait; il venait d'arriver; c'était la première fois, depuis nombre d'années, qu'il s'asseyait à cette table. Dieu! comme il dévorait! Non, rien ne me restera que des os et des pattes de poulet. Je ne souffrirai pas cet affront. Adieu, vénérable fauteuil où je me suis renversé tant de fois gorgé de mets succulents! Adieu, bouteilles cachetées, fumet sans pareil de venaisons cuites à point! Adieu, table splendide, noble salle à manger, [je ne dirai plus le bénédicité! Je retourne à ma cure;] on ne me verra pas confondu parmi la foule des convives, et j'aime mieux, comme César, être le premier au village que le second dans Rome.

Il sort.

SCÈNE III

Un champ devant une petite maison.

Entrent ROSETTE ET PERDICAN.

[PERDICAN.

Puisque ta mère n'y est pas, viens faire un tour de promenade.]

ROSETTE.

9 Croyez-vous que cela me fasse du bien, tous ces baisers que vous me donnez?

PERDICAN.

Quel mal y trouves-tu? Je t'embrasserais devant ta mère. N'es-tu pas la sœur de Camille? ne suis-je pas ton frère comme je suis le sien?

ROSETTE.

Des mots sont des mots et des baisers sont des baisers. Je n'ai guère d'esprit, et je m'en aperçois bien sitôt que je veux dire quelque chose. Les belles dames savent leur affaire, selon qu'on leur baise la main droite ou la main gauche; [leurs pères les embrassent sur le front, leurs frères sur la joue, leurs amoureux sur les lèvres;] moi, tout le monde m'embrasse sur les deux joues, et cela me chagrine.

PERDICAN.

Que tu es jolie, mon enfant!

ROSETTE.

Il ne faut pas non plus vous fâcher pour cela. Comme vous paraissez triste ce matin! Votre mariage est donc manqué?

PERDICAN.

Les paysans de ton village se souviennent de m'avoir aimé; les chiens de la basse-cour et les arbres du bois s'en souviennent aussi; mais Camille ne s'en souvient pas. Et toi, Rosette, à quand le mariage?

ROSETTE.

Ne parlons pas de cela, voulez-vous? Parlons du temps qu'il fait, de ces fleurs que voilà, de vos chevaux et de mes bonnets.

PERDICAN.

De tout ce qui te plaira, de tout ce qui peut passer sur tes lèvres sans leur ôter ce sourire céleste que je respecte plus que ma vie.

Il l'embrasse.

ROSETTE.

Vous respectez mon sourire, mais vous ne respectez guère mes lèvres, à ce qu'il me semble. Regardez donc; voilà une goutte de pluie qui me tombe sur la main, et cependant le ciel est pur.

PERDICAN.

Pardonne-moi.

ROSETTE.

Que vous ai-je fait, pour que vous pleuriez?[10]

Ils sortent.

SCÈNE IV

[Au château.]

Entrent MAITRE BLAZIUS ET LE BARON.

MAITRE BLAZIUS.

Seigneur, j'ai une chose singulière à vous dire. Tout à l'heure, j'étais par hasard dans l'office, je veux dire dans la galerie : qu'aurais-je été faire dans l'office ? J'étais donc dans la galerie. J'avais trouvé par accident une bouteille, je veux dire une carafe d'eau : comment aurais-je trouvé une bouteille dans la galerie ? J'étais donc en train de boire un coup de vin, je veux dire un verre d'eau, pour passer le temps, et je regardais par la fenêtre, entre deux vases de fleurs qui me paraissaient d'un goût moderne, bien qu'ils soient imités de l'étrusque.

LE BARON.

Quelle insupportable manière de parler vous avez adoptée, Blazius! vos discours sont inexplicables.

[MAITRE BLAZIUS.

Écoutez-moi, seigneur, prêtez-moi un moment d'attention. Je regardais donc par la fenêtre. Ne vous impatientez pas, au nom du ciel! il y va de l'honneur de la famille.

LE BARON.

De la famille! voilà qui est incompréhensible. De l'honneur de la famille, Blazius! Savez-vous que nous sommes trente-sept mâles, et presque autant de femmes, tant à Paris qu'en province?]

MAITRE BLAZIUS.

Permettez-moi de continuer. Tandis que je buvais un coup de vin, je veux dire un verre d'eau, pour hâter la digestion tardive, imaginez que j'ai vu passer sous la fenêtre dame Pluche hors d'haleine.

LE BARON.

Pourquoi hors d'haleine, Blazius? ceci est insolite.

MAITRE BLAZIUS.

Et à côté d'elle, rouge de colère, votre nièce Camille.

LE BARON.

Qui était rouge de colère, ma nièce ou dame Pluche?

MAITRE BLAZIUS.

Votre nièce, seigneur.

LE BARON.

Ma nièce rouge de colère! Cela est inouï! Et comment savez-vous que c'était de colère? Elle pouvait être rouge pour mille raisons; elle avait sans doute poursuivi quelques papillons dans mon parterre.

MAITRE BLAZIUS.

Je ne puis rien affirmer là-dessus; cela se peut; mais elle s'écriait avec force : Allez-y! trouvez-le! faites ce qu'on vous dit! vous êtes une sotte! je le veux! Et elle frappait avec son éventail sur le coude de dame Pluche, qui faisait un soubresaut dans la luzerne à chaque exclamation.

LE BARON.

Dans la luzerne?... Et que répondait la gouvernante aux extravagances de ma nièce? car cette conduite mérite d'être qualifiée ainsi.

MAITRE BLAZIUS.

La gouvernante répondait : Je ne veux pas y aller ! [Je ne l'ai pas trouvé ! Il fait la cour aux filles du village, à des gardeuses de dindons.] Je suis trop vieille pour commencer à porter des messages d'amour; grâce à Dieu, j'ai vécu les mains pures jusqu'ici; — et tout en parlant elle froissait dans ses mains un petit papier plié en quatre.

LE BARON.

Je n'y comprends rien; mes idées s'embrouillent tout à fait. Quelle raison pouvait avoir dame Pluche pour froisser un papier plié en quatre en faisant des soubresauts dans une luzerne? [Je ne puis ajouter foi à de pareilles monstruosités.]

MAITRE BLAZIUS.

Ne comprenez-vous pas clairement, seigneur, ce que cela signifiait?

LE BARON.

Non, en vérité, non, mon ami, je n'y comprends absolument rien. Tout cela me paraît une conduite désordonnée, il est vrai, mais sans motif comme sans excuse.

MAITRE BLAZIUS.

Cela veut dire que votre nièce a une correspondance secrète.

LE BARON.

Que dites-vous? Songez-vous de qui vous parlez? Pesez vos paroles, [monsieur l'abbé.

MAITRE BLAZIUS.

Je les pèserais dans la balance céleste qui doit peser mon âme au jugement dernier, que je n'y trouverais pas un mot qui sente la fausse monnaie.] Votre nièce a une correspondance secrète.

LE BARON.

Mais songez donc, mon ami, que cela est impossible.

MAITRE BLAZIUS.

Pourquoi aurait-elle chargé sa gouvernante d'une lettre? Pourquoi aurait-elle crié : *Trouvez-le!* tandis que l'autre boudait et rechignait?

LE BARON.

Et à qui était adressée cette lettre?

MAITRE BLAZIUS.

Voilà précisément le *hic*, monseigneur, *hic jacet lepus*. A qui était adressée cette lettre? [à un homme qui fait la cour à une gardeuse de dindons. Or, un homme qui recherche en public une gardeuse de dindons peut être soupçonné violemment d'être né pour les garder lui-même. Cependant il est impossible que votre nièce, avec l'éducation qu'elle a reçue, soit éprise d'un pareil homme; voilà ce que je dis, et ce qui fait que je n'y comprends rien non plus que vous, révérence parler.]

LE BARON.

O ciel! ma nièce m'a déclaré ce matin même qu'elle refusait son cousin Perdican. [Aimerait-elle un gardeur de dindons?] Passons dans mon cabinet; j'ai éprouvé depuis hier des secousses si violentes, que je ne puis rassembler mes idées.

Ils sortent.

SCÈNE V

Une fontaine dans un bois.

Entre PERDICAN, lisant un billet.

« Trouvez-vous à midi à la petite fontaine. » Que veut dire cela? tant de froideur, un refus si positif, si cruel, un orgueil si insensible, et un rendez-vous par-dessus tout? Si c'est pour me parler d'affaires, pourquoi choisir un pareil endroit! Est-ce une coquetterie? Ce matin, en me promenant avec Rosette, j'ai entendu remuer dans les broussailles, et il m'a semblé que c'était un pas de biche. Y a-t-il ici quelque intrigue?

Entre Camille.

CAMILLE.

Bonjour, cousin; j'ai cru m'apercevoir, à tort ou à raison, que vous me quittiez tristement ce matin. Vous m'avez pris la main malgré moi, je viens vous demander de me donner la vôtre. Je vous ai refusé un baiser, le voilà.

Elle l'embrasse.

Maintenant, vous m'avez dit que vous seriez bien aise de causer de bonne amitié. Asseyez-vous là, et causons.

Elle s'assoit.

PERDICAN.

Avais-je fait un rêve, ou en fais-je un autre en ce moment?

CAMILLE.

Vous avez trouvé singulier de recevoir un billet de moi, n'est-ce pas? Je suis d'humeur changeante; mais vous m'avez dit ce matin un mot très juste : « Puisque nous nous quittons, quittons-nous bons amis. » Vous ne savez pas la raison pour laquelle je pars, et je viens vous la dire : je vais prendre le voile.

PERDICAN.

Est-ce possible? Est-ce toi, Camille, que je vois dans cette fontaine, assise sur les marguerites comme aux jours d'autrefois?

CAMILLE.

Oui, Perdican, c'est moi. Je viens revivre un quart d'heure de la vie passée. Je vous ai paru brusque et hautaine; cela est tout simple, j'ai renoncé au monde. Cependant, avant de le quitter, je serais bien aise d'avoir votre avis. Trouvez-vous que j'aie raison de me faire religieuse?

PERDICAN.

Ne m'interrogez pas là-dessus, car je ne me ferai jamais moine.

CAMILLE.

Depuis près de dix ans que nous avons vécu éloignés l'un de l'autre, vous avez commencé l'expérience de la vie. Je sais quel homme vous êtes, et vous devez avoir beaucoup appris en peu de temps avec un cœur et un esprit comme les vôtres. Dites-moi, avez-vous eu des maîtresses?

PERDICAN.

Pourquoi cela?

CAMILLE.

Répondez-moi, je vous en prie, sans modestie et sans fatuité.

PERDICAN.

J'en ai eu.

CAMILLE.

Les avez-vous aimées?

PERDICAN.

De tout mon cœur.

CAMILLE.

Où sont-elles maintenant? Le savez-vous?

PERDICAN.

Voilà, en vérité, des questions singulières. Que voulez-vous que je vous dise? Je ne suis ni leur mari ni leur frère; elles sont allées où bon leur a semblé.

CAMILLE.

Il doit nécessairement y en avoir une que vous ayez préférée aux autres. Combien de temps avez-vous aimé celle que vous avez aimée le mieux?

PERDICAN.

Tu es une drôle de fille! Veux-tu te faire mon confesseur? [12]

CAMILLE.

C'est une grâce que je vous demande, de me répondre sincèrement. [Vous n'êtes point un libertin, et] je crois que votre cœur a de la probité. Vous avez dû inspirer l'amour, car vous le méritez, [et vous ne vous seriez pas livré à un caprice.] Répondez-moi, je vous en prie.

PERDICAN.

Ma foi, je ne m'en souviens pas.

CAMILLE.

Connaissez-vous un homme qui n'ait aimé qu'une femme?

PERDICAN.

Il y en a certainement.

CAMILLE.

Est-ce un de vos amis? Dites-moi son nom.

PERDICAN.

Je n'ai pas de nom à vous dire, mais je crois qu'il y a des hommes capables de n'aimer qu'une fois.

CAMILLE.

Combien de fois un honnête homme peut-il aimer?

PERDICAN.

Veux-tu me faire réciter une litanie, ou récites-tu toi-même un catéchisme?

CAMILLE.

[Je voudrais m'instruire, et savoir si j'ai tort ou raison de me faire religieuse. Si je vous épousais, ne devriez-vous pas répondre avec franchise à toutes mes questions, et me montrer votre cœur à nu? Je vous estime beaucoup, et je vous crois, par votre éducation et par votre nature, supérieur à beaucoup d'autres hommes.] Je suis fâchée que vous ne vous souveniez plus de ce que je vous demande; [peut-être en vous connaissant mieux je m'enhardirais.]

PERDICAN.

Où veux-tu en venir? parle ; je répondrai.

CAMILLE.

Répondez donc à ma première question. Ai-je raison de rester au couvent?

PERDICAN.

Non.

CAMILLE.

Je ferais donc mieux de vous épouser?

PERDICAN.

Oui.

CAMILLE.

[Si le curé de votre paroisse soufflait sur un verre d'eau, et vous disait que c'est un verre de vin, le boiriez-vous comme tel?

PERDICAN.

Non.

CAMILLE.

Si le curé de votre paroisse soufflait sur vous, et me disait que vous m'aimerez toute votre vie, aurais-je raison de le croire?

PERDICAN.

Oui et non.]

CAMILLE.

[13] Que me conseilleriez-vous de faire le jour où je verrais que vous ne m'aimez plus?

[PERDICAN.

De prendre un amant.

CAMILLE.

Que ferai-je ensuite le jour où mon amant ne m'aimera plus?

PERDICAN.

Tu en prendras un autre.

CAMILLE.

Combien de temps cela durera-t-il?

PERDICAN.

Jusqu'à ce que tes cheveux soient gris, et alors les miens seront blancs.

CAMILLE.

Savez-vous ce que c'est que les cloîtres, Perdican? Vous êtes-vous jamais assis un jour entier sur le banc d'un monastère de femmes?

PERDICAN.

Oui, je m'y suis assis.]

CAMILLE.

J'ai pour amie une sœur qui n'a que trente ans, et qui a eu cinq cent mille livres de revenu à l'âge de quinze ans. C'est la plus belle et la plus noble créature qui ait marché sur terre. Elle [était pairesse du parlement, et] avait pour mari un des hommes les plus distingués de France. Aucune des nobles facultés humaines n'était restée sans culture en elle, et, comme un arbrisseau d'une séve choisie, tous ses bourgeons avaient donné des ramures. Jamais l'amour et le bonheur ne poseront leur couronne fleurie sur un front plus beau. Son mari l'a trompée; elle a aimé un autre homme, et elle se meurt de désespoir.

PERDICAN.

Cela est possible.

CAMILLE.

Nous habitons la même cellule, et j'ai passé des nuits entières à parler de ses malheurs; ils sont presque devenus les miens; cela est singulier, n'est-ce pas? Je ne sais trop comment cela se fait. Quand elle me parlait de son mariage, quand elle me peignait d'abord l'ivresse des premiers jours, puis la tranquillité des autres, et comme enfin tout s'était envolé; comme elle était assise le soir au coin du feu, et lui auprès de la fenêtre, sans se dire un seul mot; comme leur amour avait langui, et comme tous les efforts pour se rapprocher n'aboutissaient qu'à des querelles; comme une figure étrangère est venue peu à peu se placer entre eux et se glisser dans leurs souffrances; c'était moi que je voyais agir tandis qu'elle parlait. Quand elle disait : Là, j'ai été heureuse, mon cœur bondissait; et quand elle ajoutait : Là, j'ai pleuré, mes larmes coulaient. Mais figurez-vous quelque chose de plus singulier encore; [j'avais fini par me créer une vie imaginaire; cela a duré quatre ans; il est inutile de vous dire par combien de réflexions, de retours sur moi-même, tout cela est venu. Ce que je voulais vous raconter comme une curiosité,] c'est que tous les récits de Louise, toutes les fictions de mes rêves portaient votre ressemblance.

PERDICAN.

Ma ressemblance, à moi?

CAMILLE.

Oui, et cela est naturel : vous étiez le seul homme que j'eusse connu. En vérité, je vous ai aimé, Perdican.

PERDICAN.

Quel âge as-tu, Camille?

CAMILLE.

Dix-huit ans.

PERDICAN.

Continue, continue; j'écoute.

CAMILLE.

Il y a deux cents femmes dans notre couvent; un petit nombre de ces femmes ne connaîtra jamais la vie, et tout le reste attend la mort. Plus d'une parmi elles sont sorties du monastère comme j'en sors aujourd'hui, vierges et pleines d'espérances. Elles sont revenues peu de temps après, vieilles et désolées. [Tous les jours il en meurt dans nos dortoirs, et tous les jours il en vient de nouvelles prendre la place des mortes sur les matelas de crin. Les étrangers qui nous visitent admirent le calme et l'ordre de la maison ; ils regardent attentivement la blancheur de nos voiles; mais ils se demandent pourquoi nous les rabaissons sur nos yeux. Que pensez-vous de ces femmes, Perdican? Ont-elles tort ou ont-elles raison?

PERDICAN.

Je n'en sais rien.

CAMILLE.

Il s'en est trouvé quelques-unes qui me conseillent de rester vierge. Je suis bien aise de vous consulter. Croyez-vous que ces femmes-là auraient mieux fait de prendre un amant et de me conseiller d'en faire autant?

PERDICAN.

Je n'en sais rien.

CAMILLE.

Vous aviez promis de me répondre.

PERDICAN.

J'en suis dispensé tout naturellement; je ne crois pas que ce soit toi qui parles.

CAMILLE.

Cela se peut, il doit y avoir dans toutes mes idées des choses très ridicules. Il se peut bien qu'on m'ait fait la leçon, et que je ne sois qu'un perroquet mal appris. Il y a dans la galerie un petit tableau qui représente un moine courbé sur un missel; à travers les barreaux obscurs de sa cellule glisse un faible rayon de soleil, et on aperçoit une locanda italienne, devant laquelle danse un chevrier. Lequel de ces deux hommes estimez-vous davantage?

PERDICAN.

Ni l'un ni l'autre et tous les deux. Ce sont deux hommes de chair et d'os; il y en a un qui lit et un autre qui danse; je n'y vois pas autre chose. Tu as raison de te faire religieuse.

CAMILLE.

Vous me disiez non tout à l'heure.

PERDICAN.

Ai-je dit non? Cela est possible.

CAMILLE.

Ainsi vous me le conseillez?

PERDICAN.

Ainsi tu ne crois à rien?

CAMILLE.

Lève la tête, Perdican! quel est l'homme qui ne croit à rien?

PERDICAN, se levant.

En voilà un; je ne crois pas à la vie immortelle.—] Ma sœur chérie, les religieuses t'ont donné leur expérience; mais, crois-moi, ce n'est pas la tienne; tu ne mourras pas sans aimer.

CAMILLE.

Je veux aimer, mais je ne veux pas souffrir ; je veux aimer d'un amour éternel, et faire des serments qui ne se violent pas. [Voilà mon amant.

Elle montre son crucifix.

PERDICAN.

Cet amant-là n'exclut pas les autres.

CAMILLE.

Pour moi, du moins, il les exclura.] Ne souriez pas, Perdican! Il y a dix ans que je ne vous ai vu, et je pars demain. Dans dix autres années, si nous nous revoyons, nous en reparlerons. [J'ai voulu ne pas rester dans votre souvenir comme une froide statue; car l'insensibilité mène au point où j'en suis. Écoutez-moi;] retournez à la vie, et tant que vous serez heureux, tant que vous aimerez comme on peut aimer sur la terre, oubliez votre sœur Camille; mais s'il vous arrive jamais d'être oublié ou d'oublier vous-même, si l'ange de l'espérance vous abandonne, lorsque vous serez seul avec le vide dans le cœur, pensez à moi qui prierai pour vous.

PERDICAN.

Tu es une orgueilleuse; prends garde à toi.

CAMILLE.

Pourquoi?

PERDICAN.

Tu as dix-huit ans, et tu ne crois pas à l'amour!

CAMILLE.

Y croyez-vous, vous qui parlez? vous voilà courbé près de moi avec des genoux qui se sont usés sur les tapis de vos maîtresses, et vous n'en savez plus le nom. [Vous avez pleuré des larmes de joie et des larmes de désespoir; mais vous saviez que l'eau des sources est plus constante que vos larmes, et qu'elle serait toujours là pour laver vos paupières gonflées. Vous faites votre métier de jeune homme, et vous souriez quand on vous parle de femmes désolées; vous ne croyez pas qu'on puisse mourir d'amour, vous qui vivez et qui avez aimé. Qu'est-ce donc que le monde? Il me semble que vous devez cordialement mépriser les femmes qui vous prennent tel que vous êtes, et qui chassent leur dernier amant pour vous attirer dans leurs bras avec les baisers d'un autre sur les lèvres.] Je vous demandais tout à l'heure si vous aviez aimé ; vous m'avez répondu comme un voyageur à qui l'on demanderait s'il a été en Italie ou en Allemagne, et qui dirait : Oui, j'y ai été ; puis qui penserait à aller en Suisse, ou dans le premier pays venu. Est-ce donc une monnaie que votre amour, pour qu'il puisse passer ainsi de mains en mains jusqu'à la mort? Non, ce n'est pas même une monnaie ; car la plus mince pièce d'or vaut mieux que vous, et dans quelques mains qu'elle passe, elle garde son effigie.

PERDICAN.

Que tu es belle, Camille, lorsque tes yeux s'animent!

CAMILLE.

Oui, je suis belle, je le sais. Les complimenteurs ne m'apprendront rien ; la froide nonne qui coupera mes cheveux pâlira peut-être de sa mutilation ; mais ils ne se changeront pas en bagues et en chaînes pour courir les boudoirs ; [il n'en manquera pas un seul sur ma tête lorsque le fer y passera ; je ne veux qu'un coup de ciseau, et quand le prêtre qui me bénira me mettra au doigt l'anneau d'or de mon époux céleste, la mèche de cheveux que je lui donnerai pourra lui servir de manteau.]

PERDICAN.

Tu es en colère, en vérité.

CAMILLE.

J'ai eu tort de parler; j'ai ma vie entière sur les lèvres. O Perdican! ne raillez pas, tout cela est triste à mourir.

PERDICAN.

Pauvre enfant, [je te laisse dire, et j'ai bien envie de répondre un mot.] Tu me parles d'une religieuse qui me paraît avoir eu sur toi une influence funeste; tu dis qu'elle a été trompée, qu'elle a trompé elle-même et qu'elle est désespérée. Es-tu sûre que si son mari ou son amant revenait lui tendre la main [à travers la grille du parloir,] elle ne lui tendrait pas la sienne?

CAMILLE.

Qu'est-ce que vous dites? J'ai mal entendu.

PERDICAN.

Es-tu sûre que si son mari ou son amant revenait lui dire de souffrir encore, elle répondrait non?

CAMILLE.

Je le crois.

[PERDICAN.

Il y a deux cents femmes dans ton monastère, et la plupart ont au fond du cœur des blessures profondes; elles te les ont fait toucher, et elles ont coloré ta pensée virginale des gouttes de leur sang. Elles ont vécu, n'est-ce pas? et elles t'ont montré avec horreur la route de leur vie; tu t'es signée devant leurs cicatrices, comme devant les plaies de Jésus; elles t'ont fait une place dans leurs processions lugubres, et tu te serres contre ces corps décharnés avec une crainte religieuse, lorsque tu vois passer un homme. Es-tu sûre que si l'homme qui passe était celui qui les a trompées, celui pour qui elles pleurent et elles souffrent, celui qu'elles maudissent en priant Dieu, es-tu sûre qu'en le voyant elles ne briseraient pas leurs chaînes pour courir à leurs malheurs passés, et pour presser leurs poitrines sanglantes sur le poignard qui les a meurtries? O mon enfant! sais-tu les rêves de ces femmes qui te disent de ne pas rêver? Sais-tu quel nom elles murmurent quand les sanglots qui sortent de leurs lèvres font trembler l'hostie qu'on leur présente? Elles qui s'assoient près de toi avec leurs têtes branlantes pour verser dans ton oreille leur vieillesse flétrie, elles qui sonnent dans les ruines de ta jeunesse le tocsin de leur désespoir, et font sentir à ton sang vermeil la fraîcheur de leurs tombes, sais-tu qui elles sont?

CAMILLE.

Vous me faites peur; la colère vous prend aussi.]

PERDICAN.

Sais-tu ce que c'est que des nonnes, malheureuse fille? Elles qui te représentent l'amour des hommes comme un mensonge, savent-elles qu'il y a pis encore, le mensonge de l'amour divin? Savent-elles que c'est un crime qu'elles font, de venir chuchoter à une vierge des paroles de femme? Ah! comme elles t'ont fait la leçon! Comme j'avais prévu tout cela quand tu t'es arrêtée devant le portrait de notre vieille tante! Tu voulais partir sans me serrer la main; tu ne voulais revoir ni ce bois, ni cette pauvre petite fontaine qui nous regarde toute en larmes; tu reniais les jours de ton enfance, et le masque de plâtre que les nonnes t'ont placé sur les joues me refusait un baiser de frère; mais ton cœur a battu; il a oublié sa leçon, lui qui ne sait pas lire, et tu es revenue t'asseoir sur l'herbe où nous voilà. [Eh bien! Camille, ces femmes ont bien parlé; elles t'ont mise dans le vrai chemin; il pourra m'en coûter le bonheur de ma vie; mais dis-leur cela de ma part : le ciel n'est pas pour elles.

CAMILLE.

Ni pour moi, n'est-ce pas?

PERDICAN.]

Adieu, Camille, retourne à ton couvent, et lorsqu'on te fera de ces récits hideux qui t'ont empoisonnée, réponds ce que je vais te dire : Tous les hommes sont menteurs, inconstants, faux, bavards, hypocrites, orgueilleux [ou lâches, méprisables et sensuels]; toutes les femmes sont perfides, artificieuses, vaniteuses [, curieuses et dépravées]; le monde n'est qu'un égout sans fond [où les phoques les plus informes rampent et se tordent sur des montagnes de fange]; mais il y a au monde une chose sainte et sublime, c'est l'union de deux de ces êtres si imparfaits [et si affreux]. On est souvent trompé en amour, souvent blessé et souvent malheureux; mais on aime, et quand on est sur le bord de sa tombe, on se retourne pour regarder en arrière, et on se dit : J'ai souffert souvent, je me suis trompé quelquefois, mais j'ai aimé. C'est moi qui ai vécu, et non pas un être factice créé par mon orgueil et mon ennui.[14]

Il sort.

FIN DE L'ACTE DEUXIEME.

ACTE TROISIÈME

SCÈNE PREMIÈRE

[Devant le château.]

[Entrent LE BARON ET MAITRE BLAZIUS.]

[LE BARON.

Indépendamment de votre ivrognerie, vous êtes un bélître, maître Blazius. Mes valets vous voient entrer furtivement dans l'office, et quand vous êtes convaincu d'avoir volé mes bouteilles de la manière la plus pitoyable, vous croyez vous justifier en accusant ma nièce d'une correspondance secrète.

MAITRE BLAZIUS.

Mais, monseigneur, veuillez vous rappeler...

LE BARON.

Sortez, monsieur l'abbé, et ne reparaissez jamais devant moi; il est déraisonnable d'agir comme vous le faites, et ma gravité m'oblige à ne vous pardonner de ma vie.

Il sort; maître Blazius le suit. Entre Perdican.

PERDICAN.

Je voudrais bien savoir si je suis amoureux. D'un côté, cette manière d'interroger tant soit peu cavalière, pour une fille de dix-huit ans; d'un autre, les idées que ces nonnes lui ont fourrées dans la tête auront de la peine à se corriger. De plus, elle doit partir aujourd'hui. Diable! je l'aime, cela est sûr. Après tout, qui sait? peut-être elle répétait une leçon, et d'ailleurs il est clair qu'elle ne se soucie pas de moi. D'une autre part, elle a beau être jolie, cela n'empêche pas qu'elle n'ait des manières beaucoup trop décidées, et un ton trop brusque. Je n'ai qu'à n'y plus penser; il est clair que je ne l'aime pas. Cela est certain qu'elle est jolie; mais pourquoi cette conversation d'hier ne veut-elle pas me sortir de la tête? En vérité, j'ai passé la nuit à radoter. Où vais-je donc?— Ah! je vais au village.]

Il sort

SCÈNE II

[Un chemin.]

Entre MAITRE BRIDAINE.

Que font-ils maintenant? Hélas! voilà midi. — Ils sont à table. Que mangent-ils? que ne mangent-ils pas? J'ai vu la cuisinière traverser le village avec un énorme dindon. L'aide portait les truffes, avec un panier de raisin.

Entre maître Blazius.

MAITRE BLAZIUS.

O disgrâce imprévue! me voilà chassé du château, par conséquent de la salle à manger. Je ne boirai plus le vin de l'office.

MAITRE BRIDAINE.

Je ne verrai plus fumer les plats; je ne chaufferai plus au feu de la noble cheminée mon ventre copieux.

MAITRE BLAZIUS.

Pourquoi une fatale curiosité m'a-t-elle poussé à écouter le dialogue de dame Pluche et de la nièce? Pourquoi ai-je rapporté au baron tout ce que j'ai vu?

MAITRE BRIDAINE.

Pourquoi un vain orgueil m'a-t-il éloigné de ce dîner honorable, où j'étais si bien accueilli? Que m'importait d'être à droite ou à gauche?

MAITRE BLAZIUS.

Hélas! j'étais gris, il faut en convenir, lorsque j'ai fait cette folie.

MAITRE BRIDAINE.

Hélas! le vin m'avait monté à la tête quand j'ai commis cette imprudence.

MAITRE BLAZIUS.

Il me semble que voilà le curé.

MAITRE BRIDAINE.

C'est le gouverneur en personne.

MAITRE BLAZIUS.

Oh! oh! monsieur le curé, que faites-vous là?

MAITRE BRIDAINE.

Moi! je vais dîner. N'y venez-vous pas?

MAITRE BLAZIUS.

Pas aujourd'hui. Hélas! maître Bridaine, intercédez pour moi; le baron m'a chassé. J'ai accusé faussement mademoiselle Camille d'avoir une correspondance secrète, et cependant Dieu m'est témoin que j'ai vu ou que j'ai cru voir dame Pluche dans la luzerne. Je suis perdu, monsieur le curé.

MAITRE BRIDAINE.

Que m'apprenez-vous là?

MAITRE BLAZIUS.

Hélas! hélas! la vérité. Je suis en disgrâce complète pour avoir volé une bouteille.

MAITRE BRIDAINE.

Que parlez-vous, messire, de bouteilles volées à propos d'une luzerne et d'une correspondance?

MAITRE BLAZIUS.

Je vous supplie de plaider ma cause. Je suis honnête, seigneur Bridaine. O digne seigneur Bridaine, je suis votre serviteur!

MAITRE BRIDAINE, à part.

O fortune! est-ce un rêve? Je serai donc assis sur toi, ô chaise bienheureuse!

MAITRE BLAZIUS.

Je vous serai reconnaissant d'écouter mon histoire, et de vouloir bien m'excuser, brave seigneur, cher curé.

MAITRE BRIDAINE.

Cela m'est impossible, monsieur; il est midi sonné, et je m'en vais dîner. Si le baron se plaint de vous, c'est votre affaire. Je n'intercède point pour un ivrogne.

A part.

Vite, volons à la grille; et toi, mon ventre, arrondis-toi.

Il sort en courant.

MAITRE BLAZIUS, seul.

Misérable Pluche, c'est toi qui payeras pour tous; oui, c'est toi qui es la cause de ma ruine, femme déhontée, vile entremetteuse, c'est à toi que je dois cette disgrâce. O sainte université de Paris! on me traite d'ivrogne! Je suis perdu si je ne saisis une lettre, et si je ne prouve au baron que sa nièce a une correspondance. Je l'ai vue ce matin écrire à son bureau. Patience! voici du nouveau.

Passe dame Pluche portant une lettre.

Pluche, donnez-moi cette lettre.

DAME PLUCHE.

Que signifie cela? C'est une lettre de ma maîtresse que je vais mettre à la poste au village.

MAITRE BLAZIUS.

Donnez-la-moi, ou vous êtes morte.

DAME PLUCHE.

Moi, morte! morte! [Marie, Jésus, vierge et martyr!]

MAITRE BLAZIUS.

Oui, morte, Pluche; donnez-moi ce papier.

Ils se battent. Entre Perdican.

PERDICAN.

Qu'y a-t-il? Que faites-vous, Blazius? Pourquoi violenter cette femme?

DAME PLUCHE.

Rendez-moi la lettre. Il me l'a prise, seigneur, justice!

MAITRE BLAZIUS.

[C'est une entremetteuse,] seigneur. Cette lettre est un billet doux.

DAME PLUCHE.

C'est une lettre de Camille, seigneur, de votre fiancée.

MAITRE BLAZIUS.

C'est un billet doux [à un gardeur de dindons].

DAME PLUCHE.

Tu en as menti, abbé. Apprends cela de moi.

PERDICAN.

Donnez-moi cette lettre; je ne comprends rien à votre dispute; mais, en qualité de fiancé de Camille, je m'arroge le droit de la lire.

Il lit.

« A la sœur Louise, au couvent de***. »

[A part.]

[Quelle maudite curiosité me saisit malgré moi! Mon cœur bat avec force, et je ne sais ce que j'éprouve.]

340 ON NE BADINE PAS AVEC L'AMOUR.

— Retirez-vous, dame Pluche; vous êtes une digne femme et maître Blazius est un sot. Allez dîner; je me charge de remettre cette lettre à la poste.

Sortent maître Blazius et dame Pluche.

PERDICAN, seul.

[Que ce soit un crime d'ouvrir une lettre, je le sais trop bien pour le faire. Que peut dire Camille à cette sœur? Suis-je donc amoureux? Quel empire a donc pris sur moi cette singulière fille, pour que les trois mots écrits sur cette adresse me fassent trembler la main? Cela est singulier; Blazius, en se débattant avec la dame Pluche, a fait sauter le cachet. Est-ce un crime de rompre le pli? Bon, je n'y changerai rien.]

Il ouvre la lettre et lit.

« Je pars aujourd'hui, ma chère, et tout est arrivé
« comme je l'avais prévu. C'est une terrible chose; mais
« ce pauvre jeune homme a le poignard dans le cœur;
« il ne se consolera pas de m'avoir perdue. Cependant
« j'ai fait tout au monde pour le dégoûter de moi. Dieu
« me pardonnera de l'avoir réduit au désespoir par mon
« refus. Hélas! ma chère, que pouvais-je y faire? Priez
« pour moi; nous nous reverrons demain, et pour tou-
« jours. Toute à vous du meilleur de mon âme.

« CAMILLE. »

Est-il possible? Camille écrit cela! C'est de moi qu'elle parle ainsi! Moi au désespoir de son refus! Eh! bon Dieu! si cela était vrai, on le verrait bien; quelle honte peut-il y avoir à aimer? Elle a fait tout au monde pour me dégoûter, dit-elle, et j'ai le poignard dans le cœur? Quel intérêt peut-elle avoir à inventer un roman pareil? [Cette pensée que j'avais cette nuit est-elle donc vraie?] O femmes! cette pauvre Camille a peut-être une grande piété! c'est de bon cœur qu'elle se donne à Dieu, mais elle a résolu et décrété qu'elle me laisserait au désespoir. Cela était convenu entre les bonnes amies avant de partir du couvent. On a décidé que Camille allait revoir son cousin, qu'on le lui voudrait faire épouser, qu'elle refuserait, et que le cousin serait désolé. Cela est si intéressant, une jeune fille qui fait à Dieu le sacrifice du bonheur d'un cousin! Non, non, Camille, je ne t'aime pas, je ne suis pas au désespoir, je n'ai pas le poignard dans le cœur, et je te le prouverai. Oui, tu sauras que j'en aime une autre avant de partir d'ici. Holà! brave homme!

<small>Entre un paysan.</small>

Allez au château; dites à la cuisine qu'on envoie un valet porter à mademoiselle Camille le billet que voici.

<small>Il écrit.</small>

LE PAYSAN.

Oui, monseigneur.

<small>Il sort.</small>

PERDICAN.

Maintenant à l'autre. Ah! je suis au désespoir! Holà! Rosette, Rosette!

<small>Il frappe à une porte.</small>

ROSETTE, ouvrant.

C'est vous, monseigneur! Entrez, ma mère y est.

PERDICAN.

Mets ton plus beau bonnet, Rosette, et viens avec moi.

ROSETTE.

Où donc?

PERDICAN.

Je te le dirai; demande la permission à ta mère, mais dépêche-toi.

ROSETTE.

Oui, monseigneur.

<small>Elle entre dans la maison.</small>

PERDICAN.

J'ai demandé un nouveau rendez-vous à Camille, et je suis sûr qu'elle y viendra; mais, par le ciel, elle n'y trouvera pas ce qu'elle compte y trouver. Je veux faire la cour à Rosette devant Camille elle-même.

SCÈNE III

<small>Le petit bois.</small>

Entrent CAMILLE ET LE PAYSAN.

LE PAYSAN.

Mademoiselle, je vais au château porter une lettre pour vous; faut-il que je vous la donne, ou que je la remette à la cuisine, comme me l'a dit le seigneur Perdican?

ACTE III, SCÈNE III.

CAMILLE.

Donne-la-moi.

LE PAYSAN.

Si vous aimez mieux que je la porte au château, ce n'est pas la peine de m'attarder.

CAMILLE.

Je te dis de me la donner.

LE PAYSAN.

Ce qui vous plaira.
Il donne la lettre.

CAMILLE.

Tiens, voilà pour ta peine.

LE PAYSAN.

Grand merci; je m'en vais, n'est-ce pas?

CAMILLE.

Si tu veux.

LE PAYSAN.

Je m'en vais, je m'en vais.
Il sort.

CAMILLE, lisant.

Perdican me demande de lui dire adieu, avant de partir, près de la petite fontaine [où je l'ai fait venir hier]. Que peut-il avoir à me dire? Voilà justement la fontaine, et je suis toute portée. Dois-je accorder ce second rendez-vous? Ah!
Elle se cache derrière un arbre.

Voilà Perdican qui approche avec Rosette, ma sœur

de lait. Je suppose qu'il va la quitter; je suis bien aise de ne pas avoir l'air d'arriver la première.

Entrent Perdican et Rosette, qui s'assoient.

CAMILLE, cachée, à part.

Que veut dire cela? Il la fait asseoir près de lui? Me demande-t-il un rendez-vous pour y venir causer avec une autre? Je suis curieuse de savoir ce qu'il lui dit.

PERDICAN, à haute voix, de manière que Camille l'entende.

Je t'aime, Rosette! toi seule au monde tu n'as rien oublié de nos beaux jours passés; toi seule tu te souviens de la vie qui n'est plus; prends ta part de ma vie nouvelle; donne-moi ton cœur, chère enfant; voilà le gage de notre amour.

Il lui pose sa chaîne sur le cou.

ROSETTE.

Vous me donnez votre chaîne d'or?

PERDICAN.

Regarde à présent cette bague. Lève-toi et approchons-nous de cette fontaine. Nous vois-tu tous les deux, dans la source, appuyés l'un sur l'autre? Vois-tu tes beaux yeux près des miens, ta main dans la mienne? Regarde tout cela s'effacer.

Il jette sa bague dans l'eau.

Regarde comme notre image a disparu; la voilà qui revient peu à peu; l'eau qui s'était troublée reprend son équilibre; elle tremble encore; de grands cercles noirs courent à sa surface; patience, nous reparaissons; déjà je distingue de nouveau tes bras enlacés dans les miens; encore une minute, et il n'y aura plus une ride sur ton joli visage; regarde! c'était une bague que m'avait donnée Camille.

CAMILLE, à part.

Il a jeté ma bague dans l'eau!

PERDICAN.

Sais-tu ce que c'est que l'amour, Rosette? Écoute! le vent se tait; la pluie du matin roule en perles sur les feuilles séchées que le soleil ranime. Par la lumière du ciel, par le soleil que voilà, je t'aime! Tu veux bien de moi, n'est-ce pas? On n'a pas flétri ta jeunesse; on n'a pas infiltré dans ton sang vermeil les restes d'un sang affadi? Tu ne veux pas te faire religieuse; te voilà jeune et belle dans les bras d'un jeune homme. O Rosette, Rosette! sais-tu ce que c'est que l'amour?

ROSETTE.

Hélas! monsieur le docteur, je vous aimerai comme je pourrai.

PERDICAN.

Oui, comme tu pourras; et tu m'aimeras mieux, tout docteur que je suis et toute paysanne que tu es, que ces pâles statues [fabriquées par les nonnes], qui ont la tête à la place du cœur, et qui sortent des cloîtres pour venir répandre dans la vie l'atmosphère humide de leurs cellules; tu ne sais rien; tu ne lirais pas dans un livre la prière que ta mère t'apprend, comme elle l'a apprise de sa mère; tu ne comprends même pas le sens des paroles que tu répètes, quand tu t'agenouilles au pied de ton lit; mais tu comprends bien que tu pries, et c'est tout ce qu'il faut à Dieu.

ROSETTE.

Comme vous me parlez, monseigneur!

PERDICAN.

Tu ne sais pas lire; mais tu sais ce que disent ces bois et ces prairies, ces tièdes rivières, ces beaux champs couverts de moissons, toute cette nature splendide de jeunesse. Tu reconnais tous ces milliers de frères, et moi pour l'un d'entre eux; lève-toi, tu seras ma femme, [et nous prendrons racine ensemble dans la séve du monde tout-puissant].[15]

Il sort avec Rosette.

SCÈNE IV

[Entre LE CHŒUR.]

[Il se passe assurément quelque chose d'étrange au château; Camille a refusé d'épouser Perdican; elle doit retourner aujourd'hui au couvent dont elle est venue. Mais je crois que le seigneur son cousin s'est consolé avec Rosette. Hélas! la pauvre fille ne sait pas quel danger elle court en écoutant les discours d'un jeune et galant seigneur.

DAME PLUCHE, entrant.

Vite, vite, qu'on selle mon âne!

LE CHŒUR.

Passerez-vous comme un songe léger, ô vénérable

dame? Allez-vous si promptement enfourcher derechef cette pauvre bête qui est si triste de vous porter?

DAME PLUCHE.

Dieu merci, chère canaille, je ne mourrai pas ici.

LE CHŒUR.

Mourez au loin, Pluche, ma mie; mourez inconnue dans un caveau malsain. Nous ferons des vœux pour votre respectable résurrection.

DAME PLUCHE.

Voici ma maîtresse qui s'avance.]

[A Camille qui entre.]

Chère Camille, tout est prêt pour notre départ; le baron a rendu ses comptes, et mon âne est bâté.

CAMILLE.

Allez au diable, vous et votre âne! je ne partirai pas aujourd'hui.

Elle sort.

[LE CHŒUR.

Que veut dire ceci? Dame Pluche est pâle de terreur; ses faux cheveux tentent de se hérisser, sa poitrine siffle avec force et ses doigts s'allongent en se crispant.]

DAME PLUCHE.

Seigneur Jésus! Camille a juré!

Elle sort.

SCÈNE V

[Entrent LE BARON et MAITRE BRIDAINE.]

[MAITRE BRIDAINE.

Seigneur, il faut que je vous parle en particulier. Votre fils fait la cour à une fille du village.

LE BARON.

C'est absurde, mon ami.

MAITRE BRIDAINE.

Je l'ai vu distinctement passer dans la bruyère en lui donnant le bras; il se penchait à son oreille et lui promettait de l'épouser.

LE BARON.

Cela est monstrueux.

MAITRE BRIDAINE.

Soyez-en convaincu; il lui a fait un présent considérable, que la petite a montré à sa mère.

LE BARON.

O ciel! considérable, Bridaine? En quoi considérable?

MAITRE BRIDAINE.

Pour le poids et pour la conséquence. C'est la chaîne d'or qu'il portait à son bonnet.

LE BARON.

Passons dans mon cabinet; je ne sais à quoi m'en tenir.]

[Ils sortent.]

SCÈNE VI

¹⁶ La chambre de Camille.

Entrent CAMILLE ET DAME PLUCHE.

CAMILLE.

Il a pris ma lettre, dites-vous?

DAME PLUCHE.

Oui, mon enfant; il s'est chargé de la mettre à la poste.

CAMILLE.

Allez au salon, dame Pluche, et faites-moi le plaisir de dire à Perdican que je l'attends ici.

Dame Pluche sort.

Il a lu ma lettre, cela est certain; sa scène du bois est une vengeance, comme son amour pour Rosette. Il a voulu me prouver qu'il en aimait une autre que moi, et jouer l'indifférent malgré son dépit. Est-ce qu'il m'aimerait, par hasard?

Elle lève la tapisserie.

Es-tu là, Rosette?

ROSETTE, entrant.

Oui, puis-je entrer?

CAMILLE.

Écoute-moi, mon enfant; le seigneur Perdican ne te fait-il pas la cour?

ROSETTE.

Hélas! oui.

CAMILLE.

Que penses-tu de ce qu'il t'a dit ce matin?

ROSETTE.

Ce matin? Où donc?

CAMILLE.

Ne fais pas l'hypocrite. — Ce matin à la fontaine, dans le petit bois.

ROSETTE.

Vous m'avez donc vue?

CAMILLE.

Pauvre innocente! Non, je ne t'ai pas vue. Il t'a fait de beaux discours, n'est-ce pas? Gageons qu'il t'a promis de t'épouser.

ROSETTE.

Comment le savez-vous?

CAMILLE.

Qu'importe comment je le sais? Crois-tu à ses promesses, Rosette?

ROSETTE.

Comment n'y croirais-je pas? il me tromperait donc? Pour quoi faire?

CAMILLE.

Perdican ne t'épousera pas, mon enfant.

ROSETTE.

Hélas! je n'en sais rien.

CAMILLE.

Tu l'aimes, pauvre fille; il ne t'épousera pas, et la preuve, je vais te la donner; rentre derrière ce rideau, tu n'auras qu'à prêter l'oreille et à venir quand je t'appellerai.

Rosette sort.

CAMILLE, seule.

Moi qui croyais faire un acte de vengeance, ferais-je un acte d'humanité? La pauvre fille a le cœur pris.

Entre Perdican.

Bonjour, cousin, asseyez-vous.

PERDICAN.

Quelle toilette, Camille! A qui en voulez-vous?

CAMILLE.

A vous, peut-être; je suis fâchée de n'avoir pu me rendre au rendez-vous que vous m'avez demandé; vous aviez quelque chose à me dire?

PERDICAN, à part.

Voilà, sur ma vie, un petit mensonge assez gros, pour un agneau sans tache; je l'ai vue derrière un arbre écouter la conversation.

Haut.

Je n'ai rien à vous dire qu'un adieu, Camille; je croyais que vous partiez; cependant votre cheval est à l'écurie, et vous n'avez pas l'air d'être en robe de voyage.

CAMILLE.

J'aime la discussion; je ne suis pas bien sûre de ne pas avoir eu envie de me quereller encore avec vous.

PERDICAN.

A quoi sert de se quereller, quand le racommodement est impossible? Le plaisir des disputes, c'est de faire la paix.

CAMILLE.

Êtes-vous convaincu que je ne veuille pas la faire?

PERDICAN.

Ne raillez pas; je ne suis pas de force à vous répondre.

CAMILLE.

Je voudrais qu'on me fît la cour; je ne sais si c'est que j'ai une robe neuve, mais j'ai envie de m'amuser. Vous m'avez proposé d'aller au village, allons-y, je veux bien; mettons-nous en bateau; j'ai envie d'aller dîner sur l'herbe, ou de faire une promenade dans la forêt. Fera-t-il clair de lune, ce soir? Cela est singulier, vous n'avez plus au doigt la bague que je vous ai donnée.

PERDICAN.

Je l'ai perdue.

CAMILLE.

C'est donc pour cela que je l'ai trouvée; tenez, Perdican, la voilà.

PERDICAN.

Est-ce possible? Où l'avez-vous trouvée?

CAMILLE.

Vous regardez si mes mains sont mouillées, n'est-ce

pas? En vérité, j'ai gâté ma robe de couvent pour retirer ce petit hochet d'enfant de la fontaine. Voilà pourquoi j'en ai mis une autre, et, je vous dis, cela m'a changée; mettez donc cela à votre doigt.

PERDICAN.

Tu as retiré cette bague de l'eau, Camille, au risque de te précipiter? Est-ce un songe? La voilà; c'est toi qui me la mets au doigt! Ah! Camille, pourquoi me le rends-tu, ce triste gage d'un bonheur qui n'est plus? Parle, coquette et imprudente fille, pourquoi pars-tu? pourquoi restes-tu? Pourquoi, d'une heure à l'autre, changes-tu d'apparence et de couleur, comme la pierre de cette bague à chaque rayon du soleil?

CAMILLE.

Connaissez-vous le cœur des femmes, Perdican? Êtes-vous sûr de leur inconstance, et savez-vous si elles changent réellement de pensée en changeant quelquefois de langage? Il y en a qui disent que non. Sans doute, il nous faut souvent jouer un rôle, souvent mentir; vous voyez que je suis franche; mais êtes-vous sûr que tout mente dans une femme, lorsque sa langue ment? Avez-vous bien réfléchi à la nature de cet être faible et violent, à la rigueur avec laquelle on le juge, aux principes qu'on lui impose? Et qui sait si, forcée à tromper par le monde, la tête de ce petit être sans cervelle ne peut pas y prendre plaisir, et mentir quelquefois par passe-temps, par folie, comme elle ment par nécessité?

PERDICAN.

Je n'entends rien à tout cela, et je ne mens jamais. Je t'aime, Camille, voilà tout ce que je sais.

CAMILLE.

Vous dites que vous m'aimez, et vous ne mentez jamais?

PERDICAN.

Jamais.

CAMILLE.

En voilà une qui dit pourtant que cela vous arrive quelquefois.[17]

[Elle lève la tapisserie; Rosette paraît dans le fond, évanouie sur une chaise.]

Que répondrez-vous à cette enfant, Perdican, lorsqu'elle vous demandera compte de vos paroles? Si vous ne mentez jamais, d'où vient donc qu'elle s'est évanouie en vous entendant me dire que vous m'aimez? [Je vous laisse avec elle; tâchez de la faire revenir.]

Elle veut sortir.

PERDICAN.

Un instant, Camille, écoutez-moi.

CAMILLE.

Que voulez-vous me dire? c'est à Rosette qu'il faut parler. Je ne vous aime pas, moi; je n'ai pas été chercher par dépit cette malheureuse enfant au fond de sa chaumière, pour en faire un appât, un jouet; je n'ai pas répété imprudemment devant elle des paroles brûlantes adressées à une autre; je n'ai pas feint de jeter au vent pour elle le souvenir d'une amitié chérie; je ne lui ai pas mis ma chaîne au cou; je ne lui ai pas dit que je l'épouserais.

PERDICAN.

Écoutez-moi, écoutez-moi!

CAMILLE.

N'as-tu pas souri tout à l'heure quand je t'ai dit que je n'avais pu aller à la fontaine? Eh bien! oui, j'y étais et j'ai tout entendu; mais, Dieu m'en est témoin, je ne voudrais pas y avoir parlé comme toi. Que feras-tu de cette fille-là, maintenant, quand elle viendra, avec tes baisers ardents sur les lèvres, te montrer en pleurant la blessure que tu lui as faite? Tu as voulu te venger de moi, n'est-ce pas, et me punir d'une lettre écrite à mon couvent? tu as voulu me lancer à tout prix quelque trait qui pût m'atteindre, et tu comptais pour rien que ta flèche empoisonnée traversât cette enfant, pourvu qu'elle me frappât derrière elle. Je m'étais vantée de t'avoir inspiré quelque amour, de te laisser quelque regret. Cela t'a blessé dans ton noble orgueil? Eh bien! apprends-le de moi, tu m'aimes, entends-tu; mais tu épouseras cette fille, ou tu n'es qu'un lâche!

PERDICAN.

Oui, je l'épouserai.

CAMILLE.

Et tu feras bien.

PERDICAN.

Très bien, et beaucoup mieux qu'en t'épousant toi-même. Qu'y a-t-il, Camille, qui t'échauffe si fort? [Cette enfant s'est évanouie ; nous la ferons bien revenir, il ne faut pour cela qu'un flacon de vinaigre ;] tu as voulu me prouver que j'avais menti une fois dans ma vie ; cela est possible, mais je te trouve hardie de décider à quel instant. Viens, aide-moi à secourir Rosette. [18]

[Ils sortent.]

SCÈNE VII

LE BARON et CAMILLE.

LE BARON.

Si cela se fait, je deviendrai fou.

CAMILLE.

Employez votre autorité.

LE BARON.

Je deviendrai fou, et je refuserai mon consentement, voilà qui est certain.

CAMILLE.

Vous devriez lui parler et lui faire entendre raison.

LE BARON.

Cela me jettera dans le désespoir pour tout le carnaval, et je ne paraîtrai pas une fois à la cour. C'est un mariage disproportionné. Jamais on n'a entendu parler d'épouser la sœur de lait de sa cousine ; cela passe toute espèce de bornes.

CAMILLE.

Faites-le appeler, et dites-lui nettement que ce mariage vous déplaît. Croyez-moi, c'est une folie, et il ne résistera pas.

LE BARON.

Je serai vêtu de noir cet hiver, tenez-le pour assuré.

CAMILLE.

Mais parlez-lui, au nom du ciel! C'est un coup de tête qu'il a fait; peut-être n'est-il déjà plus temps; s'il en a parlé, il le fera.

LE BARON.

Je vais m'enfermer pour m'abandonner à ma douleur. Dites-lui, s'il me demande, que je suis enfermé, et que je m'abandonne à ma douleur de le voir épouser une fille sans nom.

Il sort.

CAMILLE.

Ne trouverai-je pas ici un homme de cœur? En vérité, quand on en cherche, on est effrayé de sa solitude.

Entre Perdican.

Eh bien! cousin, à quand le mariage?

PERDICAN.

Le plus tôt possible; j'ai déjà parlé au notaire, au curé, et à tous les paysans.

CAMILLE.

Vous comptez donc réellement que vous épouserez Rosette?

PERDICAN.

Assurément.

CAMILLE.

Qu'en dira votre père?

PERDICAN.

Tout ce qu'il voudra; il me plaît d'épouser cette fille; c'est une idée que je vous dois, et je m'y tiens. Faut-il vous répéter les lieux communs les plus rebattus sur sa naissance et sur la mienne? Elle est jeune et jolie, et elle m'aime; c'est plus qu'il n'en faut pour être trois fois heureux. Qu'elle ait de l'esprit ou qu'elle n'en ait pas, j'aurais pu trouver pire. On criera, on raillera; je m'en lave les mains.

CAMILLE.

Il n'y a rien là de risible; vous faites très bien de l'épouser. Mais je suis fâchée pour vous d'une chose : c'est qu'on dira que vous l'avez fait par dépit.

PERDICAN.

Vous êtes fâchée de cela? Oh! que non.

CAMILLE.

Si, j'en suis vraiment fâchée pour vous. Cela fait du tort à un jeune homme, de ne pouvoir résister à un moment de dépit.

PERDICAN.

Soyez-en donc fâchée; quant à moi, cela m'est bien égal.

CAMILLE.

Mais vous n'y pensez pas; c'est une fille de rien.

PERDICAN.

Elle sera donc de quelque chose, lorsqu'elle sera ma femme.

CAMILLE.

Elle vous ennuiera avant que le notaire ait mis son habit neuf et ses souliers pour venir ici; le cœur vous lèvera au repas de noces, et le soir de la fête vous lui ferez couper les mains et les pieds, comme dans tous les contes arabes, parce qu'elle sentira le ragoût.

PERDICAN.

Vous verrez que non. Vous ne me connaissez pas; quand une femme est douce et sensible, fraîche, bonne et belle, je suis capable de me contenter de cela, oui, en vérité, jusqu'à ne pas me soucier de savoir si elle parle latin.

CAMILLE.

Il est à regretter qu'on ait dépensé tant d'argent pour vous l'apprendre; c'est trois mille écus de perdus.

PERDICAN.

Oui; on aurait mieux fait de les donner aux pauvres.

CAMILLE.

Ce sera vous qui vous en chargerez, du moins pour les pauvres d'esprit.

PERDICAN.

Et ils me donneront en échange le royaume des cieux, car il est à eux.

CAMILLE.

Combien de temps durera cette plaisanterie?

PERDICAN.

Quelle plaisanterie?

CAMILLE.

Votre mariage avec Rosette.

PERDICAN.

Bien peu de temps; Dieu n'a pas fait de l'homme une œuvre de durée : trente ou quarante ans, tout au plus.

CAMILLE.

Je suis curieuse de danser à vos noces!

PERDICAN.

Écoutez-moi, Camille, voilà un ton de persiflage qui est hors de propos.

CAMILLE.

Il me plaît trop pour que je le quitte.

PERDICAN.

Je vous quitte donc vous-même, car j'en ai tout à l'heure assez.

CAMILLE.

Allez-vous chez votre épousée?

PERDICAN.

Oui, j'y vais de ce pas.

CAMILLE.

Donnez-moi donc le bras; j'y vais aussi.

Entre Rosette.

PERDICAN.

Te voilà, mon enfant! Viens, je veux te présenter à mon père.

ROSETTE, se mettant à genoux.

Monseigneur, je viens vous demander une grâce. Tous les gens du village à qui j'ai parlé ce matin m'ont dit que vous aimiez votre cousine, et que vous ne m'avez fait la cour que pour vous divertir tous deux; on se moque de moi quand je passe, et je ne pourrai plus trouver de mari dans le pays, après avoir servi de risée à tout le monde. Permettez-moi de vous rendre le collier que vous m'avez donné, et de vivre en paix chez ma mère.

CAMILLE.

Tu es une bonne fille, Rosette; garde ce collier; c'est moi qui te le donne, et mon cousin prendra le mien à la place. Quant à un mari, n'en sois pas embarrassée, je me charge de t'en trouver un.

PERDICAN.

Cela n'est pas difficile, en effet. Allons, Rosette, viens que je te mène à mon père.

CAMILLE.

Pourquoi? Cela est inutile.

PERDICAN.

Oui, vous avez raison, mon père nous recevrait mal; il faut laisser passer le premier moment de surprise qu'il a éprouvée. Viens avec moi, nous retournerons sur la place. Je trouve plaisant qu'on dise que je ne t'aime pas quand je t'épouse. Pardieu! nous les ferons bien taire.

Il sort avec Rosette.

CAMILLE.

Que se passe-t-il donc en moi ? Il l'emmène d'un air bien tranquille. Cela est singulier : il me semble que la tête me tourne. Est-ce qu'il l'épouserait tout de bon ? Holà ! dame Pluche, dame Pluche ! N'y a-t-il donc personne ici ?

Entre un valet.

Courez après le seigneur Perdican ; dites-lui vite qu'il remonte ici, j'ai à lui parler.

Le valet sort.

Mais qu'est-ce donc que tout cela ? Je n'en puis plus, mes pieds refusent de me soutenir.

Entre Perdican.

PERDICAN.

Vous m'avez demandé, Camille ?

CAMILLE.

Non, — non.

PERDICAN.

En vérité, vous voilà pâle ; qu'avez-vous à me dire ? Vous m'avez fait rappeler pour me parler ?

CAMILLE.

Non, non ! — O Seigneur Dieu !

[Elle sort.]

SCÈNE VIII

[Un oratoire.]

[Entre] CAMILLE, elle se jette au pied de l'autel.

M'avez-vous abandonnée, ô mon Dieu? Vous le savez, lorsque je suis venue, j'avais juré de vous être fidèle; quand j'ai refusé de devenir l'épouse d'un autre que vous, j'ai cru parler sincèrement devant vous et ma conscience; vous le savez, mon père; ne voulez-vous donc plus de moi? Oh! pourquoi faites-vous mentir la vérité elle-même? Pourquoi suis-je si faible? Ah! malheureuse, je ne puis plus prier!

Entre Perdican.

PERDICAN.

Orgueil, le plus fatal des conseillers humains, qu'es-tu venu faire entre cette fille et moi? [La voilà pâle et effrayée, qui presse sur les dalles insensibles son cœur et son visage.] Elle aurait pu m'aimer, et nous étions nés l'un pour l'autre; qu'es-tu venu faire sur nos lèvres, orgueil, lorsque nos mains allaient se joindre?

CAMILLE.

Qui m'a suivie? Qui parle sous cette voûte? Est-ce toi, Perdican?

PERDICAN.

Insensés que nous sommes! nous nous aimons. Quel

songe avons-nous fait, Camille? Quelles vaines paroles, quelles misérables folies ont passé comme un vent funeste entre nous deux? Lequel de nous a voulu tromper l'autre? Hélas! cette vie est elle-même un si pénible rêve! pourquoi encore y mêler les nôtres! O mon Dieu! le bonheur est une perle si rare dans cet océan d'ici-bas! Tu nous l'avais donné, pêcheur céleste, tu l'avais tiré pour nous des profondeurs de l'abîme, cet inestimable joyau; et nous, comme des enfants gâtés que nous sommes, nous en avons fait un jouet. Le vert sentier qui nous amenait l'un vers l'autre avec une pente si douce, il était entouré de buissons si fleuris, il se perdait dans un si tranquille horizon! il a bien fallu que la vanité, le bavardage et la colère vinssent jeter leurs rochers informes sur cette route céleste, qui nous aurait conduits à toi dans un baiser! Il a bien fallu que nous nous fissions du mal, car nous sommes des hommes! O insensés! nous nous aimons.

Il la prend dans ses bras.

CAMILLE.

Oui, nous nous aimons, Perdican; laisse-moi le sentir sur ton cœur. Ce Dieu qui nous regarde ne s'en offensera pas; il veut bien que je t'aime; il y a quinze ans qu'il le sait.

PERDICAN.

Chère créature, tu es à moi!

Il l'embrasse; on entend un grand cri [derrière l'autel].

CAMILLE.

C'est la voix de ma sœur de lait.

PERDICAN.

Comment est-elle ici? Je l'avais laissée dans l'escalier, lorsque tu m'as fait rappeler. Il faut donc qu'elle m'ait suivi sans que je m'en sois aperçu.

CAMILLE.

Entrons dans cette galerie ; c'est là qu'on a crié.

PERDICAN.

Je ne sais ce que j'éprouve ; il me semble que mes mains sont couvertes de sang.

CAMILLE.

La pauvre enfant nous a sans doute épiés ; elle s'est encore évanouie ; viens, portons-lui secours ; hélas! tout cela est cruel.

PERDICAN.

Non, en vérité, je n'entrerai pas ; je sens un froid mortel qui me paralyse. Vas-y, Camille, et tâche de la ramener.

Camille sort.

Je vous en supplie, mon Dieu! ne faites pas de moi un meurtrier! Vous voyez ce qui se passe ; nous sommes deux enfants insensés, et nous avons joué avec la vie et la mort ; mais notre cœur est pur ; ne tuez pas Rosette, Dieu juste! Je lui trouverai un mari, je réparerai ma faute ; elle est jeune, elle sera heureuse ; ne faites pas cela, ô Dieu! vous pouvez bénir encore quatre de vos enfants. Eh bien! Camille, qu'y a-t-il?

<small>Camille rentre.</small>

CAMILLE.

Elle est morte. Adieu, Perdican!

FIN DE ON NE BADINE PAS AVEC L'AMOUR.

ADDITIONS ET VARIANTES

ÉXÉCUTÉES

POUR LA REPRÉSENTATION.

---

1. — PAGE 282.

Ainsi donc, mes bons amis, qu'on mette ma mule à l'écurie.

2. — PAGE 284.

Vous êtes des butors et des mal appris!

BRIDAINE, entrant.

Voici M. le baron qui s'avance.

LE CHŒUR.

Mettons-nous respectueusement à l'écart. *Ou je me trompe fort,* etc.

3. — PAGE 285.

Je vous présente maître Bridaine, tabellion du pays.

4. — PAGE 288.

Depuis que le roi m'a nommé gouverneur de cette province.

5. — PAGE 288.

...étaient destinées à mettre par écrit l'heureuse confirmation, etc.

6. — PAGE 298.

Je ne sais que penser de vous.

DAME PLUCHE, à part.

Une pécore ! Est-ce à moi qu'on parle ainsi ?

Elle sort.

7. — PAGE 301.

...la sœur de lait de votre cousine Camille.

PERDICAN.

Tu étais là, Rosette, et tu ne le disais pas, *méchante fille*, etc.

8. — PAGE 302.

Elle n'est pas encore venue au village.

PERDICAN.

Va-t'en vite mettre ta robe neuve; tu viendras dîner au château.

ROSETTE.

Oui, monseigneur.

Elle sort.

PERDICAN, CAMILLE.

CAMILLE, entrant.

Perdican, j'ai à vous parler de choses sérieuses. *Votre père veut nous marier*, etc.

(Suit la scène 1re du IIe acte, jusqu'à ces mots :)

Faites ce que je vous dis.

DAME PLUCHE.
Jamais, mademoiselle !

CAMILLE.
Voici mon oncle, venez.

<small>Elles sortent.</small>

LE BARON ET BLAZIUS, entrant.

BLAZIUS.
Oui, seigneur, le tabellion est un ivrogne.

LE BARON.
Fi donc ! cela ne se peut pas, etc.
(Suit la scène v. du Ier acte.)

LE BARON.
Et mon fils séduit toutes les filles du village en faisant des ricochets..

FIN DE L'ACTE PREMIER.

9. — PAGE 311.

ACTE DEUXIÈME.

Paysage pittoresque. — A droite un gros arbre. — Un peu plus haut, une fontaine avec un bassin. A gauche, un banc de gazon. Du même côté, la porte d'une ferme dont on ne voit pas la maison.

SCÈNE PREMIÈRE

ROSETTE, PERDICAN, assis sur le banc.

ROSETTE.
Croyez-vous que cela me fasse du bien, tous ces baisers que vous me donnez ? etc.

10. — PAGE 313.

ROSETTE.

Que vous ai-je fait pour que vous pleuriez?

<small>Perdican s'éloigne lentement; elle le regarde sortir.</small>

Pauvre jeune homme! Est-il possible que Camille ne l'aime pas?

<small>Voyant entrer le baron.</small>

Ah! voici M. le baron; il a l'air aussi triste que son fils.

<small>Elle sort.</small>

LE BARON, BLAZIUS.

LE BARON, <small>poussant un soupir.</small>

Des ricochets!

BLAZIUS, <small>entrant par le fond.</small>

Seigneur, j'ai une chose singulière à vous dire, etc.

11. — PAGE 319.

Avez-vous eu des amours?

PERDICAN.

J'en ai eu.

CAMILLE.

Vous avez aimé?

PERDICAN.

De tout mon cœur.

CAMILLE.

Et les femmes que vous avez aimées, *où sont elles maintenant?* etc.

12. — PAGE 320.

Tu es une drôle de fille, et voilà d'étranges questions.

13. — PAGE 322.

CAMILLE.

Eh bien! si nous étions mariés, *que me conseilleriez-vous de faire le jour où je verrais que vous ne m'aimez plus? — Vous ne répondez pas. — Écoutez-moi : J'ai pour amie une sœur,* etc.

14. — PAGE 333.

...un être factice créé par mon orgueil et mon ennui.

CAMILLE.

Je leur dirai ce que vous m'avez répondu.

Elle sort.

PERDICAN.

Va, je te conseille de te faire religieuse.

Il sort.

BRIDAINE, entrant seul par le fond.

Cela est certain, on lui donnera encore, ce soir, *la place d'honneur.*

(Suit tout le monologue, — scène II, jusqu'à ces mots : *le second dans Rome.*)

BLAZIUS, sans voir Bridaine.

O disgrâce imprévue! etc.

15. — PAGE 346.

Tu seras ma femme.

ROSETTE.

Sa femme! est-ce possible?

Perdican et Rosette sortent en se donnant le bras. Camille les suit lentement jusqu'au milieu de la scène.

DAME PLUCHE, entrant.

Chère Camille, tout est prêt pour votre départ, etc... Seigneur Dieu! Camille a juré!

FIN DE L'ACTE DEUXIÈME.

16. — PAGE 349.

ACTE TROISIÈME

Un petit salon. Porte au fond avec une portière en tapisserie. A gauche, un prie-Dieu.

SCÈNE PREMIÈRE

CAMILLE, DAME PLUCHE.

CAMILLE.

Il a pris ma lettre, dites-vous, etc.

17. — PAGE 354.

CAMILLE.

En voilà une qui dit pourtant que cela vous arrive quelquefois.

Elle soulève la tapisserie du fond; on voit Rosette s'enfuir en pleurant.

18. — PAGE 356.

PERDICAN.

...je te trouve hardie de décider dans quel instant. Allons consoler Rosette.

Il sort.

CAMILLE, appelant.

Mon oncle! mon oncle, venez donc. Votre fils veut épouser ma sœur de lait.

LE BARON.

O ciel! qu'entends-je? une paysanne! *Si cela se fait, j'en deviendrai fou,* etc.

FIN DES ADDITIONS ET VARIANTES.

On pourrait croire que l'auteur, en écrivant cette pièce, avait fait la gageure d'en rendre la représentation impossible. Cependant, en 1861, lorsque M. Édouard Thierry, administrateur de la Comédie-Française, témoigna le désir de la faire représenter, on reconnut que la mise en scène n'offrirait pas même autant de difficultés que celle des *Caprices de Marianne.* En effet, à peine eut-on besoin d'ajouter quelques mots pour ménager des entrées et des sorties de personnages, conformément aux usages du théâtre, et le troisième acte se trouva tout arrangé pour la scène sans avoir de changement à subir. La pièce fut jouée pour la première fois le 18 novembre 1861; elle produisit une vive impression sur le public. De soi-disant admirateurs d'Alfred de Musset, ayant peut-être des raisons de souhaiter qu'une étude si profonde du cœur humain et une œuvre si originale demeurât éternellement dans un livre, ont prétendu qu'elle y était mieux à sa place que sur un théâtre, et qu'on en avait défiguré les beautés. Il suffit, pour apprécier la bonne foi de ce reproche, de jeter un coup d'œil sur les quelques lignes de variantes que nous venons de donner. Quoique ces légers changements n'aient point été exécutés par l'auteur lui-même, nous avons pensé qu'ils ne seraient pas sans intérêt pour le lecteur. Parmi les passages retranchés au théâtre, on reconnaîtra facilement ceux dont la commission d'examen a exigé le sacrifice.

BARBERINE

COMÉDIE EN TROIS ACTES

1835

PERSONNAGES.

BÉATRIX D'ARAGON, reine de Hongrie.
LE COMTE ULRIC, gentilhomme bohémien.
ASTOLPHE DE ROSEMBERG, jeune baron hongrois.
LE CHEVALIER ULADISLAS, chevalier de fortune.
POLACCO, marchand ambulant.
BARBERINE, femme d'Ulric.
KALÉKAIRI, jeune suivante turque.
COURTISANS, etc.

La scène est en Hongrie.

Dessin de Bida. Gravé par G. Levy

BARBERINE.

CARPENTIER ÉDITEUR

BARBERINE

ACTE PREMIER

Une route devant une hôtellerie. — Un château gothique au fond, dans les montagnes.

SCÈNE PREMIÈRE

ROSEMBERG, L'HOTELIER.

ROSEMBERG.

Comment! point de logis pour moi! point d'écurie pour mes chevaux! une grange! une misérable grange!

L'HÔTELIER.

J'en suis bien désolé, monsieur.

ROSEMBERG.

A qui parles-tu, par hasard?

L'HÔTELIER.

Excusez-moi, mon beau jeune seigneur. Si cela ne dépendait que de ma volonté, toute ma pauvre maison serait bien à votre service; — mais vous n'ignorez pas que cette hôtellerie est sur la route d'Albe Royale, l'auguste séjour de nos Rois, où, depuis un temps immémorial, on les couronne et on les enterre.

ROSEMBERG.

Je le sais bien, puisque j'y vais!

L'HÔTELIER.

Bonté du ciel! vous allez faire la guerre?

ROSEMBERG.

Adresse tes questions à mes palefreniers, et songe à me donner tout d'abord la meilleure chambre de ton vilain taudis.

L'HÔTELIER.

Hé! monseigneur, c'est impossible! il y a au premier quatre barons moraves, au second, une dame de la Transylvanie, et au troisième, dans une petite chambre, un comte bohémien, monseigneur, avec sa femme qui est bien jolie!

ROSEMBERG.

Mets-les à la porte.

L'HÔTELIER.

Ah! mon cher seigneur, vous ne voudriez pas être la cause de la ruine d'un pauvre homme. Depuis que nous sommes en guerre avec les Turcs, si vous saviez le monde qui passe par ici!

ROSEMBERG.

Eh! que m'importe ces gens-là? dis-leur que je me nomme Astolphe de Rosemberg.

L'HÔTELIER.

Cela se peut bien, monseigneur, mais ce n'est pas une raison...

ROSEMBERG.

Tu fais l'insolent, je suppose. Si je lève une fois ma cravache...

L'HÔTELIER.

Ce n'est pas l'action d'un gentilhomme de maltraiter les honnêtes gens.

ROSEMBERG, le menaçant.

Ah! tu raisonnes?... je t'apprendrai...

SCÈNE II

Les Mêmes. Quelques valets accourent.
LE CHEVALIER ULADISLAS sort de l'hôtellerie.

LE CHEVALIER, sur le pas de la porte.
Qu'est-ce, messieurs? Qu'y a-t-il donc?

L'HÔTELIER.

Je vous prends à témoin, monsieur le chevalier. Ce jeune seigneur me cherche querelle, parce que mon hôtellerie est pleine.

ROSEMBERG.

Je te cherche querelle, manant! Querelle... à un homme de ton espèce?

L'HÔTELIER.

Un homme, monsieur, de quelque espèce qu'il soit,

a toujours une espèce de dos, et si on vient lui administrer une espèce de coup de bâton...

LE CHEVALIER, s'avançant, à l'hôtelier.

Ne te fâche pas, ne t'effraye pas ; je vais accommoder les choses.

A Rosemberg.

Seigneur, je vous salue. Vous allez à la cour du roi de Hongrie?

L'hôtelier et les valets se retirent.

ROSEMBERG.

Oui, chevalier, c'est mon début, et je suis fort pressé d'arriver.

LE CHEVALIER.

Et vous vous plaignez, à ce que je vois, de trouver la route encombrée.

ROSEMBERG.

Mais oui, cela ne m'amuse pas.

LE CHEVALIER.

Il est vrai que cette petite affaire, que nous avons avec les mécréants, nous attire à la cour un fort gros flot de monde. Il est peu de gens de cœur qui ne veuillent s'en mêler, et moi-même j'y ai pris part. C'est ce qui rend nos abords difficiles.

ROSEMBERG.

Oh! mon Dieu! je ne comptais pas rester longtemps dans cette masure. C'est le ton de ce drôle qui m'a irrité.

ACTE I, SCÈNE II.

LE CHEVALIER.

S'il en est ainsi, seigneur...

ROSEMBERG.

Rosemberg.

LE CHEVALIER.

Seigneur Rosemberg, on me nomme le chevalier Uladislas. Il ne m'appartient pas de faire mon propre éloge, mais pour peu que vous soyez instruit de ce qui se fait dans nos armées, mon nom doit vous être connu. Le vôtre ne m'est pas nouveau, j'ai vu des Rosemberg à Baden.

Rosemberg salue.

Si donc vous n'êtes ici qu'en passant...

ROSEMBERG.

Oui, seulement pour déjeuner, et faire rafraîchir les chevaux.

LE CHEVALIER.

J'étais à table, et je mangeais un excellent poisson du lac Balaton, lorsque le bruit de votre voix est venu frapper mes oreilles. Si le voisinage de mes hommes d'armes et la compagnie d'un vieux capitaine ne sont pas choses qui vous épouvantent, je vous offre de grand cœur une place à notre repas.

ROSEMBERG.

J'accepte votre offre avec empressement, et je le tiens à grand honneur.

LE CHEVALIER.

Veuillez donc entrer, je vous prie. Un bon plat cuit

à point est comme une jolie femme; cela n'attend pas.

ROSEMBERG.

Je le sais bien. Peste! à propos de jolie femme...

Ulric et Barberine entrent par une autre porte de l'auberge.

Il me semble qu'en voilà une...

LE CHEVALIER.

Vous n'avez pas mauvais goût, jeune homme.

ROSEMBERG.

A moins d'être aveugle... La connaissez-vous?

LE CHEVALIER.

Si je la connais? assurément. C'est la femme d'un gentilhomme bohémien. Venez, venez, je vous conterai cela.

Ils entrent dans la maison.

SCÈNE III

ULRIC, BARBERINE, appuyée sur son bras.

BARBERINE.

Il faut donc vous quitter ici!

ULRIC.

Pour peu de temps; je reviendrai bientôt.

BARBERINE.

Il faut donc vous laisser partir, et retourner dans ce vieux château, où je suis si seule à vous attendre!

ULRIC.

Je vais voir votre oncle, ma chère. Pourquoi cette tristesse aujourd'hui?

BARBERINE.

C'est à vous qu'il faut le demander. Vous reviendrez bientôt, dites-vous? S'il en est ainsi, je ne suis pas triste. Mais ne l'êtes-vous pas vous-même?

ULRIC.

Quand le ciel est ainsi chargé de pluie et de brouillard, je ne sais que devenir.

BARBERINE.

Mon cher seigneur, je vous demande une grâce.

ULRIC.

Quel hiver! quel hiver s'apprête! quels chemins! quel temps! la nature se resserre en frissonnant, comme si tout ce qui vit allait mourir.

BARBERINE.

Je vous prie d'abord de m'écouter, et en second lieu de me faire une grâce.

ULRIC.

Que veux-tu, mon âme? pardonne-moi; je ne sais ce que j'ai aujourd'hui.

BARBERINE.

Ni moi non plus, je ne sais ce que tu as, et la grâce que vous me ferez, Ulric, c'est de le dire à votre femme.

ULRIC.

Eh! mon Dieu! non, je n'ai rien à te dire, aucun secret.

BARBERINE.

Je ne suis pas une Portia; je ne me ferai pas une piqûre d'épingle pour prouver que je suis courageuse. Mais tu n'es pas non plus un Brutus, et tu n'as pas envie de tuer notre bon roi Mathias Corvin. Écoute, il n'y aura pas pour cela de grandes paroles, ni de serments, ni même besoin de me mettre à genoux. Tu as du chagrin. Viens près de moi; voici ma main, — c'est le vrai chemin de mon cœur, et le tien y viendra si je l'appelle.

ULRIC.

Comme tu me le demandes naïvement, je te répondrai de même. Ton père n'était pas riche; le mien l'était, mais il a dissipé ses biens. Nous voilà tous deux, mariés bien jeunes, et nous possédons de grands titres, mais bien peu avec. Je me chagrine de n'avoir pas de quoi te rendre heureuse et riche, comme Dieu t'a rendue bonne et belle. Notre revenu est si médiocre! et cependant je ne veux pas l'augmenter en laissant pâtir nos fermiers. Ils ne payeront jamais, de mon vivant, plus qu'ils ne payaient à mon père. Je pense à me mettre au service du Roi, et à aller à la cour.

BARBERINE.

C'est en effet un bon parti à prendre. Le Roi n'a jamais mal reçu un gentilhomme de mérite; la fortune ne se fait point attendre de lui quand on te ressemble.

ULRIC.

C'est vrai; mais si je pars, il faut que je te laisse ici ; car pour quitter cette maison où nous vivons à si grand'-peine, il faut être sûr de pouvoir vivre ailleurs, et je ne puis me décider à te laisser seule.

BARBERINE.

Pourquoi?

ULRIC.

Tu me demandes pourquoi? et que fais-tu donc maintenant? ne viens-tu pas de m'arracher un secret que j'avais résolu de cacher? et que t'a-t-il fallu pour cela? un sourire.

BARBERINE.

Tu es jaloux?

ULRIC.

Non, mon amour, mais vous êtes belle. Que feras-tu si je m'en vais? tous les seigneurs des environs ne vont-ils pas rôder par les chemins? et moi, qui m'en irai si loin courir après une ombre, ne perdrai-je pas le sommeil? Ah! Barberine, loin des yeux, loin du cœur.

BARBERINE.

Écoute; Dieu m'est témoin que je me contenterais toute ma vie de ce vieux château et du peu de terres que nous avons, s'il te plaisait d'y vivre avec moi. Je me lève, je vais à l'office, à la basse-cour, je prépare ton repas, je t'accompagne à l'église, je te lis une page, je couds une aiguillée, et je m'endors contente sur ton cœur.

ULRIC.

Ange que tu es!

BARBERINE.

Je suis un ange, mais un ange femme ; c'est-à-dire que si j'avais une paire de chevaux, nous irions avec à la messe. Je ne serais pas fâchée non plus que mon bonnet fût doré, que ma jupe fût moins courte, et que cela fît enrager les voisins. Je t'assure que rien ne nous rend légères, nous autres, comme une douzaine d'aunes de velours qui nous traînent derrière les pieds.

ULRIC.

Eh bien donc?

BARBERINE.

Eh bien donc! le roi Mathias ne peut manquer de te bien recevoir, ni toi de faire fortune à sa cour. Je te conseille d'y aller. Si je ne peux pas t'y suivre, — eh bien! comme je t'ai tendu tout à l'heure une main pour te demander le secret de ton cœur, ainsi, Ulric, je te la tends encore, et je te jure que je te serai fidèle.

ULRIC.

Voici la mienne.

BARBERINE.

Celui qui sait aimer peut seul savoir combien on l'aime. Fais seller ton cheval. Pars seul, et toutes les fois que tu douteras de ta femme, pense que ta femme est assise à ta porte, qu'elle regarde la route, et qu'elle ne doute pas de toi. Viens, mon ami, Ludwig nous attend.

SCÈNE IV

LE CHEVALIER, ROSEMBERG.

ROSEMBERG.

Je ne connais rien de plus agréable, après qu'on a bien déjeuné, que de s'asseoir en plein air avec des personnes d'esprit, et de causer librement des femmes sur un ton convenable.

LE CHEVALIER.

Vous êtes recommandé à la reine?

ROSEMBERG.

Oui, j'espère être bien reçu.

Ils s'assoient.

LE CHEVALIER.

Ne doutez pas du succès, et vous en aurez. — Pendant la dernière guerre que nous fîmes contre les Turcs, sous le Vaïvode de Transylvanie, je rencontrai un soir, dans une forêt profonde, une jeune fille égarée.

ROSEMBERG.

Quel était le nom de la forêt ?

LE CHEVALIER.

C'était une certaine forêt sur les bords de la mer Caspienne.

ROSEMBERG.

Je ne la connais pas, même par les livres.

LE CHEVALIER.

Cette pauvre fille était attaquée par trois brigands

couverts de fer depuis les pieds jusqu'à la tête, et montés sur des chevaux excellents.

ROSEMBERG.

A quel point vos paroles m'intéressent! je suis tout oreilles.

LE CHEVALIER.

Je mis pied à terre, et, tirant mon épée, je leur ordonnai de s'éloigner. Permettez-moi de ne pas faire mon éloge; vous comprenez que je fus forcé de les tuer tous les trois. Après un combat des plus sanglants...

ROSEMBERG.

Reçûtes-vous quelques blessures?

LE CHEVALIER.

L'un d'eux seulement faillit me percer de sa lance; mais, l'ayant évitée, je lui déchargeai sur la tête un coup d'épée si violent, qu'il tomba roide mort. M'approchant aussitôt de la jeune fille, je reconnus en elle une princesse qu'il m'est impossible de vous nommer.

ROSEMBERG.

Je comprends vos raisons, et me garderai bien d'insister. La discrétion est un principe pour tout homme qui sait son monde.

LE CHEVALIER.

De quelles faveurs elle m'honora, je ne vous le dirai pas davantage. Je la reconduisis chez elle, et elle m'accorda un rendez-vous pour le lendemain; mais le Roi son père l'ayant promise en mariage au Pacha de Caramanie, il était fort difficile que nous pussions nous voir en secret. Indépendamment de soixante eunuques qui veillaient jour et nuit sur elle, on l'avait confiée, depuis son enfance, à un géant nommé Molock.

ROSEMBERG.

Garçon! apportez-moi un verre de tokay.

LE CHEVALIER.

Vous concevez quelle entreprise! Pénétrer dans un château inaccessible, construit sur un rocher battu par les flots, et entouré d'une pareille garde! Voici, seigneur Rosemberg, ce que j'imaginai. Prêtez-moi, je vous prie, votre attention.

ROSEMBERG.

Sainte Vierge! le feu me monte à la tête!

LE CHEVALIER.

Je pris une barque et gagnai le large. Là, m'étant précipité dans les flots au moyen d'un certain talisman que m'avait donné un sorcier bohémien de mes amis, je fus rejeté sur le rivage, semblable en tout à un noyé. C'était à l'heure où le géant Molock faisait sa ronde autour des remparts; il me trouva étendu sur le sable, et me transporta dans son lit.

ROSEMBERG.

Je devine déjà; c'est admirable.

LE CHEVALIER.

On me prodigua des secours. Quant à moi, les yeux à demi fermés, je n'attendais que le moment où je serais seul avec le géant. Aussitôt, me jetant sur lui, je le saisis par la jambe droite, et le lançai dans la mer.

ROSEMBERG.

Je frissonne... Le cœur me bat.

LE CHEVALIER.

J'avoue que je courus quelque danger; car, au bruit de sa chute, les soixante eunuques accoururent, le sabre à la main; mais j'avais eu le temps de me rejeter sur le lit, et paraissais profondément endormi. Loin de concevoir aucun soupçon, ils me laissèrent dans la chambre avec une des femmes de la princesse pour me veiller. Alors, tirant de mon sein une fiole et un poignard, j'ordonnai à cette femme de me suivre, dans le temps que les eunuques étaient tous à souper : Prenez ce breuvage, lui dis-je, et mêlez-le adroitement dans leur vin, sinon je vous poignarde tout à l'heure. — Elle m'obéit sans oser dire un mot, et bientôt les eunuques s'étant assoupis par l'effet du breuvage, je demeurai maître du château. Je m'en fus droit à l'appartement des femmes. Je les trouvai prêtes à se mettre au lit; mais, ne voulant leur faire aucun mal, je me contentai de les enfermer dans leurs chambres, et d'en prendre sur moi les clefs, qui étaient au nombre de six-vingts. Alors toutes les difficultés étant levées, je me rendis chez la princesse. A peine au seuil de sa porte, je mis un genou en terre : Reine de mon cœur, lui dis-je avec le ton du plus profond respect... Mais, pardonnez, seigneur Rosemberg, je suis forcé de m'arrêter. La modestie m'en fait un devoir.

ROSEMBERG.

Non, je le vois, rien ne peut vous résister! Ah! qu'il me tarde d'être à la cour! Mais ces breuvages inconnus, ces mystérieux talismans, où les trouverai-je, seigneur chevalier?

LE CHEVALIER.

Cela est difficile; cependant je vous ferai une confidence : tenez, si vous avez de l'argent, c'est le meilleur talisman que vous puissiez trouver.

ROSEMBERG.

Dieu merci! je n'en manque pas; mon père est le plus riche seigneur du pays. La veille de mon départ, il m'a donné une bonne somme, et ma tante Béatrix, qui pleurait, m'a aussi glissé dans la main une jolie bourse qu'elle a brodée. Mes chevaux sont gras et bien nourris, mes valets bien vêtus, et je ne suis pas mal tourné.

LE CHEVALIER.

C'est à merveille, et il n'en faut pas davantage.

ROSEMBERG.

Le pire de l'affaire, c'est que je ne sais rien; non, je ne puis rien retenir par cœur. Les mains me tremblent à propos de tout quand je parle aux femmes.

LE CHEVALIER.

Videz donc votre verre. Pour réussir dans le monde, seigneur Rosemberg, retenez bien ces trois maximes : Voir, c'est savoir; vouloir, c'est pouvoir; oser, c'est avoir.

ROSEMBERG.

Il faut que je prenne cela par écrit. Les mots me paraissent hardis et sonores. J'avoue pourtant que je ne les comprends pas bien.

LE CHEVALIER.

Si vous voulez d'abord plaire aux femmes, et c'est la première chose à faire, lorsqu'on veut faire quelque chose, observez avec elles le plus profond respect. Traitez-les toutes (sans exception) ni plus ni moins que des divinités. Vous pouvez, il est vrai, si cela vous plaît, dire hautement aux autres hommes que de ces mêmes femmes vous n'en faites aucun cas, mais seulement d'une manière générale, et sans jamais médire d'une seule plutôt que du reste. Quand vous serez assis près d'une blonde pâle, sur le coin d'un sofa, et que vous la verrez s'appuyer mollement sur les coussins, tenez-vous à distance, jouez avec le coin de son écharpe, et dites-lui que vous avez un profond chagrin. Près d'une brune, si elle est vive et enjouée, prenez l'apparence d'un homme résolu, parlez-lui à l'oreille, et si le bout de votre moustache vient à lui effleurer la joue, ce n'est pas un grand mal ; mais, à toute femme, règle générale, dites qu'elle a dans le cœur une perle enchâssée, et que tous les maux ne sont rien si elle se laisse serrer le bout des doigts. Que toutes vos façons près d'elles ressemblent à ces valets polis qui sont couverts de livrées splendides ; en un mot, distinguez toujours scrupuleusement ces deux parts de la vie, la forme et le fond : — voilà la grande affaire.

Ainsi vous remplirez la première maxime : Voir, c'est savoir, — et vous passerez pour expérimenté.

ROSEMBERG.

Continuez, de grâce; je me sens tout autre, et je bénis en moi-même le hasard qui m'a fait vous rencontrer dans cette auberge.

LE CHEVALIER.

Quand une fois vous aurez bien prouvé aux femmes que vous vous moquez d'elles avec la plus grande politesse et un respect infini, attaquez les hommes. Je n'entends pas par là qu'il faille vous en prendre à eux; tout au contraire, n'ayez jamais l'air de vous occuper ni de ce qu'ils disent, ni de ce qu'ils font. Soyez toujours poli, mais paraissez indifférent. Faites-vous rare, on vous aimera, — c'est un proverbe des Turcs. Par là, vous gagnerez un grand avantage. A force de passer partout en silence et d'un air dégagé, on vous regardera quand vous passerez. Que votre mise, votre entourage, annoncent un luxe effréné; attirez constamment les yeux. Que cette idée ne vous vienne jamais de paraître douter de vous, car aussitôt tout le monde en doute. Eussiez-vous avancé par hasard la plus grande sottise du monde, n'en démordez pas pour un diable, et faites-vous plutôt assommer.

ROSEMBERG.

Assommer!

LE CHEVALIER.

Oui, sans aucun doute. Enfin, agissez-en ni plus ni

moins que si le soleil et les étoiles vous appartenaient en bien propre, et que la fée Morgane vous eût tenu sur les fonts baptismaux. De cette façon, vous remplirez la seconde maxime : Vouloir, c'est pouvoir, — et vous passerez pour redoutable.

ROSEMBERG.

Que je vais m'amuser à la cour, et la belle chose que d'être un grand seigneur !

LE CHEVALIER.

Une fois agréé des femmes et admiré des hommes, seigneur Rosemberg, pensez à vous. Si vous levez le bras, que votre premier coup d'épée donne la mort, comme votre premier regard doit donner l'amour. La vie est une pantomime terrible, et le geste n'a rien à faire ni avec la pensée, ni avec la parole. Si la parole vous a fait aimer, si la pensée vous a fait craindre, que le geste n'en sache rien. Soyez alors vous-même. Frappez comme la foudre ! Que le monde disparaisse à vos yeux ; que l'étincelle de vie que vous avez reçue de Dieu, s'isole, et devienne un Dieu elle-même ; que votre volonté soit comme l'œil du lynx, comme le museau de la fouine, comme la flèche du guerrier. Oubliez, quand vous agissez, qu'il y ait d'autres êtres sur la terre que vous et celui à qui vous avez affaire. Ainsi, après avoir coudoyé avec grâce la foule qui vous environne, lorsque vous serez arrivé au but et que vous aurez réussi, vous pourrez y rentrer avec la même aisance et vous promettre de nouveaux succès. C'est alors que vous recueillerez les fruits de la troisième maxime : Oser, c'est avoir, — et que vous serez réellement expérimenté, redoutable et puissant.

ROSEMBERG.

Ah! seigneur Dieu! si j'avais su cela plutôt! Vous me faites penser à un certain soir que j'étais assis dans la garenne avec ma tante Béatrix. Je sentais justement ce que vous dites là ; il me semblait que le monde disparaissait, et que nous étions seuls sous le ciel. Aussi je l'ai priée de rentrer au château. Il faisait noir comme dans un four.

LE CHEVALIER.

Vous me paraissez bien jeune encore, et vous cherchez fortune de bonne heure.

ROSEMBERG.

Il n'est jamais trop tôt quand on se destine à la guerre. Je n'ai vu un Turc de ma vie; il me semble qu'ils doivent ressembler à des bêtes sauvages.

LE CHEVALIER.

Je suis fâché que des affaires d'importance m'empêchent d'aller à la cour; j'aurais été curieux d'y voir vos débuts. En attendant, si cela vous convient, je puis vous faire un cadeau précieux, qui vous aidera singulièrement.

Il tire un petit livre de sa poche.

ROSEMBERG.

Ce petit livre,... qu'est-ce donc?

LE CHEVALIER.

C'est un ouvrage merveilleux, un recueil à la fois concis et détaillé de toutes les historiettes d'amour, ruses, combats et expédients propres à former un jeune homme et à le pousser près des dames.

ROSEMBERG.

Comment s'appelle ce livre précieux ?

LE CHEVALIER.

La sauvegarde du sentiment. C'est un trésor inestimable, et, parmi les récits qui y sont renfermés, vous en trouverez bon nombre dont je suis le héros. Je dois pourtant vous avouer que je n'en suis pas le propriétaire ; il appartient à un de mes amis, et je ne saurais vous le céder que vous n'en donniez dix sequins.

ROSEMBERG.

Dix sequins, ce n'est pas une affaire,

Il les lui donne.

surtout après l'excellent déjeuner que vous m'avez offert si galamment.

LE CHEVALIER.

Bon ! un poisson, rien qu'un poisson !

ROSEMBERG.

Mais il était délicieux ! Pouvez-vous croire que j'oublie cette rencontre ? C'est le ciel qui m'a conduit sur cette route. Une auberge si incommode ! des draps humides et pas de rideaux ! Je n'y serais pas resté une heure si je ne vous avais trouvé.

LE CHEVALIER.

Que voulez-vous? il faut s'habituer à tout.

ROSEMBERG.

Oh! certainement. — Ma tante Béatrix serait bien inquiète si elle me savait dans une mauvaise auberge. Mais, nous autres, nous ne faisons pas attention à toutes ces misères... Que Dieu vous protège, cher seigneur! Mes chevaux sont prêts, et je vous quitte.

LE CHEVALIER.

Au revoir, ne m'oubliez pas. Si vous avez jamais affaire au Vaïvode, c'est mon proche parent, et je me souviendrai de vous.

ROSEMBERG.

Je vous suis tout dévoué de même.
Ils sortent.

FIN DE L'ACTE PREMIER.

ACTE DEUXIÈME

A la cour; un jardin.

SCÈNE PREMIÈRE

LA REINE, ULRIC, Plusieurs courtisans.

LA REINE.

Soyez le bienvenu, comte Ulric. Le Roi notre époux est retenu en ce moment loin de nous par une guerre bien longue et bien cruelle, qui a coûté à notre jeunesse une riche part de son noble sang. C'est un triste plaisir que de la voir ainsi toujours prête à le répandre encore, mais cependant c'est un plaisir, et en même temps une gloire pour nous. Les rejetons des premières familles de Bohême et de Hongrie, en se rassemblant autour du trône, nous ont rendu le cœur fier et belliqueux. Quel que soit le sort d'un guerrier, qui oserait le plaindre? Ce n'est pas nous qui sommes Reine, ni moi, Ulric, qui fus une fille d'Aragon. J'ai beaucoup connu votre père, et votre jeune visage me parle du passé. Soyez donc ici comme le fils d'un souvenir qui m'est cher. Nous parlerons de vous ce soir, avec le chancelier; ayez patience, c'est moi qui vous recommande à lui. Le Roi vous recevra sous cet auspice. Puisque nos clairons vous ont réveillé dans votre château, et que du fond de votre solitude vous êtes venu trouver nos dangers, nous ne vous laisserons pas repentir d'avoir été brave et fidèle ; en voici pour gage notre royale main.

La reine sort. Ulric lui baise la main, puis se retire à l'écart.

UN COURTISAN.

Voilà un homme mieux reçu, pour la première fois qu'il voit notre Reine, que nous qui sommes ici depuis trente ans.

UN AUTRE.

Abordons-le, et sachons qui il est.

LE PREMIER.

Ne l'avez-vous pas entendu? C'est le comte Ulric, un gentilhomme bohémien. Il cherche fortune comme un nouveau marié qui veut avoir de quoi faire danser sa femme.

LE DEUXIÈME.

Dit-on que sa femme soit jolie?

LE PREMIER.

Charmante ; c'est la perle de la Hongrie.

LE DEUXIÈME.

Quel est cet autre jeune homme qui court par là en sautillant?

LE PREMIER.

Je ne le connais pas. C'est encore quelque nouveau

venu. La libéralité du Roi attire ici toutes ces mouches, qui cherchent un rayon de soleil.

Entre Rosemberg.

LE DEUXIÈME.

Celui-ci me paraît fine mouche, une vraie guêpe dans son corset rayé. — Seigneur, nous vous saluons. Qui vous amène dans ce jardin?

ROSEMBERG, à part.

On me questionne de tous côtés, et je ne sais si je dois répondre. Toutes ces figures nouvelles, ces yeux écarquillés qui vous dévisagent, cela m'étourdit à un point!

Haut.

Où est la Reine, messieurs? Je suis Astolphe de Rosemberg, et je désire lui être présenté.

PREMIER COURTISAN.

La Reine vient de sortir du palais. Si vous voulez lui parler, attendez son passage. Elle reviendra dans une heure.

ROSEMBERG.

Diable! cela est fâcheux.

Il s'assoit sur un banc.

DEUXIÈME COURTISAN.

Vous venez sans doute pour les fêtes?

ROSEMBERG.

Est-ce qu'il y a des fêtes? Quel bonheur! — Non, messieurs, je viens pour prendre du service.

PREMIER COURTISAN.

Tout le monde en prend à cette heure.

ROSEMBERG.

Eh! oui, c'est ce qui paraît. Beaucoup s'en mêlent, mais peu savent s'en tirer.

DEUXIÈME COURTISAN.

Vous en parlez avec sévérité.

ROSEMBERG.

Combien de hobereaux ne voyons-nous pas, qui ne méritent pas seulement qu'on en parle, et qui ne s'en donnent pas moins pour de grands capitaines! On dirait, à les voir, qu'ils n'ont qu'à monter à cheval pour chasser le Turc par delà le Caucase, et ils sortent de quelque trou de la Bohême, comme des rats effarouchés.

ULRIC, s'approchant.

Seigneur, je suis le comte Ulric, gentilhomme bohémien, et je trouve un peu de légèreté dans vos paroles, qu'on peut pardonner à votre âge, mais que je vous conseille d'en retrancher. Être étourdi est un aussi grand défaut que d'être pauvre, permettez-moi de vous le dire, et que la leçon vous profite.

ROSEMBERG, à part.

C'est mon Bohémien de l'auberge.

Haut.

S'exprimer en termes généraux n'est faire offense à personne. Pour ce qui est d'une leçon, j'en ai donné quelquefois, mais je n'en ai jamais reçu.

ULRIC.

Voilà un langage hautain, — et d'où sortez-vous donc vous-même, pour avoir le droit de le prendre?

PREMIER COURTISAN.

Allons, seigneurs, que quelques paroles échappées sans dessein ne deviennent pas un motif de querelle. Nous croyons devoir intervenir ; songez que vous êtes chez la Reine. Ce seul mot vous en dit assez.

ULRIC.

C'est vrai, et je vous remercie de m'avoir averti à temps. Je me croirais indigne du nom que je porte, si je ne me rendais à une si juste remontrance.

ROSEMBERG.

Qu'il en soit ce que vous voudrez ; je n'ai rien à dire à cela.

<small>Les courtisans sortent. Ulric et Rosemberg restent assis chacun de son côté.</small>

ROSEMBERG, à part.

Le chevalier Uladislas m'a recommandé de ne jamais démordre d'une chose une fois dite. Depuis que je suis dans cette cour, les paroles de ce digne homme ne me sortent pas de la tête. Je ne sais ce qui se passe en moi, je me sens un cœur de lion. Ou je me trompe fort, ou je ferai fortune.

ULRIC, à part.

Avec quelle bonté la Reine m'a reçu ! et cependant j'éprouve une tristesse que rien ne peut vaincre. Que fait à présent Barberine ? Hélas ! hélas ! l'ambition ! —

N'étais-je pas bien dans ce vieux château? pauvre, sans doute, mais quoi? O folie! ô rêveurs que nous sommes!

ROSEMBERG, à part.

C'est surtout ce livre que j'ai acheté qui me bouleverse la cervelle; si je l'ouvre le soir en me couchant, je ne saurais dormir de toute la nuit. Que de récits étonnants, que de choses admirables! L'un taille en pièces une armée entière; l'autre saute, sans se blesser, du haut d'un clocher dans la mer Caspienne, et dire que tout cela est vrai, que tout cela est arrivé! Il y en a une surtout qui m'éblouit :

Il se lève et lit tout haut.

« Lorsque le sultan Boabdil... » Ah! voilà quelqu'un qui m'écoute; c'est ce gentilhomme bohémien. Il faut que je fasse ma paix avec lui. Lorsque je lui ai cherché querelle, je ne pensais plus qu'il a une jolie femme.

A Ulric.

Vous venez de Bohême, seigneur? Vous devez connaître mon oncle, le baron d'Engelbreckt?

ULRIC.

Beaucoup, c'est un de mes voisins; nous allions ensemble à la chasse l'hiver passé. Il est allié, de loin, il est vrai, à la famille de ma femme.

ROSEMBERG.

Vous êtes parent de mon oncle Engelbreckt? Permettez que nous fassions connaissance. Y a-t-il longtemps que vous êtes parti?

ULRIC.

Je ne suis ici que depuis un jour.

ROSEMBERG.

Vous paraissez le dire à regret. Auriez-vous quelque sujet de regarder en arrière avec tristesse? Sans doute il est toujours fâcheux de quitter sa famille, surtout quand on est marié. Votre femme est jeune, puisque vous l'êtes, belle par conséquent. Il y a de quoi s'inquiéter.

ULRIC.

L'inquiétude n'est pas mon souci. Ma femme est belle; mais le soleil d'un jour de juillet n'est pas plus pur dans un ciel sans tache, que son noble cœur dans son sein chéri.

ROSEMBERG.

C'est beaucoup dire. Hors notre Seigneur Dieu, qui peut connaître le cœur d'un autre? J'avoue qu'à votre place je ne serais pas à mon aise.

ULRIC.

Et pourquoi cela, s'il vous plaît?

ROSEMBERG.

Parce que je douterais de ma femme, à moins qu'elle ne fût la vertu même.

ULRIC.

Je crois que la mienne est ainsi.

ROSEMBERG.

C'est donc un phénix que vous possédez. Est-ce de

notre bon roi Mathias que vous tenez ce privilège qui vous distingue entre tous les maris?

ULRIC.

Ce n'est pas le Roi qui m'a fait cette grâce, mais Dieu, qui est un peu plus qu'un roi.

ROSEMBERG.

Je ne doute point que vous n'ayez raison, mais vous savez ce que disent les philosophes avec le poète latin : Quoi de plus léger qu'une plume? la poussière; — de plus léger que la poussière? le vent; — de plus léger que le vent? la femme ; — de plus léger que la femme? rien.

ULRIC.

Je suis guerrier et non philosophe, et je ne me soucie point des poètes. Tout ce que je sais, c'est que, en effet, ma femme est jeune, droite et de beau corsage, comme on dit chez nous ; qu'il n'y a ouvrage de main ni d'aiguille où elle ne s'entende mieux que personne; qu'on ne trouverait dans tout le royaume ni un écuyer, ni un majordome qui sache mieux servir et de meilleure grâce qu'elle à la table d'un seigneur ; ajoutez à cela qu'elle sait très bien et très résolûment monter à cheval, porter l'oiseau sur le poing à la chasse, et en même temps tenir ses comptes aussi bien réglés qu'un marchand. Voilà comme elle est, seigneur cavalier, et avec tout cela je ne douterais pas d'elle, quand je resterais dix ans sans la voir.

ROSEMBERG.

Voilà un merveilleux portrait.

Entre Polacco.

POLACCO.

Je baise vos mains, seigneurs, je vous salue. Santé est fille de jeunesse. Hé! hé! les bons visages de Dieu! Que Notre-Dame vous protège!

ROSEMBERG.

Qu'y a-t-il, l'ami? A qui en avez-vous?

POLACCO.

Je baise vos mains, seigneurs, et je vous offre mes services, mes petits services pour l'amour de Dieu.

ULRIC.

Êtes-vous donc un mendiant? Je ne m'attendais pas à en rencontrer dans ces allées.

POLACCO.

Un mendiant! Jésus! un mendiant! Je ne suis point un mendiant, je suis un honnête homme; mon nom est Polacco; Polacco n'est pas un mendiant. Par saint Mathieu! mendiant n'est point un mot qu'on puisse appliquer à Polacco.

ULRIC.

Expliquez-vous, et ne vous offensez pas de ce que je vous demande qui vous êtes.

POLACCO.

Hé! hé! point d'offense; il n'y en a pas. Nos jeunes garçons vous le diront. Qui ne connaît pas Polacco?

ULRIC.

Moi, puisque j'arrive et que je ne connais personne.

POLACCO.

Bon, bon, vous y viendrez comme les autres; on est utile en son temps et lieu, chacun dans sa petite sphère; il ne faut pas mépriser les gens.

ULRIC.

Quelle estime ou quel mépris puis-je avoir pour vous, si vous ne voulez pas me dire qui vous êtes?

POLACCO.

Chut! silence! la lune se lève; voilà un coq qui a chanté.

ULRIC.

Quelle mystérieuse folie promènes-tu dans ton bavardage? Tu parles comme la fièvre en personne.

POLACCO.

Un miroir, un petit miroir! Dieu est Dieu, et les saints sont bénis! Voilà un petit miroir à vendre.

ULRIC.

Jolie emplette! il est grand comme la main et cousu dans du cuir. C'est un miroir de sorcière bohémienne; elles en portent de pareils sur la poitrine.

ROSEMBERG.

Regardez-y; qu'y voyez-vous?

ULRIC.

Rien, en vérité, pas même le bout de mon nez. C'est un miroir magique; il est couvert d'une myriade de signes cabalistiques.

POLACCO.

Qui saura verra, qui saura verra.

ULRIC.

Ah! ah! je comprends qui tu es; oui, sur mon âme, un honnête sorcier. Eh bien! que voit-on dans ta glace?

POLACCO.

Qui verra saura, qui verra saura.

ULRIC.

Vraiment! je crois donc te comprendre encore. Si je ne me trompe, ce miroir doit montrer les absents; j'en ai vu parfois qu'on donnait comme tels. Plusieurs de mes amis en portent à l'armée.

ROSEMBERG.

Pardieu! seigneur Ulric, voilà une offre qui vient à propos. Vous qui parliez de votre femme, ce miroir est fait pour vous. Et dites-moi, brave Polacco, y voit-on seulement les gens? N'y voit-on pas ce qu'ils font en même temps?

POLACCO.

Le blanc est blanc, le jaune est de l'or. L'or est au diable, le blanc est à Dieu.

ROSEMBERG.

Voyez! cela n'a-t-il pas trait à la fidélité des femmes? Oui, gageons que les objets paraissent blancs dans cette glace si la femme est fidèle, et jaunes si elle ne l'est pas. C'est ainsi que j'explique ces paroles: L'or est au diable, le blanc est à Dieu.

ULRIC.

Éloignez-vous, mon bon ami; ni ce seigneur, ni moi, n'avons besoin de vos services. Il est garçon, et je ne suis pas superstitieux.

ROSEMBERG.

Non, sur ma vie! seigneur Ulric; puisque vous êtes mon allié, je veux faire cela pour vous. J'achète moi-même ce miroir, et nous y regarderons tout à l'heure si votre femme cause avec son voisin.

ULRIC.

Éloignez-vous, vieillard, je vous en prie.

ROSEMBERG.

Non! non! il ne partira pas que nous n'ayons fait cette épreuve. Combien vends-tu ton miroir, Polacco?

Ulric s'éloigne un peu et se promène.

POLACCO.

Hé! hé! chacun son heure, mon cher seigneur; tout vient à point, chacun son heure.

ROSEMBERG.

Je te demande quel est ton prix?

POLACCO.

Qui refuse muse, qui muse refuse.

ROSEMBERG.

Je ne muse pas, je veux acheter ton miroir.

POLACCO.

Hé! hé! qui perd le temps le temps le gagne, qui perd le temps...

ROSEMBERG.

Je te comprends. Tiens, voilà ma bourse. Tu crains sans doute qu'on ne te voie ici faire en public ton petit négoce.

POLACCO, prenant la bourse.

Bien dit, bien dit, mon cher seigneur, les murs ont des yeux, les arbres aussi. Que Dieu conserve la police ! les gens de police sont d'honnêtes gens !

ROSEMBERG, prenant le miroir.

Maintenant tu vas nous expliquer les effets magiques de cette petite glace.

POLACCO.

Seigneur, en fixant vos yeux avec attention sur ce miroir, vous verrez un léger brouillard qui se dissipe peu à peu. Si l'attention redouble, une forme vague et incertaine commence bientôt à en sortir ; l'attention redoublant encore, la forme devient claire ; elle vous montre le portrait de la personne absente à laquelle vous avez pensé en prenant la glace. Si cette personne est une femme et qu'elle vous soit fidèle, la figure est blanche et presque pâle ; elle vous sourit faiblement. Si la personne est seulement tentée, la figure se colore d'un jaune blond comme l'or d'un épi mûr ; si elle est infidèle, elle devient noire comme du charbon, et aussitôt une odeur infecte se fait sentir.

ROSEMBERG.

Une odeur infecte, dis-tu ?

ACTE II, SCÈNE I.

POLACCO.

Oui, comme lorsque l'on jette de l'eau sur des charbons allumés.

ROSEMBERG.

C'est bon; maintenant prends ce qu'il te faut dans cette bourse, et rends-moi le reste.

POLACCO.

Qui viendra saura, qui saura viendra.

ROSEMBERG.

Vends-tu si cher cette bagatelle?

POLACCO.

Qui viendra verra, qui verra viendra.

ROSEMBERG.

Que le diable t'emporte avec tes proverbes!

POLACCO.

Je baise les mains, les mains... Qui viendra verra.
Il sort.

ROSEMBERG.

Maintenant, seigneur Ulric, si vous le voulez bien, il nous est facile de savoir qui a raison de vous ou de moi?

ULRIC.

Je vous ai déjà répondu ; je ne puis souffrir ces jongleries.

ROSEMBERG.

Bon! vous avez entendu, comme moi, les explications de ce digne sorcier. Que nous coûte-t-il de tenter l'épreuve? Jetez, de grâce, les yeux sur ce miroir.

ULRIC.

Regardez-y vous-même, si bon vous semble.

ROSEMBERG.

Oui, en vérité, à votre défaut j'y veux regarder et penser pour vous à votre chère comtesse, ne fût-ce que pour voir apparaître, blanche ou jaune, sa charmante image. Tenez, je l'aperçois déjà !

ULRIC.

Une fois pour toutes, seigneur cavalier, ne continuez pas sur ce ton. C'est un conseil que je vous donne.

SCÈNE II

Les Mêmes, plusieurs Courtisans.

PREMIER COURTISAN, à Ulric.

Comte Ulric, la reine va rentrer tout à l'heure au palais. Elle nous a ordonné de vous dire que votre présence y sera nécessaire.

ULRIC.

Je vous rends mille grâces, messieurs, et je suis tout aux ordres de Sa Majesté.

ROSEMBERG, regardant toujours le miroir.

Dites-moi, messieurs, ne sentez-vous pas quelque odeur singulière?

PREMIER COURTISAN.

Quelle espèce d'odeur?

ROSEMBERG.

Hé! comme du charbon éteint.

ULRIC, à Rosemberg.

Avez-vous donc juré de lasser ma patience?

ROSEMBERG.

Regardez vous-même, comte Ulric; assurément ce n'est pas là du blanc.

ULRIC.

Enfant, tu insultes une femme que tu ne connais pas.

ROSEMBERG.

C'est que, peut-être, j'en connais d'autres.

ULRIC.

Eh bien! puisque les miroirs te plaisent, regarde-toi dans celui-ci.

Il tire son épée.

ROSEMBERG.

Attendez, je ne suis pas en garde.

Il tire aussi son épée.

SCÈNE III

Les Mêmes, LA REINE, tous les courtisans.

LA REINE.

Que veut dire ceci, jeunes gens? je croyais que ce n'était pas pour arroser les fleurs de mon parterre que se tiraient des épées hongroises. Qui a donné lieu à cette dispute?

ULRIC.

Madame, excusez-moi. Il y a telle insulte que je ne puis supporter. Ce n'est pas moi qui suis offensé, c'est mon honneur.

LA REINE.

De quoi s'agit-il? Parlez.

ULRIC.

Madame, j'ai laissé au fond de mon château une femme belle comme la vertu. Ce jeune homme, que je ne connais pas, et qui ne connaît pas ma femme, n'en a pas moins dirigé contre elle des railleries dont il fait gloire. Je proteste à vos pieds qu'aujourd'hui même j'ai refusé de tirer l'épée, par respect pour la place où je suis.

LA REINE, à Rosemberg.

Vous paraissez bien jeune, mon enfant. Quel motif a pu vous porter à médire d'une femme qui vous est inconnue?

ROSEMBERG.

Madame, je n'ai pas médit d'une femme. J'ai exprimé mon opinion sur toutes les femmes en général, et ce n'est pas ma faute si je ne puis la changer.

LA REINE.

En vérité, je croyais que l'Expérience n'avait pas la barbe aussi blonde.

ROSEMBERG.

Madame, il est juste et croyable que Votre Majesté

défende la vertu des femmes; mais je ne puis avoir pour cela les mêmes raisons qu'elle.

LA REINE.

C'est une réponse téméraire. Chacun peut en effet avoir sur ce sujet l'opinion qu'il veut; mais que vous en semble, messieurs? N'y a-t-il pas une présomptueuse et hautaine folie à prétendre juger toutes les femmes? C'est une cause bien vaste à soutenir, et si j'y étais avocat, moi, votre reine en cheveux gris, mon enfant, je pourrais mettre dans la balance quelques paroles que vous ne savez pas. Qui vous a donc appris, si jeune, à mépriser votre nourrice? Vous qui sortez apparemment de l'école, est-ce là ce que vous avez lu dans les yeux bleus des jeunes filles qui puisaient de l'eau dans la fontaine de votre village? Vraiment! le premier mot que vous avez épelé sur les feuilles tremblantes d'une légende céleste, c'est le mépris? Vous l'avez à votre âge? Je suis donc plus jeune que vous, car vous me faites battre le cœur. Tenez, posez la main sur celui du comte Ulric; je ne connais pas sa femme plus que vous, mais je suis femme, et je vois comment son épée lui tremble encore dans la main. Je vous gage mon anneau nuptial que sa femme lui est fidèle comme la vierge l'est à Dieu!

ULRIC.

Reine, je prends la gageure, et j'y mets tout ce que je possède sur terre, si ce jeune homme veut la tenir.

ROSEMBERG.

Je suis trois fois plus riche que vous.

LA REINE.

Comment t'appelles-tu?

ROSEMBERG.

Astolphe de Rosemberg.

LA REINE.

Tu es un Rosemberg, toi? Je connais ton père, il m'a parlé de toi. Va, va, le comte Ulric ne gage plus rien contre toi; nous te renverrons à l'école.

ROSEMBERG.

Non, Majesté. Il ne sera pas dit que j'aurai reculé, si le comte tient le pari.

LA REINE.

Et que paries-tu?

ROSEMBERG.

S'il veut me donner sa parole de chevalier qu'il n'écrira rien à sa femme de ce qui s'est passé entre nous, je gage mon bien contre le sien, ou du moins jusqu'à concurrence égale, que je me rendrai dès demain au château qu'il habite, et que ce cœur de diamant sur lequel il compte si fort ne me résistera pas longtemps.

ULRIC.

Je tiens, et il est trop tard pour vous dédire. Vous avez parié devant la reine, et puisque sa présence auguste m'a obligé de baisser l'épée, c'est Elle que je prends pour témoin du duel honorable que je vous propose.

ROSEMBERG.

J'accepte, et rien ne m'en fera dédire; mais il me faut une lettre de recommandation, afin de me procurer un plus libre accès.

ULRIC.

De tout mon cœur, tout ce que vous voudrez.

LA REINE.

Je me porte donc comme témoin, et comme juge de la querelle. Le pari sera inscrit par le chancelier de la justice du Roi, mon maître, et à votre parole j'ajoute ici la mienne, qu'aucune puissance au monde ne pourra me fléchir quand le jour sera passé. Allez, messieurs, que Dieu vous garde!

FIN DE L'ACTE DEUXIEME.

ACTE TROISIÈME

Une salle au château de Barberine. — Plusieurs vastes croisées ouvertes au fond, sur une cour intérieure. — Par une de ces croisées on voit un cabinet dans une tourelle gothique, dont la fenêtre est également ouverte.

SCÈNE PREMIÈRE

ROSEMBERG, KALÉKAIRI.

ROSEMBERG.

Tu disais donc, ma belle enfant, que tu te nommes Kalékairi ?

KALÉKAIRI.

Mon père l'a voulu.

ROSEMBERG.

Fort bien ; — et ta maîtresse n'est pas visible ?

KALÉKAIRI.

Elle s'habille, elle s'habille longtemps. Elle a dit de la prévenir.

ROSEMBERG.

Ne te hâte pas, Kalékairi. Si je ne me trompe, ce nom-là est pour le moins turc ou arabe.

KALÉKAIRI.

Kalékairi est née à Trébizonde, mais elle n'est pas venue au monde pour la pauvre place qu'elle occupe.

ROSEMBERG.

Es-tu mécontente de ton sort? — As-tu à te plaindre de ta maîtresse?

KALÉKAIRI.

Personne ne s'en plaint.

ROSEMBERG.

Parle-moi franchement.

KALÉKAIRI.

Qu'appelez-vous franchement?

ROSEMBERG.

Dire ce que l'on pense.

KALÉKAIRI.

Lorsque Kalékairi ne pense à rien, elle ne dit rien.

ROSEMBERG.

C'est à merveille.

A part.

Voilà une petite sauvage qui n'a pas l'air trop rébarbatif.

Haut.

Ainsi donc, tu aimes ta maîtresse?

KALÉKAIRI.

Tout le monde l'aime.

ROSEMBERG.

On la dit très belle.

KALÉKAIRI.

On a raison.

ROSEMBERG.

Elle est coquette, j'imagine, puisqu'elle fait de si longues toilettes?

KALÉKAIRI.

Non, elle est bonne.

ROSEMBERG.

Pourquoi donc alors te plaignais-tu d'être dans ce château?

KALÉKAIRI.

Parce que la fille de ma mère devait avoir beaucoup de suivantes, au lieu d'en être une elle-même.

ROSEMBERG.

J'entends, — quelques revers de fortune.

KALÉKAIRI.

Les pirates m'ont enlevée.

ROSEMBERG.

Les pirates! conte-moi cela!

KALÉKAIRI.

Ce n'est pas un conte, cela fait pleurer. Kalékairi n'en parle jamais.

ROSEMBERG.

En vérité!

KALÉKAIRI.

Non, pas même avec ma perruche, pas même avec mon chien Mamouth, pas même avec le rosier qui est dans ma chambre.

ROSEMBERG.

Tu es discrète, à ce que je vois.

KALÉKAIRI.

Il le faut.

ROSEMBERG.

C'est mon sentiment. As-tu fait ici ton apprentissage?

KALÉKAIRI.

Non, je suis allée à Constantinople, à Smyrne et à Janina, chez le pacha.

ROSEMBERG.

Ah! ah! toute jeune que tu es, tu dois avoir quelque usage du monde.

KALÉKAIRI.

J'ai toujours servi près des femmes.

ROSEMBERG.

C'est bien suffisant pour apprendre. — Or ça, belle Kalékairi, si ta maîtresse me reçoit bien, je compte passer ici quelque temps. Si j'avais besoin de tes bons offices, — serais-tu d'humeur à m'obliger?

KALÉKAIRI.

Très volontiers.

ROSEMBERG.

Bien répondu. Tiens, en ta qualité de Turque, tu dois aimer la couleur des sequins. Prends cette bourse, et va m'annoncer.

KALÉKAIRI.

Pourquoi me donnez-vous cela?

ROSEMBERG.

Pour faire connaissance. Va m'annoncer, ma chère enfant.

KALÉKAIRI.

Il n'était pas besoin des sequins.

SCÈNE II

ROSEMBERG, seul; puis **BARBERINE**, dans la tourelle.

Voilà une étrange soubrette!... Quelle singulière idée a ce comte Ulric de faire garder sa femme par une espèce d'icoglan femelle! Il faut convenir que tout ce qui m'arrive a quelque chose de si bizarre que cela semble presque surnaturel... Allons, en tout cas, j'ai bien commencé. La suivante prend mes intérêts; quant à la maîtresse,... voyons! quel moyen emploierai-je ici? La ruse, la force, ou l'amour? La force, fi donc! Ce ne serait ni d'un gentilhomme, ni d'un loyal parieur. Pour l'amour, cela peut se tenter, mais c'est que cela est bien long, et je voudrais vaincre comme César... Ah! j'aperçois quelqu'un dans cette tourelle, c'est la comtesse elle-même, je la reconnais! Elle est à se coiffer, — je crois même qu'elle chante.

BARBERINE.

PREMIER COUPLET.

Beau chevalier qui partez pour la guerre,
Qu'allez-vous faire
Si loin d'ici?

Voyez-vous pas que la nuit est profonde,
Et que le monde
N'est que souci ?

ROSEMBERG.

Elle ne chante pas mal, mais il me semble que sa chanson exprime un regret; oui, quelque chose comme un souvenir. Hum ! lorsque j'ai tenu ce pari, je crois que j'ai agi bien vite. — Il y a de certains moments où l'on ne peut répondre de soi ; c'est comme un coup de vent qui s'engouffre dans votre manteau. Peste ! il ne faut pas que je m'y trompe ; il y va là pour moi de bon nombre d'écus ! Voyons ! emploierai-je la ruse ?

BARBERINE.

SECOND COUPLET.

Vous qui croyez qu'une amour délaissée
De la pensée
S'enfuit ainsi ;
Hélas ! hélas ! chercheur de renommée,
Votre fumée
S'envole aussi.

ROSEMBERG.

Cette chanson dit toujours la même chose, mais qu'est-ce que prouve une chanson ? Oui, plus j'y pense, plus la ruse me semble le véritable moyen de succès. La ruse et l'amour feraient merveille ensemble. Mais il est bien vrai que je ne sais trop comment ruser. Si je faisais comme cet Uladislas lorsqu'il trompa le géant Molock ? mais voilà le défaut de toutes ces histoires-là, c'est qu'elles sont charmantes à écouter, et qu'on ne sait comment les mettre en pratique. Je lisais, hier, par exemple, l'histoire d'un héros de roman qui, dans ma position, s'est caché pendant toute une journée pour pénétrer chez sa maîtresse. Est-ce que je peux me cacher dans un coffre? Je sortirais de là couvert de poussière, et mes habits seraient gâtés. Bah! je crois que j'ai pris le bon parti. Oui, le meilleur de tous les stratagèmes, c'est de donner de l'argent à la servante; je veux éblouir de même les autres domestiques... Ah! voici venir Barberine. Eh bien donc! tout est décidé; j'emploierai à la fois la ruse et l'amour.

SCÈNE III

ROSEMBERG, BARBERINE, KALÉKAIRI.

KALÉKAIRI. Elle reste au fond du théâtre.

Voici la maîtresse.

BARBERINE.

Seigneur, vous êtes le bienvenu. Vous arrivez, m'a-t-on dit, de la cour. Comment se porte mon mari? Que fait-il? Où est-il? A la guerre?... Hélas! répondez.

ROSEMBERG.

Il est à la guerre, madame; je le crois, du moins. Pour ce qu'il fait, cela semble facile à dire; il suffit de vous regarder pour le supposer. Qui peut vous avoir vue et vous oublier? Il pense à vous sans doute, comtesse, et tout éloigné qu'il est de vous, son sort est plus digne d'envie que de pitié, si, de votre côté, vous pensez à lui. Voici une lettre qu'il m'a confiée.

BARBERINE, lisant.

« C'est un jeune cavalier du plus grand mérite, et qui appartient à l'une des plus nobles familles des deux royaumes. Recevez-le comme un ami... » Je ne vous en lis pas plus; nous ne sommes riches que de bonne volonté, mais nous vous recevrons le moins mal possible.

ROSEMBERG.

J'ai laissé quelque part par là mes chevaux et mes écuyers. Je ne saurais voyager sans un cortège considérable, attendu ma naissance et ma fortune; mais je ne veux pas vous embarrasser de ce train...

BARBERINE.

Pardonnez-moi, mon mari m'en voudrait si je n'insistais; nous leur enverrons dire de venir ici.

ROSEMBERG.

Quel remercîment puis-je faire pour un accueil si favorable? Cette blanche main, du haut de ces tourelles, a daigné faire signe qu'on m'ouvrît la porte, et ces beaux yeux ne la contredisent pas. — Ils m'ouvrent aussi, noble comtesse, la porte d'un cœur hospitalier. — Permettez que j'aille moi-même prévenir ma suite, et je reviens auprès de vous. — J'ai quelques ordres à donner...

A part.

Du courage, et les poches pleines! Je veux prendre un peu l'air des alentours.

SCÈNE IV

BARBERINE, KALÉKAIRI.

BARBERINE.

Que penses-tu de ce jeune homme, ma chère?

KALÉKAIRI.

Kalékairi ne l'aime point.

BARBERINE.

Il te déplaît! Pourquoi cela?

Elle s'assoit.

Il me semble qu'il n'est pas mal tourné.

KALÉKAIRI.

Certainement.

BARBERINE.

Qu'est-ce donc qui te choque? Il ne s'exprime pas mal, un peu en courtisan, mais c'est la faute de sa jeunesse, et il apporte de bonnes nouvelles.

KALÉKAIRI.

Je ne crois pas.

BARBERINE.

Comment, tu ne crois pas? Voici la lettre de mon mari qui est toute pleine de tendresse pour moi et d'amitié pour son ambassadeur.

Kalékairi secoue la tête.

Que t'a donc fait ce monsieur de Rosemberg?

KALÉKAIRI.

Il a donné de l'or à Kalékairi.

BARBERINE, riant.

C'est là ce qui t'a offensée? Eh bien ! il n'y a qu'à le lui rendre.

KALÉKAIRI.

Je suis esclave.

BARBERINE.

Non pas ici. — Tu es ma compagne et mon amie.

KALÉKAIRI.

Si on rendait l'or, il se défierait.

BARBERINE.

Que veux-tu dire? explique-toi. Tu le traites comme un conspirateur.

KALÉKAIRI.

Kalékairi n'avait rien fait pour lui. Elle n'avait pas ouvert la porte, elle n'avait pas arrangé une chambre, elle n'avait point préparé un repas. Il a voulu tromper Kalékairi.

BARBERINE.

Mais Kalékairi prend bien vite la mouche. Est-ce qu'il a essayé de te faire la cour?

KALÉKAIRI.

Oh! non.

BARBERINE.

Eh bien! quoi de si surprenant? Il est nouveau venu dans ce château. N'est-il pas assez naturel qu'il cherche à s'y gagner quelque bienveillance? Il est riche, d'ailleurs, à ce qu'il paraît, et assez content qu'on le sache; c'est une petite façon de grand seigneur.

KALÉKAIRI.

Il ne connaît pas le comte Ulric.

BARBERINE.

Comment ! il ne le connaît pas ?

KALÉKAIRI.

Non. Il a parlé au portier L'Uscoque, et il lui a demandé s'il aimait son maître. Il m'a demandé aussi si je vous aimais. Il ne nous connaît pas.

BARBERINE.

Que tu es folle ! voilà les belles preuves qui te donnent sur lui des soupçons ! et quel grand crime penses-tu donc qu'il médite ?

KALÉKAIRI.

Quand j'ai été à Janina, un chrétien est venu qui aimait ma maîtresse ; il a donné aussi beaucoup d'or aux esclaves, et on l'a coupé en morceaux.

BARBERINE.

Miséricorde ! comme tu y vas ! voyez-vous la petite lionne ! et tu te figures apparemment que ce jeune homme vient tenter ma conquête ? N'est-ce pas là le fond de ta pensée ?

Kalékairi fait signe que oui.

Eh bien ! ma chère, sois sans inquiétude. Tu peux laisser là tes frayeurs et tes petits moyens par trop asiatiques. Je n'imagine point qu'un inconnu vienne de prime abord me parler d'amour. Mais supposons qu'il en soit ainsi, tu peux être bien assurée... Voici notre hôte, tu nous laisseras seuls. — Retirons-nous un peu à l'écart.

<small>A part.</small>

Il serait pourtant curieux qu'elle eût raison.

<small>Elles se retirent au fond du théâtre.</small>

SCÈNE V

Les Mêmes, ROSEMBERG.

<small>ROSEMBERG, se croyant seul.</small>

Je crois maintenant que mon plan est fait. Il y a dans le petit livre d'Uladislas l'histoire d'un certain Jachimo qui fait une gageure toute pareille à la mienne avec Leonatus Posthumus, gendre du roi de la Grande-Bretagne. Ce Jachimo s'introduit secrètement dans l'appartement de la belle Imogène, en son absence, et prend sur ses tablettes une description exacte de la chambre. Ici telle porte, là telle fenêtre, l'escalier est de telle façon... Il note les moindres détails ni plus ni moins qu'un général d'armée qui se dispose à entrer en campagne. Je veux imiter ce Jachimo.

<small>BARBERINE, à part.</small>

Il a l'air de se consulter.

<small>KALÉKAIRI, de même.</small>

N'en doutez pas ; c'est peut-être un espion turc.

<small>ROSEMBERG.</small>

Le portier L'Uscoque a pris mon argent. Je me glisserai furtivement dans la chambre de Barberine, et là,... oui,... que ferai-je là, si je viens à la rencontrer ? Hum!... c'est dangereux et embarrassant.

KALÉKAIRI, bas, à Barberine.

Voyez-vous comme il réfléchit?

ROSEMBERG.

Eh bien! je plaiderai ma cause, car Dieu me garde de l'offenser! ce serait me déshonorer moi-même. — Mais dans tous les romans, et même dans les ballades, les plus parfaits amants font-ils autre chose que s'introduire ainsi, quand ils peuvent, chez la dame de leurs pensées? C'est toujours plus commode, on est moins dérangé. — Ah! voilà la belle comtesse! — Si j'essayais d'abord, par manière d'acquit, quelques propos de galanterie? Sachons ce qu'elle dit sur ce chapitre, cela ne peut pas nuire, car, au bout du compte, si je venais à ne pas lui déplaire, cela me dispenserait de ruser, — et c'est cette ruse qui m'embarrasse!

Haut.

Excusez-moi, comtesse, d'être demeuré si longtemps loin de vous; mes équipages sont considérables, et il faut mettre quelque ordre à cela.

BARBERINE.

Rien n'est plus juste, et je vous prie de vouloir bien vous considérer comme parfaitement libre dans cette maison. Vous comprenez qu'un ami de mon mari ne saurait être un étranger pour nous.

A Kalékairi.

Va, Kalékairi, va, ma chère, et n'aie pas peur.
Kalékairi sort.

ROSEMBERG.

Vous me pénétrez de reconnaissance. A vous dire vrai, en venant chez vous, je ne craignais que d'être importun, et je courrais grand risque de le devenir si je laissais parler mon cœur.

BARBERINE, à part.

Parler son cœur ! déjà ! quel langage !
Haut.
Soyez assuré, seigneur Rosemberg, que vous ne me gênez pas du tout ; car cette liberté que je vous offre m'est fort nécessaire à moi-même, et je vous la donne pour en user aussi.

ROSEMBERG.

Cela s'entend, je connais les convenances, et je sais quels devoirs impose votre rang. Une châtelaine est reine chez elle, et vous l'êtes deux fois, madame, par la noblesse et par la beauté.

BARBERINE.

Ce n'est pas cela. C'est que dans ce moment-ci nous sommes en train de faire la vendange.

ROSEMBERG.

Oui, vraiment, j'ai vu en passant sur ces collines quantité de paysans. Cela ressemble à une fête, et vous recevez sans doute, à cette occasion, les hommages de vos vassaux. Ils doivent être heureux, puisqu'ils vous appartiennent.

BARBERINE.

Oui, mais ils sont bien tourmentants;... il me faut aller aux champs toute la journée pour faire rentrer le maïs et les foins tardifs.

ROSEMBERG, à part.

Si elle me répond sur ce ton, cela va être bien peu poétique.

BARBERINE, de même.

S'il persiste dans ses compliments, cela pourra être divertissant.

ROSEMBERG.

J'avoue, comtesse, qu'une chose m'étonne. Ce n'est pas de voir une noble dame veiller au soin de ses domaines; mais j'aurais cru que c'était de plus loin.

BARBERINE.

Je conçois cela. Vous êtes de la cour, et les beautés d'Albe Royale ne promènent pas dans l'herbe leurs souliers dorés.

ROSEMBERG.

C'est vrai, madame, et ne trouvez-vous pas que cette vie toute de plaisir, de fêtes, d'enchantements et de magnificence, est une chose vraiment admirable? Sans vouloir médire des vertus champêtres, la vraie place d'une jolie femme n'est-elle pas là, dans cette sphère brillante? Regardez votre miroir, comtesse. Une jolie femme n'est-elle pas le chef-d'œuvre de la création, et toutes les richesses du monde ne sont-elles pas faites pour l'entourer, pour l'embellir, s'il était possible?

BARBERINE.

Oui, cela peut plaire sans doute. Vos belles dames ne voient ce pauvre monde que du haut de leur palefroi, ou si leur pied se pose à terre, c'est sur un carreau de velours.

ROSEMBERG.

Oh! pas toujours. Ma tante Béatrix va aussi comme vous dans les champs.

BARBERINE.

Ah! votre tante est bonne ménagère?

ROSEMBERG.

Oui, et bien avare, excepté pour moi, car elle me donnerait ses coiffes.

BARBERINE.

En vérité?

ROSEMBERG.

Oh! certainement; c'est d'elle que me viennent presque tous les bijoux que je porte.

BARBERINE, à part.

Ce garçon-là n'est pas bien méchant.

Haut.

J'aime fort les bonnes ménagères, vu que j'ai la prétention d'en être une moi-même. Tenez, vous en voyez la preuve.

ROSEMBERG.

Qu'est-ce que cela? Dieu me pardonne, une quenouille et un fuseau!

BARBERINE.

Ce sont mes armes.

ROSEMBERG.

Est-ce possible? quoi! vous cultivez ce vieux métier de nos grand'mères? vous plongez vos belles mains dans cette filasse?

BARBERINE.

Je tâche qu'elles se reposent le moins possible. Est-ce que votre tante ne file pas?

ROSEMBERG.

Mais ma tante est vieille, madame; il n'y a que les vieilles femmes qui filent.

BARBERINE.

Vraiment! en êtes-vous bien sûr? Je ne crois pas qu'il en doive être ainsi. Ne connaissez-vous pas cette ancienne maxime, que le travail est une prière? Il y a longtemps qu'on a dit cela. Eh bien! si ces deux choses se ressemblent, et elles peuvent se ressembler devant Dieu, n'est-il pas juste que la tâche la plus dure soit le partage des plus jeunes? N'est-ce pas quand nos mains sont vives, alertes et pleines d'activité qu'elles doivent tourner le fuseau? Et lorsque l'âge et la fatigue les forcent un jour de s'arrêter, n'est-ce pas alors qu'il est temps de les joindre, en laissant faire le reste à la suprême bonté? Croyez-moi, seigneur Rosemberg, ne dites pas de mal de nos quenouilles; non pas même de nos aiguilles; je vous le répète, ce sont nos armes. Il est vrai que vous autres hommes, vous en portez de plus glorieuses, mais celles-là ont aussi leur prix; voici ma lance et mon épée.

<small>Elle montre la quenouille et le fuseau.</small>

ROSEMBERG, à part.

Le sermon n'est pas mal tourné, mais me voilà loin de mon pari. Tâchons encore d'y revenir.

<small>Haut.</small>

Il n'est pas possible, madame, d'être contredit quand on dit si bien. Mais vous permettrez, s'il vous plaît, armes pour armes, que je préfère les nôtres.

BARBERINE.

Les combats vous plaisent, à ce que je vois?

ROSEMBERG.

Le demandez-vous à un gentilhomme? Hors la guerre et l'amour, qu'a-t-il à faire au monde?

BARBERINE.

Vous avez commencé bien jeune. Expliquez-moi donc une chose. Je n'ai jamais bien compris qu'un homme couvert de fer puisse diriger aisément un cheval qui en est aussi tout caparaçonné. Ce bruit de ferraille doit être assourdissant, et vous devez être là comme dans une prison.

ROSEMBERG, à part.

Je crois qu'elle cherche à me dérouter.

<small>Haut.</small>

Un bon cavalier ne craint rien, s'il porte la couleur de sa dame.

BARBERINE.

Vous êtes brave, à ce qu'il paraît. Aimez-vous beaucoup votre tante ?

ROSEMBERG.

De tout mon cœur, d'amitié s'entend, car pour l'amour c'est autre chose.

BARBERINE.

On n'a pas d'amour pour sa tante.

ROSEMBERG.

Je n'en saurais avoir pour qui que ce soit, hormis pour une seule personne.

BARBERINE.

Votre cœur est pris ?

ROSEMBERG.

Oui, madame, depuis peu de temps, mais pour toute ma vie.

BARBERINE.

C'est sûrement quelque jeune fille que vous avez dessein d'épouser ?

ROSEMBERG.

Hélas ! madame, c'est impossible. Elle est jeune et belle, il est vrai, et elle a toutes les qualités qui peuvent faire le bonheur d'un époux, mais ce bonheur ne m'est pas réservé ; sa main appartient à un autre.

BARBERINE.

Cela est fâcheux, il faut en guérir.

ROSEMBERG.

Ah ! madame, il faut en mourir !

BARBERINE.

Bah! à votre âge!

ROSEMBERG.

Comment! à mon âge! Êtes-vous donc tant plus âgée que moi?

BARBERINE.

Beaucoup plus. Je suis raisonnable.

ROSEMBERG.

Je l'étais aussi avant de l'avoir vue! — Ah! si vous saviez qui elle est! Si j'osais prononcer son nom devant vous...

BARBERINE.

Est-ce que je la connais?

ROSEMBERG.

Oui, madame! — et puisque mon secret vient de m'échapper à demi, je vous le confierais tout entier, si vous me promettiez de ne pas m'en punir.

BARBERINE.

Vous en punir? à quel propos? je n'y suis pour rien, j'imagine?

ROSEMBERG.

Pour plus que vous ne pensez, madame, et si j'osais...

SCÈNE VI

Les Mêmes, KALÉKAIRI.

ROSEMBERG, à part.

Peste soit de la petite Barbaresque! j'avais eu tant de peine à en arriver là!

KALÉKAIRI.

Le portier L'Uscoque est venu pour dire qu'il y avait sur la route beaucoup de chariots.

BARBERINE.

Qu'est-ce que c'est?

KALÉKAIRI.

Je puis le dire à vous seule.

BARBERINE.

Approche.

ROSEMBERG, à part.

Quel mystère! Encore des légumes! Voilà une châtelaine terriblement bourgeoise.

KALÉKAIRI, bas à sa maîtresse.

Il n'y a point de chariots. Rosemberg a encore donné beaucoup d'or au portier L'Uscoque.

BARBERINE, bas.

Pourquoi faire, et sous quel prétexte?

KALÉKAIRI, de même.

Il a demandé qu'on le fasse entrer secrètement chez la maîtresse.

BARBERINE, bas.

Chez moi, dis-tu? en es-tu sûre?

KALÉKAIRI, de même.

L'Uscoque ne voulait rien dire; mais Kalékairi l'a grisé, et il lui a tout raconté.

BARBERINE, regardant Rosemberg.

Vraiment, cela est incroyable!

ROSEMBERG, à part.

Quel singulier regard jette-t-elle donc sur moi?

BARBERINE, de même.

Est-ce possible? Ce jeune homme un peu fanfaron, il est vrai, mais, au fond, d'humeur assez douce et qui semblait... Cela est bien étrange!

KALÉKAIRI, bas.

L'Uscoque dit maintenant que si la maîtresse le veut, il se cachera derrière la porte avec Ludwig le jardinier. Ils prendront chacun une fourche, et quand l'autre arrivera...

BARBERINE, riant.

Non, je te remercie. Tu en reviens toujours à ta méthode expéditive.

KALÉKAIRI.

Rosemberg a beaucoup de domestiques armés.

BARBERINE.

Oui, et nous sommes seules, ou presque seules, dans cette maison au fond d'un petit désert. Mais je te dirai une chose fort simple : — il y a un gardien, ma chère, qui défend mieux l'honneur d'une femme que tous les remparts d'un sérail et tous les muets d'un sultan, et ce gardien, c'est elle-même. Va, et cependant ne t'éloigne pas. — Écoute ! lorsque je te ferai signe par cette fenêtre...

<small>Elle lui parle à l'oreille.</small>

KALÉKAIRI.

Ce sera fait.
<small>Elle sort.</small>

SCÈNE VII

BARBERINE, ROSEMBERG.

BARBERINE.

Eh bien ! seigneur, à quoi songez-vous ?

ROSEMBERG.

J'attendais de savoir si je dois me retirer.

BARBERINE.

N'étiez-vous pas en train de me faire une confidence ? Cette petite fille est venue mal à propos.

ROSEMBERG.

Oh ! oui.

BARBERINE.

Eh bien ! continuez.

ROSEMBERG.

Je n'en ai plus le courage, madame. Je ne sais comment j'avais pu oser...

BARBERINE.

Et vous n'osez plus? Vous me disiez, je crois, que vous aviez de l'amour pour une femme qui est mariée à l'un de vos amis?

ROSEMBERG.

Un de mes amis! je n'ai pas dit cela.

BARBERINE.

Je croyais l'avoir entendu. Mais êtes-vous sûr que j'aie mal compris?

ROSEMBERG, à part.

Que veut-elle dire? Ce regard si terrible me semble à présent singulièrement doux.

BARBERINE.

Eh bien! vous ne répondez pas?

ROSEMBERG.

Ah! madame... Si vous avez pénétré ma pensée...

BARBERINE.

Est-ce une raison pour ne pas la dire?

ROSEMBERG.

Non, je le vois! vous m'avez deviné. Ces beaux yeux ont lu dans mon cœur, qui se trahissait malgré moi. Je ne saurais vous cacher plus longtemps un sentiment plus fort que ma raison, plus puissant même que mon respect pour vous. Apprenez donc à la fois, comtesse, et ma souffrance et ma folie. Depuis le premier jour où je vous ai vue, j'erre autour de ce château, dans ces montagnes désertes!... L'armée, la cour ne sont plus rien pour moi; j'ai tout quitté dès que j'ai pu trouver un prétexte pour approcher de vous, ne fût-ce qu'un instant. Je vous aime, je vous adore! voilà mon secret, madame; avais-je tort de vous supplier de ne pas m'en punir?

<small>Il met un genou en terre.</small>

BARBERINE, à part.

Il ne ment pas mal pour son âge.

<small>Haut.</small>

Vous aviez, dites-vous, la crainte d'être puni; — n'aviez-vous pas celle de m'offenser?

ROSEMBERG, se levant.

En quoi l'amour peut-il être une offense? Qui est-ce offenser que d'aimer?

BARBERINE.

Dieu, qui le défend!

ROSEMBERG.

Non, Barberine! Puisque Dieu a fait la beauté, comment peut-il défendre qu'on l'aime? C'est son image la plus parfaite.

BARBERINE.

Mais si la beauté est l'image de Dieu, la sainte foi jurée à ses autels n'est-elle pas un bien plus précieux? S'est-il contenté de créer, et n'a-t-il pas, sur son œuvre céleste, étendu la main comme un père, pour défendre et pour protéger?

ROSEMBERG.

Non, quand je suis ainsi près de vous, quand ma main tremble en touchant la vôtre, quand vos yeux s'abaissent sur moi avec ce regard qui me transporte, non! Barberine, c'est impossible; non, Dieu ne défend pas d'aimer. Hélas! point de reproches, je ne...

BARBERINE.

Que vous me trouviez belle, et que vous me le disiez, cela ne me fâche pas beaucoup. Mais à quoi bon en dire davantage? le comte Ulric est votre ami.

ROSEMBERG.

Qu'en sais-je? Que puis-je vous répondre? De quoi puis-je me souvenir près de vous?

BARBERINE.

Quoi! si je consentais à vous écouter, ni l'amitié, ni la crainte de Dieu, ni la confiance d'un gentilhomme qui vous envoie auprès de moi, rien n'est capable de vous faire hésiter?

ROSEMBERG.

Non, sur mon âme, rien au monde. Vous êtes si belle, Barberine! vos yeux sont si doux, votre sourire est le bonheur lui-même!

BARBERINE.

Je vous l'ai dit, tout cela ne me fâche pas. Mais pourquoi prendre ainsi ma main? O Dieu! il me semble que si j'étais homme, je mourrais plutôt que de parler d'amour à la femme de mon ami.

ROSEMBERG.

Et moi, je mourrais plutôt que de cesser de vous parler d'amour.

BARBERINE.

Vraiment! sur votre honneur, cela est votre sentiment?

Elle fait un signe par la fenêtre.

ROSEMBERG.

Sur mon âme, sur mon honneur!

BARBERINE.

Vous trahiriez de bon cœur un ami?

ROSEMBERG.

Oui, pour vous plaire, pour un regard de vous.

On entend sonner une cloche.

BARBERINE.

Voici la cloche qui m'avertit de descendre.

ROSEMBERG.

O ciel! vous me quittez ainsi?

BARBERINE.

Que vous dirai-je? voici Kalékairi.

SCÈNE VIII

Les Mêmes, KALÉKAIRI.

ROSEMBERG, à part.

Encore cette Croate, cette Transylvaine!

KALÉKAIRI.

Les fermiers disent qu'ils attendent.

BARBERINE.

J'y vais.

ROSEMBERG, bas à Barberine.

Hé! quoi! sans une parole...? sans un regard qui m'apprenne mon sort?

BARBERINE.

Je crois que vous êtes un grand enchanteur, car il est impossible de vous garder rancune. Mes fermiers vont se mettre à table; attendez-moi ici un instant. Je me délivre d'eux, et je reviens.—Allons, Kalékairi, allons.

KALÉKAIRI.

Kalékairi ne veut pas dîner.

ROSEMBERG, à part.

Elle veut rester, la petite Éthiopienne!

Haut.

Comment, mademoiselle, vous n'avez pas faim?

KALÉKAIRI.

Non, je ne veux pas. Ils vous ont placé une cloche tout au haut d'une grosse tour, et quand cette machine sonne, il faut que Kalékairi mange. Mais Kalékairi ne veut pas manger; Kalékairi n'a pas d'appétit.

BARBERINE, riant.

Viens, mon enfant, tu feras comme tu voudras, mais j'ai besoin de toi.

A part.

Je crois, en vérité, qu'elle serait capable de me surveiller aussi moi-même.

SCÈNE IX

ROSEMBERG, seul.

Elle va revenir! elle me dit de l'attendre pendant qu'elle va éloigner tout son monde! Peut-elle me faire mieux entendre que je ne lui ai pas déplu? Que dis-je? n'est-ce pas m'avouer qu'elle m'aime? n'est-ce pas là le plus piquant rendez-vous?... Parbleu! j'étais bien bon de me creuser la tête et de dépenser mon argent pour imiter ce sot de Jachimo! C'est bien la peine de s'aller cacher, lorsque, pour vaincre, on n'a qu'à paraître! Il est vrai que je ne m'attendais pas, en conscience, à me faire écouter si vite. O fortune! quelle bénédiction! non, je ne m'y attendais pas. Cette fière comtesse, ce riche enjeu! tout cela gagné en si peu de temps! Qu'il avait raison, ce cher Uladislas! Je vais donc l'entendre me parler d'amour! car ce sera son tour à présent! elle! Barberine! ô beauté! ô joie ineffable! Je ne saurais demeurer en repos; il faut pourtant un peu de patience.

Il s'assoit.

En vérité, c'est une grande misère que cette fragilité des femmes. Conquise si vite! est-ce que je l'aime? non, je ne l'aime pas. Fi donc! trahir ainsi un mari si plein de droiture et de confiance! Céder au premier regard amoureux d'un inconnu! que peut-on faire de cela? J'ai autre chose en tête que de rester ici. —Qui maintenant me résistera? Déjà je me vois arrivant à la cour, et traversant d'un pas nonchalant les longues galeries. Les courtisans s'écartent en silence, les femmes chuchotent; le riche enjeu est sur la table, et la reine a le sourire sur les lèvres. Quel coup de filet, Rosemberg! Ce que c'est pourtant que la fortune! Quand je pense à ce qui m'arrive, il me semble rêver. Non, il n'y a rien de tel que l'audace. — Il me semble que j'entends du bruit. Quelqu'un monte l'escalier; on s'approche, on monte à petits pas. Ah! comme mon cœur palpite!

<small>Les fenêtres se ferment, et on entend au dehors le bruit de plusieurs verrous.</small>

Qu'est-ce que cela veut dire? Je suis enfermé. On verrouille la porte en dehors. Sans doute, c'est quelque précaution de Barberine; elle a peur que pendant le dîner quelque domestique n'entre ici. Elle aura envoyé sa camériste fermer sur moi la porte, jusqu'à ce qu'elle puisse s'échapper! Si elle allait ne pas venir! s'il arrivait un obstacle imprévu! Bon, elle me le ferait dire. Mais qui marche ainsi dans le corridor? On vient ici... C'est Barberine, je reconnais son pas. Silence! il ne faut pas ici nous donner l'air d'un écolier. Je veux composer mon visage;... celui à qui de pareilles choses arrivent n'en doit pas paraître étonné.

<small>Un guichet s'ouvre dans la muraille.</small>

BARBERINE, <small>en dehors, parlant par le guichet.</small>

Seigneur Rosemberg, comme vous n'êtes venu ici que pour commettre un vol, le plus odieux et le plus digne de châtiment, le vol de l'honneur d'une femme, et comme il est juste que la pénitence soit proportionnée au crime, vous êtes emprisonné comme un voleur. Il ne vous sera fait aucun mal, et les gens de votre suite continueront à être bien traités. Si vous voulez boire et manger, vous n'avez d'autre moyen que de faire comme ces vieilles femmes que vous n'aimez pas, c'est-à-dire de filer. Vous avez là, comme vous savez, une quenouille et un fuseau, et vous pouvez avoir l'assurance que l'ordinaire de vos repas sera scrupuleusement augmenté ou diminué, selon la quantité de fil que vous filerez.

Elle ferme le guichet.

ROSEMBERG.

Est-ce que je rêve? Holà! Barberine! holà! Jean! holà! Albert! Qu'est-ce que cela signifie? La porte est comme murée; on l'a fermée avec des barres de fer; — les fenêtres sont grillées et le guichet n'est pas plus grand que mon bonnet. Holà! quelqu'un! ouvrez, ouvrez, ouvrez! c'est moi, Rosemberg, je suis enfermé ici. Ouvrez! qui vient m'ouvrir? Y a-t-il ici quelqu'un?... Je prie qu'on m'ouvre, s'il vous plaît. Hé! le gardien, êtes-vous là? ouvrez-moi, monsieur, je vous prie. Je veux faire signe par la croisée. Hé! compagnon, venez m'ouvrir; — il ne m'entend pas : — ouvrir, ouvrir, je suis enfermé. Cette chambre est au premier étage. — Mais qu'est-ce donc? on ne m'ouvrira pas!

BARBERINE, ouvrant le guichet.

Seigneur, ces cris ne servent de rien. Il commence

à se faire tard; si vous voulez souper, il est temps de vous mettre à filer.

<small>Elle ferme le guichet.</small>

ROSEMBERG.

Hé! bon! c'est une plaisanterie. L'espiègle veut me piquer au jeu par ce joyeux tour de malice. On m'ouvrira dans un quart d'heure; je suis bien sot de m'inquiéter. Oui, sans doute, ce n'est qu'un jeu; mais il me semble qu'il est un peu fort, et tout cela pourrait me prêter un personnage ridicule. Hum! m'enfermer dans une tourelle! Traite-t-on aussi légèrement un homme de mon rang? — Fou que je suis! Cela prouve qu'elle m'aime! elle n'en agirait pas si familièrement avec moi, si la plus douce récompense ne m'attendait. Voilà qui est clair; on m'éprouve peut-être, on observe ma contenance. Pour les déconcerter un peu, il faut que je me mette à chanter gaîment.

<small>Il chante.</small>

> Quand le coq de bruyère
> Voit venir le chasseur,
> Holà! dans la clairière,
> Holà! landerira.
>
> Oh! le hardi compère!
> Franc chasseur, l'arme au poing,
> Holà! remplis ton verre,
> Holà! landerira.

KALÉKAIRI, <small>ouvrant le guichet.</small>

La maîtresse dit, puisque vous ne filez pas, que vous

vous passerez sans doute de souper, et elle croit que vous n'avez pas faim ; ainsi je vous souhaite une bonne nuit.

Elle ferme le guichet.

ROSEMBERG.

Kalékairi ! écoute donc un peu ! écoute donc ! ma petite, viens me tenir compagnie !... Est-ce que je serais pris au piège ? voilà qui a l'air sérieux ! Passer la nuit ici ! sans souper ! et justement j'ai une faim horrible ! Combien de temps va-t-on donc me laisser ici ? Assurément cela est sérieux. Mort et massacre ! feu ! sang ! tonnerre ! exécrable Barberine ! misérable ! infâme ! bourreau ! malédiction ! Ah ! malheureux que je suis ! me voilà en prison. On va faire murer la porte ; on me laissera mourir de faim ! c'est une vengeance du comte Ulric. Hélas ! hélas ! prenez pitié de moi !... Le comte Ulric veut ma mort, cela est certain ! sa femme exécute ses ordres. Pitié ! pitié ! je suis mort ! je suis perdu !... je ne verrai plus jamais mon père, ma pauvre tante Béatrix ! hélas ! ah ! Dieu ! hélas ! c'en est fait de moi !... Barberine ! madame la comtesse ! ma chère demoiselle Kalékairi !... O rage ! ô feu et flammes ! oh ! si j'en sors jamais, ils périront tous de ma main ; je les accuserai devant la Reine elle-même, comme bourreaux et empoisonneurs. Ah ! Dieu ! ah ! ciel ! prenez pitié de moi.

BARBERINE, *ouvrant le guichet.*

Seigneur, avant de me coucher, je viens savoir si vous avez filé.

ROSEMBERG.

Non, je n'ai pas filé, je ne file point, je ne suis point une fileuse. Ah! Barberine, vous me le payerez!

BARBERINE.

Seigneur, quand vous aurez filé, vous avertirez le soldat qui monte la garde à votre porte.

ROSEMBERG.

Ne vous en allez point, comtesse. — Au nom du ciel! écoutez-moi!

BARBERINE.

Filez, filez!

ROSEMBERG.

Non, par la mort! non, par le sang! je briserai cette quenouille. Non, je mourrai plutôt.

BARBERINE.

Adieu, seigneur!

ROSEMBERG.

Encore un mot! ne partez pas.

BARBERINE.

Que voulez-vous?

ROSEMBERG.

Mais,... mais,... comtesse,... en vérité,... je suis, je... je ne sais pas filer. Comment voulez-vous que je file?

BARBERINE.

Apprenez.

Elle ferme le guichet.

ROSEMBERG.

Non, jamais je ne filerai, quand le ciel devrait

m'écraser! Quelle cruauté raffinée! voyez donc cette Barberine! elle était en déshabillé, elle va se mettre au lit, à peine vêtue, en cornette, et plus jolie cent fois... Ah! la nuit vient; dans une heure d'ici il ne fera plus clair.

Il s'assoit.

Ainsi, c'est décidé, il n'en faut pas douter. Non seulement je suis en prison, mais on veut m'avilir par le dernier des métiers. Si je ne file, ma mort est certaine. Ah! la faim me talonne cruellement. Voilà six heures que je n'ai mangé; pas une miette de pain depuis ce matin à déjeuner! Misérable Uladislas! puisses-tu mourir de faim pour tes conseils! Où diantre suis-je venu me fourrer? Que me suis-je mis dans la tête? J'avais bien affaire de ce comte Ulric et de sa bégueule de comtesse! Le beau voyage que je fais! J'avais de l'argent, des chevaux, tout était pour le mieux; je me serais diverti à la cour. Peste soit de l'entreprise! J'aurai perdu mon patrimoine, et j'aurai appris à filer!... Le jour baisse de plus en plus, et la faim augmente en proportion. Est-ce que je serais réduit à filer? Non, mille fois non! J'aimerais mieux mourir de faim comme un gentilhomme. Diable!... vraiment, si je ne file pas, il ne sera plus temps tout à l'heure.

Il se lève.

Comment est-ce donc fait, cette quenouille? Quelle machine diabolique est-ce là? Je n'y comprends rien. Comment s'y prend-on? Je vais tout briser. Que cela est entortillé! Oh, Dieu! j'y pense, elle me regarde; cela est sûr, je ne filerai pas.

UNE VOIX, au dehors.

Qui vive!

Le couvre-feu sonne.

ROSEMBERG.

Le couvre-feu sonne! Barberine va se coucher. Les lumières commencent à s'allumer. Les mulets passent sur la route, et les bestiaux rentrent des champs. Oh, Dieu! passer la nuit ainsi! là, dans cette prison, sans feu! sans lumière! sans souper! le froid! la faim! Hé! holà! compagnon, n'y a-t-il pas un soldat de garde?

BARBERINE, ouvrant le guichet.

Eh bien?

ROSEMBERG.

Je file, comtesse, je file, faites-moi donner à souper.

SCÈNE X

ROSEMBERG, KALÉKAIRI.

KALÉKAIRI, entrant avec deux plats.

Voilà le souper. Il y a des concombres et une salade de laitues.

ROSEMBERG.

Bien obligé! tu servais d'espion, te voilà geôlière à présent! méchante Arabe que tu es! Pourquoi as-tu pris mes sequins?

KALÉKAIRI, mettant une bourse sur la table.

Maintenant je puis vous les rendre.

ROSEMBERG.

Hé! je n'ai que faire d'argent en prison.

On entend le son des trompettes.

Qui arrive là? quel est ce bruit? j'entends un fracas de chevaux dans la cour.

KALÉKAIRI.

C'est la Reine qui vient ici.

ROSEMBERG.

La Reine, dis-tu?

KALÉKAIRI.

Et le comte Ulric aussi.

ROSEMBERG.

Le comte Ulric! la Reine! ah! je suis perdu. Kalékairi, fais-moi sortir d'ici.

KALÉKAIRI.

Non, il faut que vous y restiez.

ROSEMBERG.

Je te donnerai autant de sequins que tu voudras, mais, de grâce, laisse-moi sortir. Dis à la sentinelle de me laisser passer.

KALÉKAIRI.

Non. — Pourquoi êtes-vous venu?

ROSEMBERG.

Ah! tu as bien raison. Où est la comtesse? Je veux lui demander grâce ou plutôt l'accuser; oui, l'accuser devant la Reine elle-même, car on n'enferme pas les gens de cette façon-là. Où est ta maîtresse?

KALÉKAIRI.

Sur le pas de sa porte, pour recevoir la Reine.

ROSEMBERG.

Et que diantre la Reine vient-elle faire ici?

KALÉKAIRI.

Kalékairi avait écrit.

ROSEMBERG.

A la Reine?

KALÉKAIRI.

Non, au comte Ulric.

ROSEMBERG.

Et à propos de quoi?

KALÉKAIRI.

Pour qu'on vienne ici.

ROSEMBERG.

Et qu'on me trouve dans cette caverne?

KALÉKAIRI.

Non.— Kalékairi, quand elle a écrit, ne savait pas qu'on vous ferait filer.

ROSEMBERG.

Ah! c'est donc la comtesse toute seule, à qui est venue cette gracieuse idée?

KALÉKAIRI.

Oui, et la comtesse ne savait pas que Kalékairi avait écrit, car la comtesse a écrit aussi.

ROSEMBERG.

Elle a écrit aussi! c'est fort obligeant.

KALÉKAIRI.

Oui, pendant que vous criiez si fort. Elle allait voir, et puis elle revenait. Mais Kalékairi avait écrit longtemps auparavant. Kalékairi avait écrit dès que vous lui aviez parlé.

ROSEMBERG.

Ainsi, toi d'abord, et puis la comtesse! Deux dénonciations pour une! c'est à merveille; j'étais en bonnes mains. Ensorcelé par deux démons femelles!

LA SENTINELLE, sur le pas de la porte.

Seigneur, vous êtes libre. La Reine va venir.

ROSEMBERG.

C'est fort heureux. Adieu, Kalékairi! Dis à ta maîtresse, de ma part, que je ne lui pardonnerai de ma vie, et, quant à toi, puissent toutes tes salades...

KALÉKAIRI.

Vous avez bien tort, car ma maîtresse a dit qu'elle vous trouvait très gentil; oui, et que vous ne pouviez manquer de plaire à beaucoup de dames à la cour, mais que pour cette maison, ce n'était pas l'endroit.

ROSEMBERG.

En vérité! elle a dit cela? Eh bien! Kalékairi, je crois que je lui pardonne. Et pour toi, si tu veux être discrète...

KALÉKAIRI.

Oh! non.

ROSEMBERG.

Comment! tu te vantais ce matin...

KALÉKAIRI.

C'était pour mieux savoir ce soir. Voici la Reine avec tout le monde.

ROSEMBERG.

Ah! je suis pris.

SCÈNE XI

Les Précédents, LA REINE, ULRIC, BARBERINE, Courtisans, etc.

LA REINE, à Barberine.

Oui, comtesse, nous avons voulu venir nous-même vous rendre visite.

BARBERINE.

Notre pauvre maison, madame, n'est pas digne de vous recevoir.

LA REINE.

Je tiens à honneur d'y être reçue.

A Rosemberg.

Eh bien! Rosemberg, ton pari?

ROSEMBERG.

Il est perdu, madame, comme vous voyez.

KALÉKAIRI, bas à Rosemberg.

Oui, bien perdu.

LA REINE.

Es-tu content de ton voyage? Comment trouves-tu ce château? Tu n'oublieras pas, je l'espère, l'hospitalité qu'on y reçoit?

ROSEMBERG.

Je ne manquerai pas de m'en souvenir, madame, toutes les fois que je ferai quelque sottise.

KALÉKAIRI, bas à Rosemberg.

Ce sera souvent.

LA REINE.

Il est fâcheux que celle-ci te coûte un peu cher.

BARBERINE.

Madame, si Votre Majesté daigne m'accorder une grâce, je lui demande de consentir à ce que ce pari soit oublié.

ULRIC.

Je le demande aussi, madame. Si j'avais douté du cœur de ma femme, je pourrais profiter de cette gageure, et me faire payer mon souci; mais, en conscience, je n'ai rien gagné. Voici tout le prix que j'en veux avoir.

Il donne à sa femme une poignée de main.

ROSEMBERG, à part.

Par mon patron, voilà un digne homme.

KALÉKAIRI, bas à Rosemberg.

Vous êtes guéri, n'est-ce pas?

LA REINE.

Que cela vous plaise ainsi, je le veux bien. Mais

notre parole royale est engagée, et nous ne saurions oublier que nous nous sommes portée pour témoin de la querelle. Ainsi, Rosemberg, tu payeras.

ROSEMBERG.

Madame, l'argent est tout prêt.

KALÉKAIRI, bas à Rosemberg.

Que va dire votre tante Béatrix?

LA REINE.

Mais vous comprenez, comte Ulric, que si notre justice ordonne que le prix de votre gageure vous soit remis, notre pouvoir ne va pas si loin que de vous contraindre à l'accepter. — Ainsi, Rosemberg, là-dessus, tu feras ta cour à la comtesse.

ROSEMBERG.

De tout mon cœur, madame, et s'il se pouvait...

LA REINE.

Un instant! nous avons appris de la bouche même de la comtesse le succès de cette aventure; mais ces messieurs ne le connaissent pas, et il est juste qu'ils en soient instruits, ayant assisté, comme nous, aux débuts de cette entreprise. Voici deux lettres qui en parlent; Rosemberg, tu vas nous les lire.

BARBERINE.

Ah! madame!

LA REINE.

Êtes-vous si généreuse? Eh bien! je les lirai moi-même. En voici une d'abord, adressée au comte, et

qui n'est pas longue, car elle ne contient qu'un mot :
« Venez. » Signé : « Kalékairi. » Qui a écrit cela ?

KALÉKAIRI.

C'est moi, madame.

LA REINE.

Tu as peu et bien dit, c'est un talent rare. Maintenant, messieurs, voici l'autre.

Elle lit.

« Mon très cher et honoré mari,

« Nous venons d'avoir au château la visite du jeune
« baron de Rosemberg, qui s'est dit votre ami et envoyé
« par vous. Bien qu'un secret de cette nature soit or-
« dinairement gardé par une femme avec justice, je
« vous dirai toutefois qu'il m'a parlé d'amour. J'espère
« qu'à ma prière et recommandation vous n'en tirerez
« aucune vengeance, et que vous n'en concevrez aucune
« haine contre lui. C'est un jeune homme de bonne
« famille, et point méchant. Il ne lui manquait que de
« savoir filer, et c'est ce que je vais lui apprendre. Si
« vous avez occasion de voir son père à la cour, dites-
« lui qu'il n'en soit point inquiet. Il est dans notre
« grand'salle, au premier étage, où il a une quenouille
« avec un fuseau, et il file, ou il va filer. Vous trouverez
« extraordinaire que j'aie choisi pour lui cette occupa-
« tion, mais, comme j'ai reconnu qu'avec de bonnes
« qualités il ne manquait que de réflexion, j'ai pensé
« que c'était pour le mieux de lui apprendre ce métier

« qui lui permettra de réfléchir à son aise, en même
« temps qu'il peut lui faire gagner sa vie. Vous savez
« que notre grand'salle est close de verrous fort solides ;
« je lui ai dit de m'y attendre, et je l'ai enfermé. Il y a
« au mur un guichet fort commode, par lequel on lui
« passera sa nourriture, ce qui fait que je ne doute pas
« qu'il ne sorte d'ici avec beaucoup d'avantage, et qu'en
« outre, si dans le cours de sa vie quelque malheur
« venait à l'atteindre, il ne se félicite d'avoir entre les
« mains un gagne-pain assuré pour ses jours.

« Je vous salue, vous aime et vous embrasse.

« BARBERINE. »

Si vous riez de cette lettre, seigneurs chevaliers, Dieu garde vos femmes de malencontre ! Il n'y a rien de si sérieux que l'honneur. Comte Ulric, jusqu'à demain nous voulons rester votre hôtesse, et nous entendons qu'on publie que nous avons fait le voyage exprès, suivie de toute notre cour, afin qu'on sache que le toit sous lequel habite une honnête femme est aussi saint lieu que l'église, et que les rois quittent leurs palais pour les maisons qui sont à Dieu.

FIN DE BARBERINE ET DU TOME III.

Alfred de Musset n'a pas seulement retouché la *Quenouille de Barberine* dans l'intention de l'arranger pour la scène, comme ses autres pièces de théâtre. Depuis longtemps, il avait jugé nécessaire, en relisant cet ouvrage, d'y ajouter quelques développements et d'y introduire un nouveau personnage, celui de Kalékairi. Quand il eut achevé ce travail, il voulut que la seconde version fût substituée à la première dans les éditions nouvelles de ses comédies. Il est certain que les détails ajoutés et la création originale de la jeune suivante turque rendent cette version préférable à l'ancienne. Par respect pour les volontés du poëte, nous avons dû lui donner la première place, au lieu de la rejeter dans les variantes, où il eût été difficile d'en apprécier le charme. On y retrouve, d'ailleurs, le texte primitif, puisque l'auteur ne l'a retouché que pour l'enrichir.

TABLE

DU TOME TROISIÈME

Avant-Propos.. 1
La Nuit vénitienne... 9
André del Sarto.. 49
    Additions et Variantes exécutées par l'auteur pour la représentation.. 128
    Note.. 139
Les Caprices de Marianne...................................... 141
    Additions et Variantes exécutées par l'auteur pour la représentation.. 201
Fantasio.. 213
On ne badine pas avec l'Amour................................. 279
    Additions et Variantes exécutées pour la représentation.. 367
Barberine... 375

Imprimeries réunies, B, rue Mignon, 2.

www.ingramcontent.com/pod-product-compliance
Lightning Source LLC
Chambersburg PA
CBHW070205240426
43671CB00007B/556